학교가 큰일났다! 선생이 위험하다!
선생님도 수업전략 있어야 성공한다
③완성편
한국칼비테학습연구소 한성자 지음

동서문화사

선생님은 공부의 신이다
왜 가르쳐야 하는가

학교란 인간이 발명한 가장 훌륭한 것이라는 말이 있다. 학교는 사람이 태어나 가장 먼저 사회생활을 접하게 되는 공간이다. 그곳에서 우리는 선생님들의 지도 아래 친구들, 선후배와 어울려 생활하며 저마다 학습능력을 향상하고 더불어 인격형성 및 발달을 도모하게 된다. 결론적으로 학교란 곳은 사회생활의 축소판이며 출발점이라고 할 수 있다. 그러하기에 교육의 중요성은 아무리 강조해도 지나치지 않다. 교육이 나 자신과 가정 사회 국가의 앞날을 좌우하기 때문이다.

대한민국이 일제강점기, 6·25전쟁의 암흑기와 비극을 거치고도 오늘날 이처럼 세계 선진국의 반열에 우뚝 올라설 수 있었던 것은, 남다른 '교육열'과 '배워야 산다'는 깨달음 덕분이 아닐까. 부모의 희생과 투자, 교사의 사명과 가르침, 학생의 열정과 노력이 어우러져 만들어낸 '교육의 힘'이 우리나라 부국강병의 원동력이 된 것이다.

그러나 빛이 있으면 그늘이 생기기 마련이듯이, 성공과 출세를 위한 경쟁과 입시위주의 교육은 양보심과 배려심의 부족을 가져왔고 오늘날 우리 학교 곳곳에서는 왕따, 빵셔틀, 크고 작은 폭력 등으로 상처가 곪을 대로 곪아 있다. 요즘 하루가 멀다 하고 계속되는 '묻지마' 폭행·살인, 아동과 임신부 등을 가리지 않는 무자비한 성폭력 사건들 또한 그 밑바탕에는 인생교육의 부재로 인한 문제점들이 깔려 있을 것이다. 가정교육과 학교교육을 제대로 받지 못한 이들이 패배의식에 사로잡히고 잘못된 가치관을 형성하여 서서히 술과 약물, 게임과 음란물에 중독되고, 결국은 폭행과 살인이라는 형태로 사회에 분노를 터뜨리는 악순환이 되풀이되고 있다.

학교와 사회에서 벌어지는 이러한 일련의 사건들은 더 이상 사후처벌로만 머물 수 없는, 근본부터 고쳐나가야 하는 국가적 비상사태를 선포해야 할 지경에 이르렀다. 하지만 그럼에도 나는 삶의 모든 문제에는 답이 있다고 믿는다. 그리고 사회악의 뿌리가 되는 학교의 문제, 곧 학생들의 문제의 답은 바로 '교사'라고 생각한다. 물론 이 세상에는 수천수만의 사람만큼 다양한 개성이 존재하기에, 그 복잡다단한 개성을 하나하나 존중하며 공교육이라는 틀 안에서 가르치기란 쉬운 일이 아니다.

2012년 10월 한국청소년정책연구원에서 전국 초·중·고 학부모 500명과 교사 538명을 대상으로 '학교폭력 및 학교문화에 대한 학부모·교사 인식 조사'를 실시한 결과, 학교폭력의 심각성에 대한 학부모와 교사의 인식 차이가 큰 것으로 나타났다.

전체 학부모의 64.8%가 학교폭력이 심각하다고 응답했으나 교사는 48.6%만 그렇다고 답했다. 또한 학교폭력에 영향을 주는 원인에 대해서는 학부모와 교사 모두 '가정환경 및 부모의 무관심'을 1순위로 응답했지만 학부모의 25%는 '친구나 주변의 영향'을, 교사의 19.9%는 '학생 개인의 심리·정서적 문제'를 주요 원인으로 인식했다.

학교폭력 지도가 어려운 원인에 대해서도 학부모와 교사의 생각 차이가 있었다. 이에 대해 교사는 '학생 지도 시간이 부족하다'는 응답을 가장 많이 한 반면, 학부모는 '교사의 소통 교감능력과 방법 부족'이라는 응답을 가장 많이 했다.

학부모와 교사의 역할 수행에 대한 평가도 서로 엇갈렸다. 교사의 86.6%는 자신의 학생 지도에 대해 만족했으나 학부모 응답 중 교사가 어려움을 겪는 학생을 적절히 지도한다는 비율은 39%에 그쳤다.

이 설문 조사 뒤로 5년이 흘렀지만 인식의 변화는 그다지 없는 듯하다. 학교폭력이 근절되지 못하고 있는 이유가 학부모의 말처럼 교사의 역량부족이든, 교사의 주장처럼 시간부족이든 가장 중요한 것은 '학생 자신'이다. 건강하게 자라나고 꿈을 이루어 나아가야 할 아이들인 것이다. 우리는 책임론을 두고 왈가왈부할 것이 아니라 지금 이 시간 어딘가에서 아파하고 고민하고 있을 아이들을 위해 가정, 학교, 사회에서 함께 힘을 모아야 한다.

2013년 7월 23일, 정부는 학교폭력 실태조사 및 의견수렴 결과를 적극 반영하여 '사전예방'과 '문제 학생 태도 개선'에 무게중심을 둔 '현장중심의 학교폭력대책'을 발표했다. 어울림 프로그램 개발 보급, 학교 자율예방 프로그램 활성화, 대안교육 활성화, 언어문화 개선, 사이버폭력 신고 활성화, 집단따돌림 회복 프로그램 운영, 성폭력 피해 학생 보호 강화, 학교 전담 경찰관 확대, 학교폭력 진단 강화, 피해 학생 치유 강화, 가해 학생 선도 강화, 학생 생활지도 여건 조성, 학교 교원 책무성 강화, 신고시스템 강화, CCTV 확대, 지역사회 참여 강화 등을 제시했다.

여전히 내실화가 숙제로 남아 있긴 하지만 중요한 것은 실효성 있는 대책이고, 무엇보다 '단위학교 교사의 역량 강화'가 핵심이 되어야 한다.

나는 이 같은 범정부 차원의 적극적 움직임과 더불어 희망의 끈을 놓지 않는다. 지난날 전쟁의 폐허 위에 굶주림으로 고통받던 시절, 우리는 자의이든 타의이든 권력과 학벌 지향적 특권의식에 사로잡힐 수밖에 없었다. 하지만 교사와 학교의 노력으로, 정부의 적극적인 지원으로, 무엇보다 국민 스스로의 의식개혁 성과로 서서히 그 왜곡된 생각이 제자리를 찾아가고 있다는 희망을 포기할 수는 없다.

중요한 것은 학교폭력 근절을 위한 시스템을 교사들이 학교 안팎에서 얼마나 잘 실천할 수 있느냐는 점이다. 선생님들이 앞장서서 흔들림 없이 지속적으로 학교폭력 문제를 해결해 나간다면, 그 희망의 빛이 반드시 살아나리라 믿는다.

그런 까닭에 《선생님도 수업전략 있어야 성공한다》 1, 2권에 이어 3권에서는, 기본부터 다시 시작하는 인성(도덕)교육을 깊이 살펴보았다. 폭력 없는 학교를 만들기 위해 교사다운 교사로 거듭나는 방법들에 대한 내용을 학교 안 일상 장면들을 위주로 풀어내려 힘썼다.

'교육이 바로 서야 나라가 바로 선다.'

누구나 아는 이 명제를 실천하는 사람이 바로 '교사'이다. 상처 입은 학생들을 보듬어 일으켜 세우고, 부서지고 무너진 학교를 치료하고 고쳐 되살리는 것은 오롯이 교사의 몫이다. 이는 우리가 아이들의 교육을 책임지기로 마음먹은 순간, 좋든 싫든 떠안은 소명의식인 셈이다.

결코 어렵게 생각하지 말자. 기본부터 천천히 시작하면 된다. '할 수 있다' '하면 된다'는 마음으로 시작하면 충분하다.

우리 아이들은 여전히 선생님들의 관심을 바라고 도움의 손길을 기다리고 있다. 그러하기에 교육현장에서 교사의 따뜻한 손길과 학생 눈높이에 맞춘 교육 프로그램, 그리고 부정과 폭력에 맞서는 현실적인 법제도 등이 다시 긍정적 변화를 만들어 내고 있는 것이 아니겠는가.

선생님은 공부의 신이다.

공부(工夫)는 '방법을 생각해 냄, 품성이나 수양, 의지의 단련, 학문이나 기술을 배움, 배운 것을 연습함' 등을 나타내는 말이다.

이를 종합해 보면 교사는 학생들의 학습능력과 인성 및 사회성을 고루 발전시켜주어야 하는 절대적인 존재나 다름없는 것이다.

교사들이여, 우리 또한 어버이이지 않은가. 어머니가 아버지가 어찌 자식을 포기할 수 있단 말인가. 처음으로 돌아가자. 어떻게, 무엇으로 가르쳐야 하는가를 익히고 단련하기에 앞서, '왜' '무엇을 위해' 아이들을 가르쳐야 하는지 가슴 깊이 다시 새롭게 떠올려보자.

그대의 이름은 교사이다. 교육을 통하여 사회의 유지와 국가 발전에 공헌하는 교사! 그 이름에 더할 나위 없는 긍지와 자부심을 갖자. 그리고 여느 다른 직업보다 전문적 자질과 능력을 키우기 위해 고군분투해야 함을 잊지 말자.

"아버지로부터는 생명을 받았으나 선생님으로부터는 그 생명을 보람있게 하기를 배운다"는 플루타르코스의 말을 생각하자.

학교가 큰일났다! 선생이 위험하다!
선생님도 수업전략 있어야 성공한다
③ 완성편 차례

선생님은 공부의 신이다. 왜 가르쳐야 하는가

인간 기본부터 다시 시작하기

교사다운 교사로 거듭나기

감동이 있는 생생한 수업 장면

인간 기본부터 다시 시작하기

만일 아이들이 학교와 가정에서 행복하길 원한다면,
만일 아이들이 도덕적으로 훌륭한 인간으로 성장하길 바란다면
당신은 무엇부터 바로잡아야 할까.

1장 도덕교육의 중요성

▶ 학교와 가정 두 축의 기본생활규칙 재구축

세상 돌아가는 모양을 보노라면 지금까지의 상식이 통하지
않는 듯한, 도덕관이라든가 예의가 무너진 상황과 마주치는 경
우가 많다. 지하철 안에서 음식을 먹거나 화장을 하는 것을 비
롯하여 깜짝 놀랄 차림새를 한다든지, 자녀가 울고 있는데도
부모가 모른 체한다든지 하는, 규범의식이 완전히 무너져 있는
예를 들자면 끝이 없다. 비상식이 당연한 현상으로 굳어지고

있다.

때문에 주변 사람들에게 불쾌감을 주지 않는 예의범절과 기본 생활규칙을 다시 한 번 구축해야 할 시기가 왔음을 절감한다.

(1) 학교 규율은 이해와 신뢰부터

예의범절을 가르치는 데에도, 또 규율을 앞세우는 데에도 이해와 신뢰가 반드시 필요하다. 이해와 신뢰가 없는 곳에서 규율을 요구해 봤자 그것은 단순한 강제나 구호로 끝날 뿐이다. "아, 그렇구나!" 하고 아이가 이해하지 못하면 가르쳐도 소용이 없다.

본디 규칙이란 교사가 일방적으로 제시하기보다는 아이들이 민주적인 토론과정을 통해 함께 정하는 것이 바람직하다. 진정한 학습능력의 향상을 바란다면 저마다 아무 대답이나 하는 상황에선 생각할 기회가 없어지므로, 한 아이를 가리켜서 대답하게 하거나 아이들끼리 토론을 하여 여러 규칙을 스스로 결정하게 한다든지, 아이에 대한 교사의 생각을 전달하여 이해시키는 밑바탕이 있어야 한다.

그렇지 못한 상황에선 규율이나 규칙을 아무리 외쳐봐야 선생님 앞에서만 하는 척하는 면종복배(面從腹背)가 되고 만다.

무서운 선생님의 수업시간은 조용하여 언뜻 규율이 제대로 잡힌 것처럼 보이지만 학생들이 이해하지 못하는 상황이라면 수업도 재미없고, 학습능력의 신장도 기대할 수 없다.

그러므로 수업 분위기가 착 가라앉고 긴장감만 흐른다고 다 되는 것은 아니다. 아이들이 이해하고, 스스로 지켜야 하는 것으로 여겨야 자기들이 정한 규칙을 포함하여 여러 규율이 몸에 배게 된다.

(ㄹ) 기본생활규칙의 밑바탕은 가정에 있다

예의범절이나 기본생활규칙의 밑바탕은 '인사'이다. 모든 예의범절의 출발점은 인사인 것이다. 그러려면 먼저 가정에서부터 지켜져야 한다. "안녕히 주무셨습니까?" "다녀오겠습니다" "잘 먹겠습니다" "안녕히 주무세요" 같은 인사를 날마다 하는 아이는 남의 집에 가서도 빠짐없이 인사를 한다.

그러므로 교육은 학교의 전매특허가 아니며, 학교는 가정 및 지역사회와 협력해야 한다. 도덕이나 생활규칙의 기본은 가정이다. 그 밑바탕 위에서 활용하거나 응용하는 능력을 기르는 곳이 바로 학교이다.

'기본생활규칙'이란 날마다, 또 늘 하지 않으면 몸에 배지 않는다. 오늘은 손님이 오시니 마당을 쓸고 현관의 신발을 정리하라는 것은 기본생활규칙이 아니다. 신발을 벗었으면 언제나 가지런히 정리하는 것이 몸에 배야 한다. 신발을 가지런히 벗어 놓는 버릇이 있는 아이는 다른 집에 가서도, 학교에서도 바르고 단정한 모습을 잃지 않는다.

그러므로 가정에서의 기본생활규칙에 대해 학부모 및 지역사회인들과의 적극적인 대화와 협력이 중요한 것이다.

무엇보다 먼저 가정에서의 기본생활규칙을 학부모가 이해하고 노력해야 함과 동시에, 학교에선 아이들의 이해와 신뢰를 바탕으로 자기들끼리 대화를 통해 규칙을 만들어 지키게 하는 것이 오늘날 가장 큰 과제라고 생각한다.

(3) 가정, 학교, 지역사회의 자율적 책임분담

가정과 학교, 지역사회의 제휴와 협력체제의 필요성이 끊임없이 강조되고 있다.

그러나 현실은 어떠한가? 3자의 제휴와 협력이 늘 논점의 중심에 있다는 것은 아직도 그 효과를 제대로 거두지 못하고 있음을 보여준다. 특히 도덕교육에 관해서는 3자가 협력하여 노력하는 체제가 되어 있다고 보기 어렵다.

지덕체 가운데 지육(知育)과 체육(體育)에 대해선 상당한 효과가 기대되지만, 덕육(德育)에 관해서는 너무나 어려움이 크며 100년 전과 별로 달라진 것이 없다. 교육은 백년대계라고 했는데 아직도 덕육에 대해선 백년대계는커녕 중계도 소계로도 내세울 만한 것이 없다.

따라서 만약 가정에는 가정의 책임, 학교에는 학교의 책임, 지역사회에는 지역사회의 책임이 명확해지면 3자는 저마다 제 구실을 할 수 있지 않을까 생각한다. 예를 들면 가정에서는 '인사'(감사합니다)를, 학교에서는 '정의'(괴롭히지 않는다)를, 지역

사회에선 '배려'(도와주거나 베푼다)를 책임지는 식으로 어떤 상징이 되는 덕목을 중점적으로 행하도록 한다. 그렇게 하면 지금까지와 같이 덕목 전체를 가정, 학교, 지역사회에서 공유하고 노력하는 일이 없어지므로 각자의 덕목에 스스로 집중하게 될 것이다.

즉 가정과 학교, 지역사회가 자율적 분산형의 협력체제를 구축해 나가야 한다.

▶ 가족을 사랑하는 마음을 어떻게 기를까

(1) 가족사랑

가족이란 도망칠 수 없고, 선택할 수 없이 평생 계속되는 관계이다. 더욱이 상하관계와 역학관계가 매우 확실하다.

서로 사랑하고 신뢰하며 지지하는 가족이라면 모두 행복하겠지만 자칫 부모에겐 소유, 조정, 인격부정 등의 의식이, 자녀에게는 어리광, 의존, 순종 등의 의식이 생겨나기 쉽다.

이런 상황이 현저한 가족에게선 자녀의 자립이나 인격형성이 제대로 이루어지지 않는다.

부모의 사랑이 있고, 부모의 사랑에 순수하게 응답할 수 있는 자녀의 사랑이 있어야 생명의 위험을 느끼지 않고 안심하고 생활할 수 있으며, 부모와 자녀가 저마다 자립과 자기실현이 가능한 가족이 탄생한다.

가족의 중요한 기능, 즉 양육하고 보호하는 것에 사랑이 보태지면 가족사랑은 사랑하는 자녀의 생명을, 사랑하는 가족의 생명을 존중하고 소중히 여기는 '생명존중'으로 이어진다.

(ㄹ) 시기별 가족사랑

시기별로 가족사랑을 살펴보면 다음과 같다.

[저학년] 부모, 조부모를 공경하고, 나아가 가족을 돕고 가족에게 도움이 되는 기쁨을 안다.

[중학년] 부모, 조부모를 공경하고, 가족이 다 함께 협력하여 즐거운 가정을 만든다.

[고학년] 부모, 조부모를 공경하고, 가족의 행복을 추구하며, 스스로 도움이 되는 일을 한다.

이 내용을 보면 가족을 공경하는 마음을 기르는 것이 전제가 되고 있다.

부모와 조부모를 공경하는 마음을 기르려면 가족구성원에 대한 이해를 깊게 하는 것이 중요하다.

학교가 하는 도덕교육에선 가족구성원 각자의 이해를 어떻게 깊게 할 것인가, 그리고 그 이해를 바탕으로 어떻게 공경심을 높일 것인가가 지도의 요점이 된다.

그리고 가족 안에서 자기의 위치와 역할을 알고, 사랑하는 가족을 위해 나는 무엇을 할 수 있는지를 생각하고 실천하도록 지도한다.

자기 자신에 대한 만족으로부터 함께 만들어가는 기쁨으로, 보호받고 양육되는 나 자신에서 홀로서는 나로 발전해 나가야 한다.

(3) 가족관찰일기 쓰기

사랑하는 마음을 기르기 위해서는 각 가족구성원에 대한 이해를 어떻게 깊게 할 것인가가 중요하다.

돌보아주는 것이 마땅하고, 돌봄을 받는 것이 당연하다고 생각하면 부모가 자녀에게 어떤 것을 기대하고, 어떻게 자라기를 바라며, 어떤 일을 하고 있는지 자녀는 관심을 잃게 된다.

도덕시간에 가족이 하는 일, 희망, 보람 등에 대해 학습하고, 자신의 가족구성원에 대해 조사하는 활동을 하게 하자.

가정 내에서 가족이 하는 일, 즐거움, 취미, 행동유형, 사고

방식, 특기, 단점, 버릇, 어린 시절 등 조사할 것은 무궁무진하다.

조사한 것을 '가족관찰일기'에 기록하여 학급에서 서로 발표하면 효과적이다. 물론 발표해도 되는지 가족에게 허락을 구하는 것이 먼저이다.

(4) 인격의 터전은 가정

도덕성이란 도덕현상을 인식하고 도덕규범을 준수하려는, 곧 자신 및 타인의 행위에 대하여 착한 것과 악한 것, 바른 일과 사악한 일을 구별하고, 선행과 정의를 실천하려는 심성을 말한다. 여기에는 지적 측면(판단 능력)과 정의적 측면(좋아하고 싫어하는 감정 및 실천의지)이 관련되어 있다.

인간의 다른 심적 특성과 마찬가지로 도덕성도 성장·발달하는데, 대개 타율적인 데서 자율적인 방향으로 발달한다. 그러므로 도덕성은 우리가 사는 세상에서 가치 있는 판단과 행동이 일치될 때 비로소 완성된다 할 수 있다.

도덕적 기초를 쌓고 도덕적 자아를 발달시키는 데 가장 중요한 모델은 바로 부모이다. 사회에서 살아가는 데 있어서 필요한 도덕성의 대부분은 가정에서 길러진다.

생명존중과 노동 외에 규칙적인 생활, 예절, 배려, 건강, 근면, 선악의 판단, 성실 등의 도덕적 내용항목 전체라고 해도 과언이 아니다. 그만큼 가정생활은 중요하며 가족사랑이 건전한 가정을 지켜준다.

주말과 방학은 가족이 함께 있는 시간이 많으므로 가족 모두가 서로의 마음을 더 깊이 들여다보고 아울러 함께 배우고 성장할 수 있는 기회로 삼아야 한다.

가정교육은 모든 교육의 출발점으로서 기본적 윤리관과 사회적인 예절, 자제심과 자율성 등을 기르는 중요한 역할을 담당한다. 부모나 보호자는 어린이교육에 1차적인 책임을 갖는다.

이렇듯 취학전의 어린이는 가정에서 저마다 다른 교육을 받고 초등학교에 입학한다. 그런 아이들에게 학교에서는 어떤 교육을 실시해야 하는 것일까? 학교교육은 가정교육과 어떤 차이가 있을까?

가정의 역할이 생활에 필요한 습관을 들이게 하며, 자립심을 기르고, 몸과 마음이 잘 조화된 발달을 도모한다면 학교교육은 어떤 역할을 담당해야 하는지 깊이 생각해 보아야 한다.

▶ 도덕교육을 보충, 심화, 통합한다

도덕시간은 각 교과, 외국어활동, 종합적 학습시간 및 특별활동 등 학교의 교육활동 전체를 통하여 이루어지는 도덕교육의 핵심 역할을 담당한다. 도덕시간의 특징으로, 각 교육활동에서 이루어지는 도덕교육을 보충, 심화, 통합하는 것이 있다.

도덕시간에 하는 보충, 심화, 통합이란 어떠한 것일까?

(1)보충

우리나라 교육이 지향하는 바는 인격의 양성이며, 각 교과는 이 같은 목표 아래 저마다의 특징을 살린 지도를 한다. 아동은 그 가운데서 다양한 도덕적 가치에 대하여 느끼고 생각함으로써 도덕성이 길러진다. 그러나 이러한 교육활동 속에 도덕의 내용 전체에 대하여 생각할 기회가 있다고 할 수는 없다.

도덕시간에는 이와 같이 학교의 다양한 교육활동만으로는 얻기 힘든 도덕적 가치를 보충하는 역할이 있다.

3학년 아동을 예로 생각해 보자. 도덕의 내용에 "부모님, 조부모님을 존경하고 사랑하며, 가족 전체가 서로 협력하여 즐거운 가정을 만든다"는 것이 있다. 아마도 담임교사는 조회나 종례 때 "자기가 할 수 있는 집안일은 나누어 맡아서 합시다"라는 지도를 할 것이다. 또한 '어버이날'이나 '추석' '설날' 같은 명절에는 학급 아동들의 실태를 배려해 가면서 가족의 중요성, 감사함 등에 대해 가르칠 것이다.

그러나 이와 같은 지도만으로는 아이들이 "부모님, 조부모님을 존경하고 사랑하며, 가족 전체가 서로 힘을 합쳐 즐거운 가정을 만든다"는 것에 대해 충분히 생각한다는 보장은 없다. 그러므로 도덕시간에 가족과 나와의 연관성을 충실하게 생각할 수 있도록 '보충'하는 것이다.

(ㄹ) 심화

아이들은 학교생활에서 여러 가지 체험을 한다. 그리고 그 체험들 속에서 도덕적 가치에 대해 느끼고 생각하게 되는데, 각각의 도덕적 가치에 대해 반드시 곰곰 생각하고 심화한다고는 할 수 없다. 따라서 도덕시간은 도덕적 가치의 의미와 중요성, 어려운 점 등과 나와의 연관성에서 생각을 심화시키는 역할을 담당한다.

예를 들어 5학년 과학에서 동물의 번식에 대한 학습이 있다. 아이들은 관찰 등을 통해 물고기에게는 암컷과 수컷이 있고, 태어난 알은 시간이 가면 모양이 달라진다는 것에 대해 배운다. 교사는 이때 아동에게 생명의 소중함을 알게 하려고 다양한 시도를 한다. 아이들도 알에서 태어난 치어를 발견하고 감동하며, 작은 생명을 사랑하게 된다.

생명존중에 대해서는 5학년 및 6학년의 내용에 "생명이 매우 소중한 것임을 알고, 나와 남의 생명을 존중한다"는 것이 있다. 과학 학습에서 아이들은 생명의 중요성을 느끼고 생각하게 되는데, 도덕시간엔 아기가 태어났을 때의 기쁨과 죽음의 무게, 살아 있는 것을 귀하게 여기는 마음 등, 생명을 나와의 연관성에서 더욱 깊이 생각하게 된다.

(3) 통합

아이들은 여러 체험을 통해 도덕적 가치에 대해 느끼고 생각하게 된다. 그러나 각각의 체험을 전체적으로 이어서 사고하는 기회를 갖지 않은 채 지나치는 경우가 있다. 도덕시간은 그 체험들과 그때의 느낌, 생각을 통합하여 아동에게 새로운 느낌과 사고를 창출하게 하는 역할도 한다.

예를 들면 1학년 아이들은 매일의 일과 속에서 친구와 다양한 관계를 갖는다. 아침에 친구와 만나 함께 등교한다. 등굣길에 오늘은 어떤 공부를 하게 될지, 쉬는 시간엔 무엇을 할지, 어제 학교를 쉰 친구는 올까 등등 많은 이야기를 나눈다. 수업시간에는 친구와 함께 공부한다. 급식과 청소 등의 당번활동은 친구와 협력한다.

1학년 및 2학년의 내용에 "친구와 사이좋게 지내고, 서로 돕는다"는 것이 있다. 아동이 자신과 연관시켜 친구와 사이좋게 서로 돕는 것을 생각하는 학습에서 일상의 친구와 나눈 경험이나 느낌, 생각을 전체적으로 파악하게 하는 것이다. 공부할 때는…… 함께 놀 때는…… 당번활동을 할 때는…… 등의 식으로 지금까지의 자기 체험을 전체적으로 연결하여 생각할 수 있게 하는 것이다. 이것이 '통합'이다.

(4) 계획적, 발전적으로 지도한다

학교의 교육활동 전체에 걸쳐 이루어지는 도덕교육을 보충, 심화, 통합하는 역할을 하려면 각 교과에서 도덕교육이 어떻게 시행되는지를 명확히 알고 있어야 한다. 또한 학습지도요령에 나와 있는 도덕의 내용에 대하여 구체적으로 어떻게 지도할 것인지를 분명히 할 필요가 있다. 이때 요구되는 것이 연간지도계획이다.

도덕교육과 관련된 지도계획은 아동의 발달단계와 동시에 학교와 지역의 실정을 고려하면서 도덕의 내용을 확실하고도 효과적으로 지도할 수 있도록 알찬 계획을 작성해야 한다.

도덕교육과 관련된 지도계획은 아동의 발단단계와 동시에 학교와 지역의 설정을 고려하면서 도덕의 내용을 확실하고도 효과적으로 지도할 수 있도록 알찬 계획을 작성해야 한다.

학교에서 이루어지는 도덕교육은 의도적이고 계획적인 교육활동으로서 학교의 모든 교사가 공통이해·공통실천을 하지 않으면 효과를 기대할 수 없다. 언뜻 쉬울 것처럼 보이지만, 이 공통이해와 공통실천은 결코 쉽지 않다.

따라서 도덕시간 이외의 교육활동에서 의도적인 도덕교육을 하기 위해서는 빈틈없는 지도계획이 필요하다. 이러한 지도계획을 모든 교사가 공통적으로 이해하고 실천해 나가는 것이 아동의 도덕성을 기르고, 여유로운 마음을 기르는 결과로 이어진다.

▶ 도덕적 실천능력을 기른다

도덕시간의 목표는 단적으로 말하면 도덕적 실천능력을 기르는 것이다.

도덕적 실천능력이란 어떤 것일까? 인간으로서 보다 잘 살아가는 힘이다. 그러면 인간으로서 보다 잘 살아가려면 어떤 능력이 필요할까? 그것에는 어린이가 장차 다양한 장면과 상황에서 적절한 행동을 스스로 선택할 수 있는 내면적 자질이 필요하다. 이는 곧 도덕적 심성, 도덕적 판단력, 도덕적 실천의욕과 태도이다.

그러면 도덕적 실천력을 어떻게 길러야 할까?

아이들이 저마다 도덕적 가치를 깨닫고 자기의 생활방식에 대해 깊이 생각해야 한다. 또한 도덕적 실천력은 서서히, 그것도 착실하게 길러야 잠재적이고 또 지속적인 작용이 행위와 인격에 미치게 된다. 도덕적 실천력은 하루아침에 길러지지 않는 것으로 장기적 전망이 필요하다.

'서서히, 그것도 착실하게'란 일주일에 한 시간 남짓한 도덕시간을 착실하게 보내는 것을 말한다. 아울러 '장기적 전망'이란 도덕시간을 수업으로 실시하는 9년 동안의 의무교육 기간을 말한다. 9년의 기간을 면밀한 계획, 즉 도덕시간의 연간지도계획에 따라 성심을 다하여 지도하는 것이 중요하다.

이와 같이 도덕적 실천력이란 아동의 미래에 크게 작용하는 힘이다. 이 능력을 도덕시간에 육성해야 한다. '미래'란 어느 정도의 앞을 말하는 것일까? 몇 년 뒤라고 콕 집어서 말할 수는 없지만, 적어도 내일이나 다음주, 또는 다음 달이나 내년을 가리키지는 않는다.

따라서 도덕적 실천력을 기르는 도덕시간에 교사는 아동의 미래에 엄청난 힘을 발휘할 능력을 기른다는 의식을 갖고 지도해야 한다.

▶ 도덕적 가치의 깨달음을 깊게 한다

도덕적 실천력을 기르기 위해서는 도덕적 가치의 깨달음 및 자기 생활방식에 관한 생각을 깊게 해야 한다.

도덕적 가치는 인간으로서 보다 잘 살기 위해 중요하다. 앞으로 다루겠지만 도덕의 내용에는 많은 도덕적 가치가 포함되어 있다. 또한 깨달음은 자기 것으로 받아들이고 파악하는 것이라고 할 수가 있다. 즉 도덕적 가치의 깨달음을 깊게 한다는 것은, 인간으로서 보다 잘 살기 위해 중요한 도덕적 가치를 자기 것으로 깊이 느끼고 생각하는 것이다.

도덕시간에 도덕적 가치의 깨달음을 깊게 하기 위해선 다음과 같은 학습이 중요하다.

(1) 도덕적 가치를 이해하는 것

도덕적 가치를 이해하기 위한 세 가지 학습을 고려할 수 있다.

① 도덕적 가치는 중요하다(가치 이해)

이것은 인간으로서 보다 잘 사는 데 필요한 것을 중요한 사항으로 이해하는 것이다. 예를 들어 우정에 관한 수업이라면 아이들이 '친구와 사이좋게 지내면 정말 즐겁구나' '친구끼리 서로 힘을 모으는 것은 중요한 일이로구나' 느끼는 것이다. 또한 근면·노력에 관한 수업이라면 '열심히 노력해서 목표를 이루었을 때는 기분이 좋구나' '내가 해야만 하는 일은 굽히지 않고 끝까지 해내는 것이 중요하네'라고 생각하는 것이다.

도덕적 가치가 중요하다는 것, 즉 상대방의 기분을 헤아리고 친절하게 대하는 것이 중요하다는 것과, 공공의 물건이나 장소를 올바르게 사용하는 것의 중요성은 초등학생이면 충분히 이해한다. 만약 이와 같은 사실을 이해하지 못한다면 도덕시간에 똑똑히 이해할 수 있게 해주어야 한다. 또 단순히 이해하는 것에 머물지 않고 그것의 중요성을 피부로 느끼도록 만들어야 한다.

② 도덕적 가치는 중요하지만 실천은 어렵다(인간 이해)

인간으로서 보다 잘 살아가기 위해 필요한 것이라 해도 인간이 그것들을 늘 행동으로 실천할 수 있다는 보장은 없다. 건강에 유의하여 규칙적인 생활을 하는 것은 중요하지만, 밤을 새워 잠이 모자라는 경우도 있다. 또 지하철 안에서 노약자에게 자리를 양보하는 것은 친절한 행위로서 필요하지만, 여러 이유에서 망설일 때도 있다.

이와 같이 도덕적 가치는 중요하지만 좀처럼 실천하기가 어려운 인간의 약점 등도 이해하게 할 필요가 있다. 이를테면 도덕시간에 아이들이 '곤경에 빠진 사람에게 친절하게 대하는 것은 중요하지만 선뜻 말을 붙이기란 어렵구나'라고 생각한다든지, '공동으로 사용하는 물건이나 장소에서 다른 사람에게 피해를 주는 경우가 있구나' 느끼도록 해주어라.

③도덕적 가치에는 다양한 느낌과 생각이 있다

도덕적 가치의 구체적인 행위로서의 실행에는 그것을 행하는 사람이나 상황에 따라 다양한 느낌과 생각이 존재한다. 거꾸로 도덕적 가치의 실행이 불가능한 경우 역시 다양한 느낌과 생각이 밑바탕에 있다.

예를 들어 등굣길에 교사나 친구에게 "좋은 아침!" 인사를 했다 치자. 어떤 아이는 "이번 주 목표는 '활기차게 인사하자'니까 인사를 해야지", 또 어떤 아이는 "인사를 하면 상대방의 기분도 상쾌해지니까 인사를 해야겠다" 등 도덕적 가치를 실행하는 경우의 느낌과 생각이 다양하단 점을 이해시킨다. 또 가치를 실현하지 못하는 인간의 이해를 꾀하는 경우에도 그 배경에는 여러 가지 느낌과 생각이 있음을 알게 한다.

인간으로서 보다 잘 살기 위하여 필요한 가치를 이해하는 경우에도 중요하다고 느끼는 정도는 아이들마다 다르다는 의미이다. 즉 가치이해를 꾀하는 과정에서 타자(他者)이해를 하게 된다.

마찬가지로 도덕적 가치는 중요하지만 실천이 불가능한 경우에도 그 감각과 생각은 다양하다. 인간이해를 꾀하는 가운데서 타자이해가 이루어지는 것이다.

(ㄹ) 도덕적 가치를 자기 나름대로 발전시켜 나간다

도덕적 가치와 관련된 문제를 자신과의 연관성에서 생각하는 것이 중요하다. 지금까지의 자기 경험이나 그때의 느낌, 생각과 대조하면서 사고함으로써 아동은 도덕적 가치의 이해와 동시에 자기이해를 깊게 하기 때문이다.

예를 들어 아동은 자료 속 등장인물의 느낌이나 생각을 상상할 때, "나라면 어땠을까?" "이럴 때 나는 어떻게 느끼고, 어떻게 생각했을까?" 하고 자기 자신을 돌아보게 된다. 그러나 이것은 어디까지나 등장인물의 느낌과 생각을 자기와의 연관성에서 상상하는 것이지, 반드시 각 아동이 자기 자신이 목표로 하는 도덕적 가치에 대한 시점에서 생각한 것이라고는 할 수 없다.

그러므로 아동이 보다 잘 살아가기 위한 과제를 분명히 하기 위하여 아동이 '목표로 하는 도덕적 가치'와 관련된 구체적인

경험과 그때의 느낌, 생각을 돌아보는 학습이 필요하다.

▶ 자기 생활방식에 대한 생각을 깊게 한다

도덕적 가치의 깨달음을 깊게 하는 것에 덧붙여서 자기 생활방식에 관한 생각을 깊게 하는 것에 대해 알아보자.

이것은 아동이 건전한 자신감을 갖고, 다양한 관계 속에서 자립심을 기르며, 자율적으로 살아가려는 것의 중요성을 말한다.

초등학교 단계에선 살아가는 데 밑바탕이 되는 도덕적 가치관의 형성을 철저히 지도해야 하는데, 자기 생활방식에 관한 지도를 충실히 하는 것이 과제이다.

학습지도요령의 이념인 '살아가는 능력'이란 변화가 극심한 사회에서 타인과 협조하고 자율적으로 사회생활을 해나가는 데 필요한 인간으로서의 실천적인 능력이며, 너그러운 인간성을 중요한 요소로 한다.

앞으로의 사회를 살아가야 하는 아이들에게는 스스로를 통제하고, 자기책임을 다하며, 자기의 이익뿐만 아니라 사회와 공공의 이익을 추구하는 넓은 마음을 기를 것이 요구된다. 그러려면 아동 자신이 자기 생활방식에 관한 생각을 깊게 하는 방법을 배워야만 한다.

아동은 도덕적 가치의 깨달음을 깊게 하는 과정에서 자기 생활방식에 관한 생각도 깊게 하는데, 특히 그것을 강하게 의식하고 지도하는 것이 중요하다.

2장 학교를 사랑하는 마음 기르기

▶ 보이는 것에서 보이지 않는 것으로

이 가치의 내용은 학교와 학급집단 간의 관계에 관한 것이고, 교사나 학교에서 일하는 분들을 존경하고 사랑하며, 학교를 사랑하는 마음을 가진 아이들로 기르려는 것이다. 애교심은 갓 입학한 1학년에서부터 졸업생에 이르기까지 반드시 필요하다.

학교나 학급은 아이들이 매일 생활하는 집단과 사회이며, 거기서 배우는 것은 도저히 측량할 길이 없다. 학교를 사랑하는 마음을 지도하는 것은 아동의 소속감을 높이고, 자신이 학교와 학급의 중요한 한 사람임을 깨닫는 것으로 이어진다.

그러나 막연히 학교를 사랑하는 마음으로 받아들이면 아이들에게 울림이 제대로 전달되지 않기 때문에 주의를 기울여야 한다.

(1) 사랑하는 마음 지도하기

사랑하는 마음이란 그 대상을 소중히 여기고, 자비를 베푸는 마음이다. 그런 사랑과 관련된 학습은 아동의 생활범위나 발달단계를 고려하면서 저학년에선 가족애와 애교심, 중학년에선 향토애, 고학년은 애국심과 인류애에 중점을 둔 지도가 이루어져야 한다.

하지만 이런 내용들은 단계적으로 지도할 수 있는 게 아니라 마음속에 조금씩 쌓이면서 자라나는 것이며, 그 바탕에는 가족애와 애교심이 있어야 한다. 글로벌 사회를 살아갈 우리 아이들에게 인류애가 반드시 필요하다는 점을 고려하더라도 가족과 학교를 소중히 여기는 마음은 매우 의미가 크다. 학년을 막론하고 가족애와 애교심을 길러야 하는 의미가 여기에 있다.

또한 이런 사랑의 가치는 열린 것이어야 한다. 인간은 가족과 지역사회 등 집단 속에서 나고 자라며, 그 집단과의 관계 속에서 성장한다. 그 가운데서 소속된 집단들에 대한 애착을 깊게 하고, 보다 잘하려는 마음이 증대되며, 나의 집단이라는 의식이 강해진다.

그러나 다른 집단을 배척하는 집단형성은 안 된다. 자기 학교는 끔찍이 사랑하지만 다른 학교를 배척하는 편협한 사람에게 지역사회에서의 협력과 국제이해 등이 가능할 리 없다. 학교의 다양한 장점을 인정하고, 그것들과의 교류를 추구해 나가려는 열린 마음이어야 한다.

(ㄹ) 관계를 통해 기른다

학교와 학급을 사랑하라고 아무리 말로 강조해 봐야 학교를 사랑하는 마음은 길러지지 않는다. 수십 년이 지난 뒤에 학교 앞을 지나면서 교문을 보면 그리운 마음이 들고, 같은 학교 출신을 만날 때 친근감을 느끼는 것은 학교에 대한 애착이 있기 때문이다.

학교를 사랑하는 마음은 학교와 학급 구성원들과 관계를 형성해 가면서 학교를 알고, 그것을 소중히 여기는 데서 생겨난다. 학교와 학급의 구성원이란 눈에 보이는 것과 보이지 않는 것이 있다. 그러므로 구체에서 추상으로 생각을 깊이 하고, 자신과의 관계 속에서 학교와 학급을 생각하는 것이다. 학교에 있는 사람, 물건, 사건 등과의 관계를 통해 교풍을 알고, 나의 학교라는 의식을 길러나가는 것이다.

'사람'이라면 교사, 급우, 학교의 직원이 있다. '물건'은 교문, 놀이도구, 교실, 운동장, 학교의 상징물, 환경 등이다. '사건'은 수업과 운동회, 축제, 문화제, 소풍 등의 학교행사와 학예회, 부서활동 등 특색 있는 교육실천이다.

무엇에서 애교심을 느끼는지는 개인마다 다르다. 그것은 각자의 관계방식이 다르기 때문이다. 바로 여기에 도덕시간의 필요성이 있다. 도덕교육의 연간지도계획에 충실하고, 학교생활의 풍부한 체험을 도덕시간을 통해 보충, 심화, 통합하여 각 아동의 애교심을 깊게 해야 한다.

▶ 지지해 주는 사람이 있어서 "학교가 정말 좋다!"

(1) 학교에 있는 '사람들'을 좋아하게 한다

'학교탐험'은 매우 필요한 단원이다. 학교의 구조, 학교에서 일하는 사람에 대해 알고 마음 편히 그리고 자신 있게 생활해 나갈 수 있게 하는 것이 단원의 목표이다.

학교탐험을 통해 애교심을 기를 때의 핵심으로서 '학교에 있는 사람들을 좋아하게 된다'는 것이 있다. 학교가 즐겁고 흥미로운 장소일 뿐만 아니라 나를 지지해 주는 다양한 사람들이 머무는 곳임을 의식하고, 소중히 여김을 받는 나 자신을 느낌으로써 진심으로 학교와 학교에 있는 사람들을 좋아하게 된다.

(2) 다양한 사람들과의 관계를 즐기게 한다

타인과의 관계를 배우는 학교탐험에서 먼저 필요한 것은 아이들이 다양한 사람과의 관계를 즐기는 것이다. 수위 아저씨가 하는 일을 자세히 살피고 질문하거나, 급식담당 영양사에게 감사하는 마음을 가짐으로써 아이들은 자신이 '지지를 받고 있다'는 것을 나름대로 터득해 나간다. 그 느낌이 중요하다.

또한 학교를 사랑하는 마음을 가르칠 때 인사와 예의범절에 역점을 두었으면 한다. 자기 반 선생님이 아닌 다른 선생님이나 직원들에겐 인사를 하지 않는 아이들이 늘고 있다. 담임 이외의 교직원 등에게도 적극적으로 인사를 하고, 나를 위해 해주는 일에 자연스럽게 "감사합니다" 말할 수 있는 아동으로 길러야 한다.

이와 같이 학교에서 일하는 사람들과 호의적인 관계를 추구함으로써 아동의 적극적인 자세를 기르고, 아동과 학교 전체 서로에게 양호한 관계가 구축되어 간다.

(ㅋ) 보호자에게 학교를 안내한다

학교 사정과 학부모회 날짜를 맞추어서 아이들이 가족에게 학교를 안내할 수 있도록 해준다. "학교를 사랑하니까 안내를 자청한다" "어느새 이렇게까지 알게 되었어요" 등 아동의 자부심이 학교에 대한 애착을 더욱 깊게 한다.

아이들은 자신에 대한 타인의 지지를 느끼고, 학교를 소중히 여기는 마음을 길러나가야 한다.

▶ 학교의 본디 기능은 무엇인가

본디 학교라는 기관이 무엇을 위해 설치되고, 아이들은 무엇 때문에 날마다 학교에 다니고 있는가 하는, 가장 근본적인 인식을 잊지 말아야 한다.

학교의 본디 기능은, 인간형성과 학습능력형성 두 가지이다. 인간으로서 사회에 보탬이 되는 덕성과 그에 필요한 학습능력을 기르는 것, 이 두 가지야말로 학교의 근본적인 역할인 것이다.

학교에 아이를 보내면 어느 사회에서나 두루 쓰이는 인간성을 길러준다. 어디서나 통용되는 기초적인 학습능력을 형성해준다.

"선생님, 잘 부탁드립니다." "선생님, 우리 아이가 선생님 말씀이나 가르침을 듣지 않거든 망설이지 마시고 따끔하게 야단쳐 주십시오. 무엇보다 제대로 된 인간이 되어야 하고, 기본적으로 필요한 학습능력을 갖추지 않으면 사회인으로 살아갈 수 없으니까요." 이런 공통이해야말로 학교교육의 결실을 향상하는 대전제인 것이다.

바쁜 일상 속에서 사람들은 흔히 코앞의 목표에 의식을 빼앗기고, 그것들이 따라야 하는 가장 중요한 목적을 잊기 쉽다. 교사도 학부모도 새삼 교육을 바라보는 시선을 바로 하고, 깨달음을 더욱 깊게 해야 한다.

▶ 학교에는 왜 다닐까?

(1) 목적은 사회인의 기초를 습득하는 것

인간은 사회적 존재이고, 사회생활을 함으로써만 살아갈 수 있다. 그리고 사회생활의 근본은 서로 돕고 힘을 합치는 데 있

다. 아무리 훌륭한 사람이라도 다른 사람들의 도움이나 보살핌 없이 혼자서 살아가는 것은 불가능하다.

즉 학교에 와서 배우는 목적은 '사회생활의 기초와 기본을 익히는 것'이며, 이것을 아동으로 하여금 이해하게 하는 것이 중요하다.

(ㄹ) 교사 역할의 확인과 공유

국가와 사회에 필요한 자질이란 무엇인가? 그것은 크게 둘로 나눌 수 있다. 하나는 학습능력의 형성이고, 다른 하나는 인간형성이다.

여기서 '형성'이란 요컨대 형태를 만든다는 것인데, 그것은 '그대로 두지 않는다'는 의미이다. 그러므로 개성존중이나 개성 중시처럼 흔히 듣는 말들은 본질적으로 교육이나 형성과는 서로 융화할 수 없는 사고라고 할 수 있다.

개성을 정말로 중시하고 존중한다면 학교에 다녀선 안 된다. 학교라는 곳은 본디 바람직한 개성은 그대로 두지만, 나쁜 개성을 그냥 놔두는 곳은 아니기 때문이다. 게으른 사람은 부지런하게, 내성적인 사람은 보다 활발하게, 폭력적인 아동은 차분한 아동으로, 학습하지 않는 아동에게는 학습하게 하는 등 '보다 좋게 바꾸는' 것이 학교의 본디 기능이다.

이러한 기본인식을 우선 교사 스스로 지니고 있어야 한다. 또한 아이들에게 "아동은 사회인으로서 필요한 것을 배우기 위해 학교에 오는 것이며, 교사는 아동을 그와 같이 지도하기 위해 존재한다"는 지극히 당연한 사실을 알려주어야 한다. 이렇게 평범하고 그릇됨 없는 근본이 이따금 망각되고 있어서 온갖 갈등이 발생하는 것이다.

예를 들어 교사에게 주의를 듣거나 야단을 맞으면 아이가 불만을 갖고 그것을 부모에게 전하며, 부모는 자녀 편이 되어서 교사와 학교를 나무라는 경우이다. 이런 일은 학교와 교사라는 존재의 근본을 이해하지 못하기 때문에 일어나는 것이다.

(3) 아동은 미숙하고 미완의 존재라는 확인

경험으로 보나, 체력적으로도 아동은 모든 것에 미숙하고 미완성에다 불충분하다. 바람직한 것과 그렇지 않은 것을 제대로 구별하지 못하거나, 틀리고 실패를 겪기도 한다. 그래도 괜찮다. 아이들이란 본디 그러한 존재로써 용서되는 것이다. 어린 아이답다는 것은 오히려 그와 같은 부정적인 요소를 지닌 아동을 의미하는 말이다.

어린이라는 존재가 본질적으로 미숙하고 미완성에 불충분함을 지닌 인간이라는 인식은 매우 중요하다.

모든 아동이 빠짐없이 자신들의 '새로운 형성'의 필요성을 깨달아야 하는 것이다.

인간 기본부터 다시 시작하기

3장 부모의 사랑은 자녀 바로 알기부터

▶ 자녀의 마음을 다스리는 기술

(1) 아이 마음속에 답이 있다

성장이나 행복에 장애가 되는 것은 대부분 자기 마음속에 있다. 아이가 마음속에 품은 자신의 이미지를 개선하면 학교 성적도 올라갈 뿐만 아니라 모든 생활을 훨씬 더 즐겁게 하게 된다.

자신을 긍정적으로 받아들이는 것은 가장 중요한 자질이다. 스스로를 사랑하고 존중하는 힘이 바로 자존감이다. 그런데 생각보다 많은 아이들이 자존감이 낮고, "나는 왜 태어났을까?" 하는 의문에 괴로워하고 있다. 자존감이 낮은 아이는 남들에게 인정받기를 원하고 자기 불신과 타인에 대한 두려움으로 가득 차 있다.

부모가 아이를 사랑스럽고 소중한 존재로 여기면 아이도 자신을 가치 있게 생각한다. 자신이 가치 있는 사람이라고 격려를 받은 아이는 스스로를 높이 평가할 줄 안다. 이런 아이들은 도전을 겁내지 않으며 실패에 대한 두려움도 적다.

(2) 불평에 반응하라

불평하는 아이는 현재 자신의 상황이 마음에 들지 않는다고 호소하는 것이다. 그러므로 계속되는 불평을 방치하는 것은 아이의 자존감을 약하게 만드는 원인이 된다.

"일기 쓰기 싫어요."

"일기는 숙제이고 숙제는 네가 꼭 해야 하는 일이야. 누구든 하고 싶지 않은 일을 해야 할 때가 있는 법이란다. 싫은 일이라도 즐거운 마음으로 할 수 있도록 노력해 볼래?"

아이의 불평에 관심을 보이되 불평 내용은 무시함으로써 그에 대한 보답이 없다는 것을 가르쳐야 한다.

아이들은 기본적으로 자신이 느끼는 불쾌한 감정들을 인정하고, 나아가 견디는 법을 배워야 한다. 선생님이 야단칠까봐, 부모님이 잔소리를 할까봐 걱정되어 감정과 기분을 억압하거나 변형시켜서는 안 된다. 자기 감정을 그때그때 느끼면서 솔직하게 관심을 기울이는 법을 배울 수 있도록 도와주자.

이를테면 마음속 감정상태를 그림으로 그리게 하는 것도 좋다. 감정을 관찰하고 그것을 표현하는 연습을 되풀이하다 보면 어떤 기분에 휩싸이더라도 두려워하지 않게 된다. 잠시 머무르다 곧 사라질 것임을 깨닫기 때문이다.

"견딜 수 없는 감정은 없다"는 사실을 믿도록, 어른들이 아이들에게 혼란스런 감정을 용기 있게 마주보는 힘을 길러줘야 한다. 그러면 아이들은 어느새 감정의 소용돌이에서 빠져나올 수 있게 된다.

(3) 정직해질 수 있는 기회를 주어라

중학생 딸은 시험기간이라 독서실에 간다고 집을 나섰다. 그런데 저녁 무렵 TV 음악프로그램 방청석에서 딸아이를 우연히 보았다. 이럴 땐 어떻게 해야 할까?

대부분의 부모는 실망감과 분노에 휩싸여 아이가 귀가하자마자 공부 안 하고 어디에 갔었는지 다그칠 것이다. 이제 이 아이는 거짓말을 하거나 잔소리를 들어야 한다.

그러나 이런 유도심문은 득보다 실이 많다. 다음과 같이 말을 해서 부모를 속이거나 두려워하는 대신 사정을 털어놓을 수 있는 기회를 주는 게 더 바람직한 해법이다.

"엄마가 TV 채널을 돌리다가 우연히 네가 방청석에 앉아 있는 걸 봤어. 시험기간이라 독서실에 간다고 했는데 엄마와의 약속을 안 지키고 방송국에 가야 한 이유가 있으면 말해 줄래?"

(4) 자신의 행동에 책임지게 하라

아이들은 흔히 생활 속에서 일어나는 여러 문제를 다른 사람 탓으로 돌리곤 한다. 시험을 망친 아이가 "선생님이 시험 범위 밖에서 출제했어요" 변명하는 모습은 흔히 볼 수 있다.

우유를 엎질렀을 경우 "제가 안 그랬어요. 뒤에서 누가 제 팔을 쳤어요" 말하는 것과 "제가 엎질렀어요. 하지만 일부러 그런 것은 아니에요" 말하는 것에는 커다란 차이가 있다.

자신에게 잘못이 없다는 것을 확인시키기 위해 책임을 돌릴 수 있는 다른 사람을 찾는 아이는, 사실 자신의 생활을 남의 손에 맡기고 있는 것이다. 시험 성적이 나쁜 것이 선생님의 실수라는 핑계에도 이런 의존성이 드러나 있다.

따라서 부모는 아이의 마음에서 일어나는 일은 모두 자신에게 원인과 결과가 있다는 것을 가르쳐주어야 한다. 그러기 위해서 아이가 자신이 저지른 일을 솔직히 인정하고 반성할 경우 야단치지 말고 격려해 주자.

마음의 평정을 방해하는 적은 바깥에 있는 것이 아니다. 그것은 다른 사람을 탓하는 마음의 습관, 마음속 부담에 대한 책임 회피, 그리고 자신의 일에 다른 사람의 인정을 바라는 태도 등에 있다.

(5) 내면의 소리에 귀 기울이게 하라

아이가 친구들의 행동이나 말로 인해 속상해하고 있을 때는 그 불쾌함의 원인이 자기 마음속에 있다는 것을 알게 해주어야 한다.

"오늘 수학시간에 앞에 나가 문제를 풀었는데 뺄셈 계산을 착각해서 저 혼자 틀렸어요. 애들이 큰 소리로 웃어서 화가 났어요."

"지금 네 기분이 나쁜 것이 수학문제 답을 틀렸기 때문이니, 아니면 친구들이 비웃었기 때문이니?"

"알고 있는 문제였고 잠깐 착각해서 틀린 거니까 그건 괜찮아요. 제가 열 받은 건 애들 때문이에요."

"만약 애들이 웃은 걸 몰랐다면 화가 났을까?"

"아뇨. 모르는데 왜 화가 나겠어요?"

"그래. 그러니까 화낼 필요가 없을 거 같은데. 네가 마음이 상한 건 친구들이 비웃었다고 네가 믿기 때문이니까. 그냥 엉뚱한 답이 나온 과정을 보고 웃은 것을 네가 비웃었다 생각한 걸 수도 있어."

아이들은 다른 사람의 반응이 자신의 의견보다 중요할 때 마음이 흔들린다. 그러므로 어떤 현상에 대해 사람들은 제각각 반응한다는 것을 논리적으로 알려주고, 중요한 것은 자기 자신의 생각임을 가르쳐주어라.

끊임없이 외부를 살피고 타인의 행동을 예민하게 의식하는 사람은 자기 삶의 진정한 주인이 될 수 없다. 어릴 때부터 자신의 생각을 갖도록 하고, 자신의 마음을 들여다보는 습관이 붙도록 기회를 주어야 한다.

(6) 모험심을 길러주어라

이 세상은 끊임없이 변화한다. 따라서 아이들은 어떤 환경에도 대처할 수 있는 자신감과 자기 자신에 대한 신뢰를 바탕으로 도전정신, 즉 모험심을 가져야 한다.

모험심이 풍부한 아이가 되려면 위험을 무릅쓰는 것을 두려워하지 말아야 한다. 주위 사람들이 시키는 대로 움직이는 아이는 결코 모험가가 될 수 없다. 친구들이 비웃을지도 모른다는 생각에서 무언가 시도도 해보지 않은 채 포기하기보다는, 옳다고 믿으면 당당하게 주장할 줄 알아야 한다.

이를 위해서는 부모의 전폭적인 신뢰가 필요하다. 부모의 사랑과 믿음은 아이를 안심시키고 용기를 준다.

전교회장 입후보를 두고 중학교 아들이 "만약 떨어지면 어떡하죠? 정말 창피할 거 같아요" 망설이면 이렇게 말해 주자.

"선거에서 이기느냐 지느냐 그런 결과보다 네가 아이들의 리더로서 소질을 가지고 있고, 회장 출마 결심을 실행에 옮길 만큼 진취적인 사람이라는 게 더 의미 있는 일이란다."

모험심이 강한 아이는 변화를 두려워하지 않기 때문에 자기 자신의 모습을 날마다 새로이 그려나갈 수 있다.

(7) 경쟁보다 성장이 먼저다

부모라면 누구든지 자기 아이와 다른 아이를 비교하는 일이 나쁘다는 것을 안다. 알면서도 무의식중에, 습관적으로 내 아이를(대부분 내 아이보다 더 나은) 여러 부류의 아이들과 비교하는 것이다.

아이가 다른 아이에 비해 뒤처진다고 느껴질 때는 다른 아이와 비교하기보다 부모 자신과 비교해서 칭찬을 해주자.

"엄마는 초등학교 2학년 때 덧셈뺄셈도 잘 못했는데 너는 벌

써 곱셈도 하는구나. 엄마랑 비교해 보면 넌 정말 똑똑한 아이
란다."

그러면 아이는 큰 위로를 받게 되고 분발하고자 하는 용기
를 얻게 된다.

또 아이 자신의 과거와 현재를 비교해 기운을 북돋워주는
것도 좋다.

"처음 숫자를 배울 때는 10 다음이 20인 줄 알았는데 지금
은 100단위까지 척척 세잖아. 넌 정말 잘하고 있어. 앞으로 점
점 더 잘하게 될 거야."

남과의 경쟁보다 자신의 성장에 관심을 갖게 해주면 아이는
배우는 것 자체에 흥미를 갖고 속력을 내게 된다.

(B) 아이를 불안하게 만들지 말라

자녀에 대한 사랑이 지극한 부모들도 이따금 자신도 모르게
아이를 불안에 빠뜨린다. 다음과 같은 종류의 이야기는 절대
하지 말아야 한다.

① 아이를 통제하는 수단으로 죄책감을 이용하거나 협박한
다. "너는 날마다 엄마 기분을 망치는구나." "선생님한테 다 이
를 거야."

② 아이에게 모멸감을 주어 자기혐오에 빠뜨린다. "넌 얼굴

이 커서 그런 모자는 안 어울려."

③ 아이 앞에서 걱정거리를 달고 산다. "초등학교 때도 성적
이 이 모양이니 대학은 다 갔다."

④ 무슨 일이든 재촉하고 일등이 되라고 강요한다. "숙제 빨
리 끝내고 학습지도 미리미리 풀어놔라. 다음 학기에도 계속
일등 해야 한다."

⑤ 아이의 사생활을 허락하지 않고 24시간 모든 것을 감시
하고 간섭하며 통제한다. "친구랑 무슨 통화했니?" "필통을 보
니 볼펜을 또 샀더라."

⑥ 형제자매나 다른 아이와 비교한다. "형은 이번에도 100점
맞았는데 넌 왜 그러니? 네 형 반만이라도 닮아라."

⑦ 과거에 한 아이의 실수를 계속 들추어낸다. "또 잃어버렸
어? 도대체 몇 번째니?"

⑧ 아이 앞에서 자신의 삶을 푸념한다. "내 팔자가 왜 이런지. 자식이고 뭐고 다 소용없구나."

심리적으로 불안한 아이는 당연히 행동도 불안해진다. 과도한 긴장감 때문에 남에게 사랑을 베풀 마음의 여유를 잃어버리며 소극적이고 집중력도 떨어진다.

아이를 불안에서 벗어나게 하는 방법은 의외로 간단하다. 아이를 기다려주고 아이만의 시간을 주어라.

(ㅁ) 경제관념을 심어주어라

살림살이를 짜임새 있게 하기 위해 가정주부가 가계부를 쓰는 것처럼, 용돈 관리를 위해서 아이들도 용돈기입장을 써야 한다. 아이들이 처음에 귀찮아하더라도 언제, 어떤 곳에, 얼마만큼의 돈을 사용했는지 적어두도록 지도하자. 시간이 흐를수록 아이들 스스로 수입과 지출을 파악하고 그에 따라 계획적인 소비생활을 할 수 있게 될 것이다.

부모 말고도 할아버지 할머니에게 용돈을 받는 아이들도 있다. 이 경우에는 평소 적당한 액수의 용돈을 주시도록 미리 부탁해 두자.

이렇게 받은 용돈은 아이 마음대로 쓰게 하는 게 좋다. 자기가 가진 돈에 맞추어 무엇을 살지 고르는 과정에서, 돈을 사용하는 재미와 돈의 가치를 배울 수 있기 때문이다.

또한 아이는 분명 불필요한 물건을 사버린 뒤 후회하기도 할 것이다. 스스로 반성하고 깨닫지 않고서는 절대 낭비란 개념을 배울 수 없다.

물론 아이가 물건을 고를 때 부모는 참견하거나 비판해서는 안 된다. 부모 눈에 쓸데없어 보이는 물건이어도 아이 스스로 불필요하다 느끼기 전까지는 매우 유용한 물건이다.

반면 설날, 추석 같은 명절에는 아이에게 걸맞지 않은 큰돈이 주어지기도 한다. 이때는 다음과 같이 말하고 아이 이름으로 저축을 하자.

"과자(학용품) 대신 돈으로 주시는 거란다. 엄마(아빠) 아들이 아니었으면 절대로 안 주셨을 거야. 그러니까 엄마가 네 이름으로 보관해 둘게."

(1ㅁ) 정기적으로 가족회의를 열어라

가족회의는 단지 어떤 문제를 해결하기 위한 자리가 아니라, 어떤 일이나 문제가 생기기 전에 의사소통이 충분히 이루어지는 자리가 되어야 한다.

일주일에 한 번이 가장 좋고, 최소한 한 달에 한 번은 요일과 날짜를 정해 놓고 가족회의를 열자.

저녁식사가 끝난 뒤 15~20분쯤이 알맞다. 자녀들의 교외활동, 가족여행 등 주제는 언제나 무궁무진하다. 그리고 회의 마지막에는 가족들끼리 고마운 점을 한 가지씩 말하자. 또한 가족회의 시간에 용돈을 나누어준다면 더더욱 자녀는 열심히 참석할 것이다.

▶ 자녀와의 놀이를 즐겁게 만드는 원칙

하나, 놀이시간에는 아이의 의견과 방법에 따라주자.

대부분의 부모들은 아이와 놀아줄 때 놀이의 방법이나 내용을 지시하려고 한다. 뭔가 가르쳐야 한다는 강박관념 때문이다. 하지만 놀이시간만큼은 무조건 아이 말에 귀 기울여주고 아이의 지시에 따라주는 것이 좋다.

안전과 교훈을 위해 놀이 수준을 제한할 경우, 아이는 창의력과 상상력을 키울 기회를 놓쳐버릴지도 모른다.

영화관에 가거나 외식을 하는 것만이 아이와의 놀이라고 생각하는가? 그보다는 아이와 함께 퍼즐을 맞추고 레고를 조립하고 책을 읽어주는 것이 훨씬 유익한 놀이법임을 명심하자.

둘, 놀이시간에는 아이에게 칭찬과 격려를 아끼지 말자.

아이에게 놀이의 주제를 맡기면 아이는 늘 새로운 방법을 찾아내고 이것저것 시험을 해보는 기회를 자연스레 접하게 된다. 놀이에서는 모든 게 가능하다. 연필이 로켓이 될 수도 있고 침대가 우주선이 되기도 하며 엄마가 외계인이 되기도 하는 것이다.

아이의 기발하고 엉뚱한 생각에 적절한 역할극이 더해질 때 가장 좋은 창의성 교육이 이루어진다.

셋, 내용의 질보다 즐거움의 공유가 중요하다.

아이와 놀아주려면 특별한 곳에 데려가고, 특별한 것을 보여주고, 특별한 경험을 하게 해줘야 한다고 부담스러워하는 부모들이 있다. 하지만 놀이의 핵심은 즐거움의 공유 그 자체이다.

공원 산책이나 마트에 가는 일상 속에서도 얼마든지 부모-아이 사이의 놀이가 가능하다. 정서적인 공감과 안정적인 관계 속에서 아이는 즐거운 놀이시간을 만끽하는 것이다.

▶ 스스로를 조절하지 못하는 것이 사춘기

(1) 급격한 몸과 마음의 변화

어제까지만 해도 천진난만한 얼굴로 "엄마~" 하며 어리광을 부리던 아이가 어느 날 갑자기 말이 없어지고 눈을 맞추려 하지 않는다. 과연 이 아이가 내 아이일까 의아할 정도로 바뀐다. 그러나 당황스럽기는 아이도 마찬가지다. 변화하는 이유를 알면 두려워할 것이 없다.

어린이는 어른이 될 때까지 다음과 같은 성장을 한다.

◦유아(乳兒)기(0세~2세 반)

- 유아(幼兒)기(2세 반~6세)
- 아동기(6세~8세 반)
- 사춘기 전기(8세 반~10세)
- 사춘기 초기(10세~13세)
- 사춘기 중기(14세~18세)
- 사춘기 후기(18세~22세)

사춘기는 성인이 되는 이행기로서 10년 이상이나 걸리지만 극적인 변화를 보이는 것은 사춘기 초기이다. "엄마, 엄마" 하며 달라붙던 아이가 돌연 "마귀할멈"이라든지 "싫다" 같은 폭언을 한다. 또는 방에 틀어박혀 나오지 않는다. 그러면 어머니들은 어쩔 줄 모르고 머리를 감싸 쥐게 된다.

사춘기 아이들의 폭언은 어느 가정에나 있는 일이다. 다만 부모가 적절한 대응을 하지 않으면 부모 자식 관계가 왜곡되어 자녀가 문제행동을 일으키는 경우가 있다.

비행은 초등 고학년 때 시작되는 경우가 많은데, 8세 반의 사춘기 전기라 불리는 사춘기 초입에서부터 그런 조짐이 나타난다. 부모로선 조속한 대처가 필요하다.

(ㄹ) 아이들이 달라지는 이유

아이들은 왜 달라질까? 10세에서 15세는 2차 성징기라고 해서 남자아이에겐 남성호르몬이, 여자아이에게는 여성호르몬이 대량으로 분비된다. 남자아이는 어깨가 넓어지고, 목소리가 달라지는 데다 수염이 나기 시작한다. 여자아이는 초경을 하고 가슴이 부풀며, 몸 전체가 동글동글해진다.

신체가 급격히 변화함과 동시에 자아에 대해 눈을 뜨게 된다. 한 몸이었던 엄마에게서 떨어져 홀로 서려는 '정신적 이유(離乳)'의 시기를 맞이하는 반면에 반항해도 받아들여주는 존재로서 엄마를 본다. 부모에게서 자립해야 한다는 생각을 하면서도 여전히 응석을 부린다. 홀로서기에 대한 불안도 있다. 그런 모순된 감정이 동시에 존재한다.

부모와의 거리감을 이해할 수 없고, 어떻게 행동해야 하는지도 모른다. 이 시기의 아이들은 가정이라는 항구에서 거친 바다를 향해 나아가는 돛단배처럼 스스로도 조절하지 못하는 상태에 있다.

(3) 부모에게 필요한 세 가지 자세

그런 사춘기 자녀를 제대로 파악하고 대처하려면 다음의 세 가지 자세가 필요하다.

① 부부연합

부모가 자녀를 위해 힘을 합치고 공동대응할 수 있는 태세를 갖추어야 한다. 한부모 가정인 경우에는 학교의 교사나 친척이나 친구 등 지역사람들에게 협력을 구하자.

부모가 자녀의 문제를 홀로 떠안을 필요는 없다. 자녀의 성장에 관여할 어른들은 사회에 얼마든지 있다.

② 불안해하지 않는다

부모에겐 자녀를 지켜야 한다는 의무가 있다. 그러나 자녀가 10살이 넘으면 어머니는 자기의 불안이나 불만, 갈등을 자녀에게 말하는 경우가 있다. 아이들은 엄마의 이야기를 참을성 있게 듣고 '어린 카운슬러' 역할을 하게 되는 것이다.

하지만 사실은 아이들이야말로 부모님이 자기 이야기를 들어주었으면 하고 바라고 있다. 그러면서도 "엄마는 지금 괴로운 상태니까 내가 열심히 해야 한다"며 스스로를 다독이는 것이다.

부모는 자녀에게 부부 갈등이나 고민을 털어놓는다든지, 의논을 한다든지 하여 자녀의 불안을 부추기지 말아야 한다.

③ 부모가 모델이 된다

어머니는 딸의, 아버지는 아들의 가장 가까운 본보기로서 가정 안에서 각자의 역할을 다하는 것이 중요하다. 그렇게 하면 아이들은 가정 안에서 불필요한 긴장을 느끼지 않고 안심하고 지낼 수가 있다.

▶ 사춘기 아이들에게 해서는 안 되는 일

(1) 대등하게 충돌하지 않는다

자녀가 어머니에게 마구 폭언을 퍼부을 때, 버럭 화를 내는 것은 부모가 자녀와 똑같은 정신연령에 있기 때문이다. 자녀와 똑같은 수준으로 내려가면 충돌과 대립은 불가피하다. 똑같은 수준이 되지 않기 위해, 화가 치밀 때는 심호흡을 하거나 하여 스스로를 안정시켜야 한다.

(2) 상처 주는 말을 하지 않는다

폭언은 '엄마한테는 이 정도의 말을 해도 받아주지 않을까?' 하는 응석의 표시이다. 자녀에게 폭언을 듣고 상처를 입었다고 해서 "너도 좀 당해 봐라" 하며 앙갚음하는 것은 어른답지 못하다.

요즘 아이들의 대부분은 어른들로선 상상도 못할 수준의 거친 말을 일상적으로 한다. 사랑받지 못하고 존중받지 못한 사람은 상대방을 존중할 줄 모른다. 그러므로 부모가 먼저 고운 말을 써야 한다.

(3) 잔소리하지 않는다

부모는 일단 화가 나면 자연스레 과거의 일까지 거슬러 올라가 미주알고주알 들춰내곤 한다. 그러나 그것은 역효과다. 당장의 일만 가지고 짧게 말해야 한다. 설교도 금물이다.

(4) 다그치지 않는다

"그건 하면 안 돼!" "대체 뭘 하는 거야!" 야단치지 말고 "이렇게 하면 좋단다" "……할까?" 하고 긍정적인 지시를 하자.

"네 방 청소를 하지 않았으니까 이번 주는 게임 금지야!" 화내지 말고 "일찍 청소를 끝내면 그만큼 오랫동안 게임을 할 수 있단다" 말하면 아이들은 쉽게 행동으로 옮긴다. 아이들의 마음 방향을 살짝 바꿔주는 말을 건네는 것이 중요하다.

'CCQ의 원칙'이란 게 있다. 조용하게(calm), 자녀에게 다가가서(close), 작은 목소리로(quiet) 이야기하자. 사춘기 자녀의 뇌는 말하자면 펄펄 끓는 상태이다. 그곳에 불필요한 자극을 가하면 점점 더 끓어오르기만 한다.

(5) 방치하지 않는다

사춘기 자녀에 대해서는 기다리는 것이 아주 중요하다. 부모는 자녀에게 홀로 설 능력이 충분히 있다 믿고서, 너무 다가가지도 떨어지지도 말고 적당한 거리를 두어야 한다.

자녀를 기르는 지혜에 관한 이런 옛말이 있다.

"젖먹이는 살을 떼지 말고, 유아는 살을 떼고 손은 떼지 말라. 소년이 되거든 손을 떼고 눈은 떼지 말라. 청년이 되면 눈은 떼되 마음은 떼지 말라."

자녀가 사춘기에 접어들면 손을 떼라. 그러나 눈은 절대 떼지 말고 "늘 너를 지켜보고 있단다" 하는 메시지를 전달해야 한다. 짧은 편지나 메모를 건넨다든지, 휴대전화 문자로 격려해 주는 것도 좋다.

자율권을 부여하는 것과 제멋대로 하도록 방치하는 것은 완전히 다르다. 아이가 나름의 갈등과 혼란스런 감정을 드러낼 때는 일단 존중하는 자세로 귀를 기울여 주어라. 그다음에 부모의 의견을 이야기하면 아이는 최소한 한 가지는 받아들인다. 부모는 언제나 수용하는 자세를 지켜야 한다.

▶ 사춘기를 전환기로 만들기

사춘기 청소년들은 작은 일에도 마음의 평형을 잃고 충동적으로 잘못된 결정을 내리기 쉽다. 이따금 자기 자신을 싫어하거나 쓸모없는 존재로 여기기도 한다. 어떤 아이에게나 사춘기는 힘들며, 사춘기 때의 잘못된 행동이 돌이킬 수 없는 결과를 불러오기도 한다.

10대들은 아직 자기 삶을 정립할 만한 능력이 부족하다. 따라서 가정과 학교에서는 아이들이 청소년기를 전환점 삼아 바른길로 접어들 수 있도록 관심과 배려를 아끼지 말아야 한다.

"따뜻하고 세심한 부모의 보살핌은 하나의 '확고한 기반'을 형성하고 그 기반에서 아이는 세계를 탐구하게 된다"는 말처럼, 부모-아이 사이의 안전한 애착은 아이 인생 전체에 영향을 끼친다. 안전한 애착은 아이의 삶에 엄청난 변화를 가져올 수 있는 잠재력을 지니고 있다.

(1) 성격강점 배우기

흔히 사람들은 성격이 무언가 타고난 것, 바뀌지 않는 것, 개인의 본질 자체를 규정하는 일련의 핵심적인 속성을 가리킨다고 생각한다. "긍정적 사고를 가지고 자신의 강점이나 미덕을 계발하면 사람은 누구나 행복해질 수 있다"고 역설한 셀리그먼 교수는 성격은 얼마든지 바뀔 수 있는, 오히려 완전히 유동적인 일련의 능력이나 강점이라고 주장한다.

다시 말해 성격은 배울 수 있고 연습할 수 있으며 가르칠 수 있는 기술이라 정의한 것이다. 성실-근성-회복탄력성-인내-낙관과 같은 성격강점이야말로 청소년들의 성공에 가장 필요한 조건들이다. 그런데 이런 성격강점은 절대 타고나는 것이 아니다. 그것들은 뇌의 화학작용에 그 뿌리를 두고 있으며, 아이들의 성장환경에 의해서 형성된다.

아이들의 성격형성에 영향을 미칠 수 있는 일은 어마어마하게 많다. '습관'과 '성격'은 본질적으로 동일하다. 나쁜 아이들이 따로 있고 좋은 아이들이 따로 있는 것이 아니라, 어떤 아이들은 좋은 습관을 가지고 있고 어떤 아이들은 나쁜 습관을 가지고 있는 것이다. 습관을 바꾸는 일은 어렵긴 하지만 불가능하지는 않다.

또한 '지능'은 한계가 정해진 자질이 아니며 노력하여 키울 수 있는 재능이다. 이 사실을 아이들이 믿을 때 그들의 성적도 좋아진다.

사회적 안전망을 대체하는 기능으로서의 성격강점은, 일시적인 탈선이나 잘못된 결정의 결과로부터 아이들을 보호해 줄 수 있다. 물론 가정과 학교의 지원도 필요하고 사회적 보호도 절실하지만 성격강점을 계발한 아이들은 익숙하지 않은 상황을 스스로 헤쳐 나가는 힘을 지니게 된다.

이런 아이들은 본능적이거나 습관적인 반응을 억제하고 좀더 효율적이며 건설적인 반응을 할 수 있다.

(ㄹ) 패배에서 배우는 강점

사춘기 아이들에게 좋은 성격을 형성해 주는 최선의 방책은, 실패 가능성이 생생하게 존재하는 데에서 무언가를 시도하는 것이다. 공부이든 운동이든 예술이든 실패할 가능성이 크다면 좌절하게 될 확률도 높지만, 동시에 진정한 성공을 이룩할 가능성 또한 크다.

실패로 끝날 경우에도 아이는 뚝심과 자제력을 얻게 된다.

이 과정에서 부모와 교사가 주의해야 할 점은, '아이가 실수를 해서 패배'했을 때 아이로 하여금 '나'와 '실수'와 '패배'를 분리해 놓고 생각할 수 있게 해야 한다는 것이다. 어떤 일에서 '실패하는 것'과 '실패자'가 되는 것은 다르다는 사실을 뚜렷이 구분해야 한다.

"사람들은 누구나 실수와 잘못을 저지르고, 그로 말미암아 패배하기도 한단다. 그렇지만 실패자란 없어. 인간은 살아 있는 한 그 사람만의 가치와 존엄을 지니고 있거든."

▶ 자녀를 야단치기 전에 자녀의 마음을 들어라

(1) 안심할 수 있는 곳이 필요하다

자녀가 사춘기가 되면 부모에게도 변화가 찾아온다. 아버지는 회사에서 책임 있는 위치에 오르고, 전업주부였던 어머니도 시간제 근무를 하거나 취미활동을 시작한다. 가족관계에도 변화가 나타나는 시기이다.

그런 때에 기본이 되는 것은 안심할 수 있는 환경을 정비하는 것이다. 자녀가 귀가했을 때, 마음 놓을 수 있고 편히 있을 수 있는 가정을 만들어야 한다.

무엇에서 편안함을 느끼는지는 아이에 따라 다르다. 스킨십을 좋아하는 아이도 있지만, 싫어하는 아이도 있다. 그 아이의 편안함은 어디에서 생기는가? 목욕인가, 식사인가, 가족과의 대화인가를 알아내자.

(2) 자녀의 문제는 부모의 문제

자녀들은 말로 하지 못할 고민이나 쓸쓸함을 자주 몸으로 표현한다. 자녀의 문제에 부모의 문제가 감춰져 있는 경우도 흔하다. 그러므로 문제의 원인을 자녀에게서 찾지 말고 부모가 스스로를 돌아보거나 가족의 상황을 살펴보는 게 더 유용할 때가 있다. 자녀의 문제 해결이 가족을 다시 살리는 계기가 되기도 하는 것이다.

자녀를 변화시키려 하지 말고 작은 노력이나 생각의 전환으로 부모가 먼저 바뀌어야 한다. 부모의 태도에 조금의 변화가 나타나기 시작하면 자녀의 태도에도 변화가 생기기 시작한다.

(3) 현재 이어져 있는 연결고리를 소중히 한다

부모와 자녀의 관계는 진정으로 깊고 불가사의한 인연의 시작이며, 사람과 사람이 서로 배려하는 마음으로 살아가기 위한 첫걸음이다. 이러한 부모와 자녀의 인연을 중심으로 아이들끼리의 인연, 부모끼리의 인연을 학교나 사회에서도 소중하게 이어나가는 것이다.

자기 주변을 꼼꼼히 돌아보고, '지금 이어져 있는 인연' '지금 이 자리에서 생겨난 인연'을 절실한 마음으로 끌어안아야 한다. 상대방의 입장에 서서, 상대방의 마음을 살피고, 서로를 아끼고 소중히 여겨야 한다.

이러한 관계 속에서 새로운 인연이 탄생한다. 사람은 자신이 곤경에 처했을 때 그것을 방치하거나 지나치지 않고 다가와주는 누군가가 있으면, 고민 자체는 해결되지 않더라도 고민하고 있던 마음에 조금쯤은 기운을 회복할 수 있다.

먼저 부모와 자녀 인연의 소중함과 불가사의함을 다시 깊이 생각하고, "내 아이의 전문가는 부모인 나다. 부모인 나를 아는 전문가는 나의 아이이다"라는, 그런 새삼스런 '인연으로의 원점 회귀'를 생각해 보기 바란다. 그래야 학교에서의 교육이 한결 효과적이고 수월해진다.

▶ 효과적인 야단치기 4단계

부모는 아이에게 '화'를 내는 것과 '혼'을 내는 것의 차이를 명확히 구분해야 한다. 감정이 실린 무서운 얼굴로 분노하기보다 통제를 가해야만 하는 정당한 이유를 가르쳐주자. 아이의 잘못에 적절히 처벌하는 것은 애정을 표현하는 것만큼 중요하다.

제1단계, 아이가 잘못을 저질렀을 때는 일단 말로 타이르고 이해시켜라. 부모는 아이에게 무엇이 잘못이고 왜 그래서는 안 되는지를 정확히 설명해야 하며, 화가 많이 났더라도 감정을 가라앉힌 뒤 차분하고 논리적으로 말해야 한다.

단, 동생을 때리거나 물건을 집어던지거나 하는 행동을 되풀이할 경우에는 첫 번째 단계를 생략해도 좋다. 이미 그런 행동이 잘못임을 알고 있을 테니까 말이다.

제2단계, 아이의 행동이 잘못임을 설명한 뒤 바로잡을 수 있는 시간을 주어라. 5분 안에 정리를 해놓으라든지, 열 셀 때까지 싸움을 멈추라고 말하자. 그런 뒤 아이가 이 지시에 따르면 바로 칭찬해 준다.

제3단계, 조건을 들며 경고하라. 지시를 하고 정해진 시간이 지났는데도 아이가 따르지 않으면 "만약 ~하지 않으면 ~하겠다" 단호히 말해야 한다. 예를 들어 "만약 지금 책과 가방을 방에다 가져다놓지 않으면 생각하는 의자에 30분 앉게 하겠다"는 식으로 미리 경고하는 것이다.
갑작스러운 처벌이 아닌 경고 뒤의 처벌에는 아이 나름대로 화가 나고 속상하더라도 수긍하고 따른다.

제4단계, 벌을 주어라. 지시도 어기고 경고에도 따르지 않으면 '타임아웃' 벌을 준다. 이 과정에서 아이가 울거나 떼쓰더라도 무시해야 하며 부적절한 행동을 해도 반응을 보이지 말아야 한다.
만약 부모가 아이에게 내린 지시를 취소하거나 아이와 논쟁을 벌이면 아이의 부적절한 행동이 강화될 우려가 있으므로,

반드시 타임아웃을 끝까지 유지해야 한다.

벌을 주고 난 뒤에 아이가 뉘우치면 다시 지시에 따르도록 지도하고 마무리한다.

▶ 코치가 아닌 치어리더가 되어주어라

부모는 아이들을 대할 때 마치 농구나 야구팀에서 가장 잘하는 선수를 대하는 코치처럼 행동한다. 아이들을 훈련시키고, 단련시키고, 말을 잘 듣지 않으면 경기에 출장하지 못하는 벌도 내리는 등등, 아이들의 일거수일투족이 모두 부모의 의무라고 생각한다.

우리 아이들은 아주 어린 나이부터 높은 기대치를 한 몸에 받기 때문에 어느 정도 성취를 해도 만족하기가 쉽지 않다. 이런 결과가 되풀이되다 보면 자칫 아이들은 자신감을 잃은 채 우울감에 빠지기도 한다. 반면 미국의 부모들은 대부분 코치가 아닌 치어리더처럼 아이들을 응원한다.

부모의 능동성은 물론 아이들에게 좋은 성적, 모범적인 행동, 낮은 결석률 등등 긍정적인 영향을 끼친다. 그러나 이 능동성이라는 것은 아이들의 생각을 대신 결정하고 그 행동을 제한하거나 허용하는 것이 아니라, 아이들 활동에 시간을 내어 함께 참여하거나 책을 읽어주는 데서 훨씬 놀라운 효과를 불러

온다.

아이들의 학습을 돕기 위해 반드시 부모가 엄하고 냉정할 필요는 없다. 자녀들에게 그날 학교생활이 어땠는지 물어보고 진정으로 관심을 보여주는 것만으로도 방과 후 몇 시간 과외수업을 하는 것과 비슷한 성적 향상을 가져올 수 있다.

어렸을 때부터 부모가 날마다 책을 읽어준 가정의 아이들이 15세 무렵 읽기와 독해 능력에서, 그렇지 못한 아이들보다 월등했다는 것은 이미 알려진 연구 결과이다. 그런데 여기서 '책 읽어주기'란 말 그대로 책을 읽어주는 것뿐만 아니라 그 의미를 살펴보면 훨씬 많은 일들이 포함되어 있다. 책을 읽어주는 것은 곧 아이들에게 세상을 가르쳐주는 것이다.

옛날 머나먼 곳에서 일어난 사건들, 뜨거운 용암이 솟아오르는 화산, 신기한 정글 이야기 등등. 아이들에게 이야기를 들려주고, 질문을 이끌어내고, 다시 대답해 주는 과정 속에서 아이들 스스로 생각하는 능력을 키워주고 세상을 살면서 올바른 판단을 내릴 수 있게 옆에서 도와주는 것이 바로 부모의 참다운 역할인 것이다.

부모가 직접 학습지를 가르치고 구구단을 외게 하는 것이 당장의 성적을 올려주긴 하지만 길게 볼 경우, 반드시 직접적인 접촉이 없더라도 옆에서 책을 읽어주는 모습, 정리정돈을 잘하는 모습 등을 보여주는 것만으로도 좋은 영향을 미칠 수 있다. 단, 일관되고 자연스런 모습일 경우에 말이다.

▶ 부모 역할의 네 부류

첫째, 독재형 부모. 엄격하게 규율을 정하고 따르게 한다. "내가 그렇게 말했으니까 무조건 따르라"는 식의 부모다.

둘째, 관대형 부모. 아이들이 원하는 것을 많이 해주고 갈등이 일어나는 상황을 가급적 피한다. 이들은 부모라기보다 친구에 가깝다. 일부 연구에 따르면 이 부류의 부모들은 부유하고 학력이 높은 경향이 있다고 한다.

셋째, 무관심형 부모. 말 그대로 아이들에게 관심이 없다. 감정적으로 아이들에게서 멀리 떨어져 있고, 육체적으로도 아이들과 같이 있지 않는 때가 많다. 이 부류의 부모들은 빈곤층인 경우가 많다.

넷째, 권위형 부모. 독재형과 관대형 부모를 섞어놓은 형태다. 이들은 아이들에게 관심이 많으며, 아이들과 가깝게 지내지만 자녀가 성장하면서 스스로 원하는 일을 시도해 보고 실패와 선택을 할 자유를 허용한다. 권위형 부모들은 한계가 명확하고 협상이 허용되지 않는 규칙을 정해 실행에 옮긴다.

권위형 부모에서 보듯, 따뜻함과 엄격함은 결코 서로 반대개념이 아니다. 따뜻함과 엄격함을 동시에 가진 부모나 교사는 아이들의 신뢰와 존경을 얻고 공감대를 형성하는 데 성공할 확률이 매우 높다. 노스웨스턴대학교 연구원 젤라니 만다라에 따르면, 권위형 부모 밑에서 자란 아이들이 학업 성적이 우수하고, 반항심이나 공격성을 비롯한 반사회적 행동도 적게 보였다.

이런 아이들은 대체로 자신의 목표나 판단준거가 분명하고 자기규제적이며 자기신뢰감이 높고, 적극적이고 조화로운 인간관계를 지향하는 성향을 가진다. 학업과 관련해서도 목표의식이 강하며, 기대와 성취수준이 높고, 자율적이며, 성적과 사고력 측면에서도 탁월한 경향을 보인다.

어느 유형의 부모이든 아이들이 깊은 사고능력과 높은 지적·사회적 능력을 갖추기를 바랄 것이다. 그 소망을 이루려면 아이들이 성장함에 따라 부모도 같이 성장해야 한다. 아이를 인격체로 존중하고 조금씩 자율권을 주도록 하자.

그러나 적어도 하루에 한 번은 학교생활이 어땠는지, 특별한 일은 없었는지 묻고, 그때그때 사회적으로 중요한 문제들은 함께 이야기 나누는 시간을 마련하는 것이 좋다. 그러면 아이들은 부모가 자신에게 늘 관심을 기울이고 있으며 한결같이 믿어준다는 것을 느끼게 되어 스스로 회복능력을 갖추게 될 것이다.

▶ 행복한 가정을 위한 프랑스 자녀교육

(1) 말대꾸를 하지 않는 프랑스 아이들

대부분의 프랑스 가정에서, 부모는 절대 아이들과 타협을 하지 않으며 아이들은 부모에게 말대꾸를 하지 않는다.

이를테면 세 살짜리 아이가 크레용으로 집안 벽에 온통 낙서를 해놓았을 경우, 부모는 '생각하는 의자'에 앉히거나 장난감을 일시적으로 빼앗거나 큰 소리로 혼을 내는 대신, 부엌에서 '스펀지와 비눗물'을 가져와 아이를 의자에 앉힌 다음 스스로 문질러서 지우게 한다.

물론 어른이 힘껏 문질러도 쉽게 지워지지 않는 낙서이므로, 낙서 지우기가 얼마나 힘든 일인지 또한 자신이 저지른 잘못이 얼마나 큰일인지를 깨달을 때까지 아주 잠시 동안만 시키면 된다.

현대사회는 육아에 대한 방대한 자료와 정보가 넘쳐흐르고, 부모들은 끊임없이 선택을 강요당한다. 그런데 불행하게도 육아 관련 연구와 이론을 두루 섭렵해도 내 아이에게 가장 적합한 육아 방식을 찾아내기란 생각만큼 쉽지 않다. 그러다 보니 부모들은 아이들에게 뭐든 다 해주기 위해 스스로를 혹사한다.

몇 년 전 프랑스 의회에서 체벌을 금지하는 문제가 논의되긴 했지만 '라 페세(La fessée)'라 불리는 엉덩이 때리기는 프랑스에서 일상적으로 쓰이는 체벌이다.

무엇보다 공익을 강조하는 프랑스인들은 아이에게만 예의를 주입하지 않고 부모 자신들도 공공장소에서 예의를 차린다. 그럼으로써 훈육의 효과는 곱절이 된다. 공원 산책 중에 아이의 잘못된 행동을 발견하면 프랑스 어머니들은 소리를 지르는 대신 아이에게 다가가 조용히 귓속말을 한다.

그렇다고 프랑스 부모들이 냉담한 분위기에서 아이들에게 예의범절을 가르친다고 생각하면 오해다. 식탁에서 구부정하게 앉아 밥을 먹으려던 아이에게 프랑스 어머니가 말한다. "너는 척추의 고마움을 아직 모르는구나. 넌 지렁이가 아니야. 계속 그러고 앉아 있으면 뼈가 없어져서 나중에 지렁이처럼 기어 다녀야 할지도 모른단다."

이처럼 프랑스 부모들은 엄격하되 유머감각을 잃지 않고 밝은 분위기에서 아이들을 교육한다.

'예의범절과 존중'이 동의어인 프랑스에서 아이들은 '적당히' 부모를 무서워하면서 자란다. 아이가 부모의 결정을 존중하고 신뢰하는 법을 자연스레 배우는 것이다. 프랑스에서는 아이들과 권력을 나누어 가지는 부모는 없다.

프랑스에서 어른들이 아이들에게 자주 하는 말 가운데 하나가 "나는 동의하지 않아"이다. "네가 지금 텔레비전을 보는 것에 대해 나는 동의하지 않아" 등등.

(ㄹ) 병사는 사령관 하기 나름

프랑스 아이들은 특히 지하철이나 버스 등 대중교통 안에서, 그리고 공공장소에서 무척 얌전하다. 과자를 달라고 보채거나 이리저리 몸을 비비 꼬거나 돌아다니지 않는다. 물론 마트나 백화점에서 장난감을 사달라고 드러눕지도 않는다. 식당에서도

차분하게 음식을 먹는다. 이런 순종적인 분위기 속에서도 아이들은 전혀 주눅 들지 않고 쾌활하다. 부모들도 다정하다.

프랑스인은 아이를 키울 때 대가족 제도에 의존한다. 아이를 낳은 뒤 육아에 대해 조언을 구하는 대상도 대부분 할아버지, 할머니이다. 육아서적을 뒤적이거나 인터넷 검색을 하는 한국 부모들과는 많이 다르다.

아이들의 잘못된 행동에 대한 실질적 해결법은, 처음부터 부모와 아이의 관계를 올바르게 설정하는 것이다. 부모는 절대 잊지 말아야 한다. 자기 자신이 사령관이라는 사실을. 부모와 아이 사이에 대치란 있을 수 없다는 것, 아이를 지도 감독하는 총사령관이 부모라는 명확한 사실이 프랑스의 전통 육아법이다.

프랑스에는 가족 구성원마다 각자의 역할이 있다. 부모는 사령관이고 병사인 아이들의 임무는 그 지휘에 대한 복종이다. 프랑스 부모들은 아이의 머릿속에 이 역할 분담이 각인되도록 가르친다. 그렇게 자란 아이들은 좀처럼 부모에게 대들거나 반항하지 않는다.

자녀들을 엄하게 키우면 나중에 자녀와의 사이가 멀어질까 봐 걱정인가? 안심하라. 오히려 부모로서의 위엄을 유지하기 때문에 성인이 된 아이들과 더 친밀하고 공정한 관계를 유지하는 경우가 많다. 자식들 비위를 맞추기 위해 쩔쩔매지 않아도 되니까 말이다.

한 프랑스 어머니가 자녀 때문에 고민하는 외국 친구에게 이렇게 조언해 주었다.

"너는 아이들의 친구가 아니야. 친구가 될 수도 없고. 엄마 역할을 제대로 하면서 훈육을 시켜야 해. 나도 종일 아이를 끌어안고 있으면 좋겠지만 그렇게 해서는 절대 아이에게 도움이 되지 않아."

영유아기 때 부모의 심한 관심과 애착은 오히려 까다롭고 칭얼대는 아이를 만들기도 한다.

프랑스 어머니들은 한목소리로 말한다. 아이를 엄격하게 훈육하고 자제력을 길러주는 것이야말로 진정한 사랑이라고. 아이의 삶과 부모의 삶은 엄연히 다른 것이라는 게 그들의 기본 생각이다.

프랑스에는 '앙팡 루이(L'enfant roi)'로 불리는 아이가 있다. '아기 군주'라는 뜻으로, 부모가 24시간 아이 곁을 맴돌면서 무슨 말이나 행동이든 다 받아주며 키우는 아이를 가리킨다. 아이가 먼저 자신을 왕처럼 떠받들어달라고 요구한 적은 없을 테니, 다 부모의 책임이다.

하지만 건강한 자신감과 자긍심은 결코 이런 왕 대접에서 나오는 것이 아니다.

프랑스의 의사이자 정신분석학자인 프랑수아즈 돌토는 아이들의 생떼 예방을 위한 네 가지 방법을 다음과 같이 제시한다.

① 명확한 규칙을 정하고 절대로 물러서지 마라.
② 아이의 눈물 앞에서 냉정을 유지하라.
③ 아이에게 기다리는 법을 가르쳐야 한다.
④ 아이가 부모의 욕구를 존중하도록 가르쳐야 한다.

①처럼 부모와 아이 사이에는 불변의 규칙을 정해야 한다. 건널목을 건널 때는 엄마나 아빠의 손을 꼭 잡는다, 정해진 시간에 잔다, 밥을 먹을 때는 돌아다니지 않는다 등등. 가족마다 구체적 내용은 다를 수 있지만 생활 속 기본적인 규칙은 분명히 정해 두고 지키도록 해야 한다.

②의 경우, 아이가 눈물을 흘리는 이유가 무엇인지 파악하는 것이 먼저다. 아이들은 부모에게서 양보를 얻어내고 싶을 때 눈물이란 무기를 사용하기 때문에 만약 생떼를 부리느라 눈물을 흘린다면 무시해 버리는 게 좋다.

③의 기다림은 아이가 좌절을 견뎌내고 인내심을 기를 수 있게 해준다. 원한다고 다 가질 수 없다는 깨달음이, 아이의 욕구를 다 채워주는 것보다 훨씬 아이의 정신 발달에 이롭다는 걸 명심하라.

④는 부모로서의 권위를 지키는 일이다. 눈에 넣어도 아프지 않은 존재가 자식이지만 부모는 권위를 잃어서는 안 된다. 부모가 언제 어디서나 아이와 함께해 줄 수는 없다는 사실, 부모도 자신만의 시간이 필요하다는 사실을 아이가 깨닫게 해주어라.

이 네 가지가 간단하지만은 않다. 아이들은 짜증내고 반발한다. 생각보다 강경하고 질기다. 하지만 아이의 욕구와 충동에 대한 조절능력을 기르려면 이런 박탈과 절제 과정이 필수적이다.

여기서 주의해야 할 점이 있다. 사령관이 결코 독재자가 아니라는 사실이다. 부모는 엄격한 태도를 유지하면서도 늘 아이를 먼저 배려하고 아이의 인격을 존중해야 한다. 부모는 아이를 정신적·육체적 위험으로부터 보호해야 할 책임이 있다. 그러하기에 더욱 부모 스스로 엄격해지고 강해져야 한다. 그래야 아이들 또한 몸과 마음이 튼튼하게 자라날 수 있는 것이다.

일관되고 정확한 규칙은 어른에 대한 권위와 신뢰를 동시에 길러준다. 아이들은 규칙적인 생활을 통해 절제력을 키우고 주변 환경을 건설적으로 통제할 수 있게 된다.

밤 12시가 되도록 TV를 보거나 게임을 하는 초등학교 저학년 아이가 있다면, 일단 밤 10시를 취침시간으로 정하고 20분 전에 이를 공지해라. 정리를 하고 자리에 눕히기까지의 소요시간이 필요하다. 처음엔 실랑이를 하기 마련이고 겨우 자리에 눕혀놓아도 잠이 안 온다고 투덜댄다. 하지만 예외 없이 날마다 10시 취침이 되풀이되면 아이도 결국에는 받아들이게 된다.

프랑스 부모들은 아이들의 말에 진심으로 귀를 기울이되 절대 굴복하지 않는다.

(3) 시간이 해결해 준다

규칙과 원칙을 중시하는 프랑스 부모들이지만 아이가 엄지손가락을 빨거나 이불에 오줌을 싸거나 손톱을 물어뜯거나 할 때는 의외로 '그냥 내버려둔다.' 사소한 문제들은 시간이 지나면 저절로 해결된다는 것이 그들의 육아철학이다.

친구를 때리는 아이에게 프랑스 부모들은 어떻게 할까? 정답은 다른 아이들과 놀지 못하게 하는 것이다. 그런데도 버릇을 못 고치고 똑같이 아이를 때린다면? 마찬가지로 '자기 친구를 잘 때리는 아이'를 하나 데리고 와서 둘이서만 붙여놓는다. 직접 당해 보면 스스로 깨닫게 되리라는 의미이다. 이 또한 시간 해결에 대한 믿음과 상통한다.

이는 아이들의 식습관에서도 중요한 역할을 한다. 프랑스 어머니들은 아이가 특정 음식을 먹기를 거부하면 억지로 먹이거나 서두르지 않는다. 일단 한 입 먹어보게 하고 기다려준다. 예를 들어 아이가 브로콜리를 안 먹는다면 며칠 뒤 감자 으깬 것에 브로콜리를 아주 소량 섞어주는 방법이다. 다양한 조리법을 통해 모든 것을 먹도록 차근차근 시도해 나가는 것이다.

프랑스 부모들은 말한다. "강요하지는 마라. 그러나 포기하지도 말라. 서서히 음식에 익숙해질 테고, 맛을 보게 될 것이다. 그리고 당연히 그 음식을 받아들이게 되리라."

프랑스에서는 아이들에게 구테(goûter)라는 오후 4시쯤의 간식시간을 제외하고는 군것질을 하지 못하게 하는데, 이런 관습도 올바른 식습관 형성에 큰 몫을 하고 있다.

(4) 아이들의 영역을 한정하라

한국 가정과는 달리 프랑스의 거실은 미끄럼틀이나 장난감으로 점령당하지 않는다. 손님들이 방문해 테이블에서 커피를 마시고 있으면 아이들은 자기들끼리 혹은 혼자서 평화롭고 즐겁게 논다.

프랑스 부모들은 아이들의 수업이나 방과 후 활동에 불필요한 관심을 쏟지 않는다. 과외활동을 하게 되더라도 물불 가리지 않고 아이들 뒤꽁무니를 따라 다니지 않는다. 놀이터에서도 아이 혼자 놀게 놔두고 부모는 벤치에 앉아 이웃과 이야기를 나누거나 책을 읽는다.

물론 프랑스에서도 학교 수업이 없는 수요일에는 아이들에게 과외활동을 시키지만 주말에는 아이들이 푹 쉬고 잠을 충분히 잘 수 있도록 배려한다. 이 학원 저 학원 보내는 대신 일상의 여유를 누리게 하는 것이다.

프랑스 부모들은 자기 아이가 다른 집 아이들보다 유리한 출발선에 서게 하려고 안달복달하지 않는다. 수학이나 영어를 배우라고, 영재가 되어야 한다고 밀어붙이지도 않는다. 그들은 '일깨우기'와 '발견'의 힘을 믿고 재미를 위해 아이들을 테니스, 펜싱, 외국어 강좌 등에 등록시킨다.

우리나라 부모들은 늘 아이를 감싸고돌며 혹여 손해라도 볼까, 다치기라도 할까 노심초사하지만 프랑스 부모들은 일일이 개입하지 않는다. 아이들이 좌절이나 고통과 두려움의 감정을 어느 정도 겪어내도록 내버려둔다. 자신의 문제에 대해 스스로 해결책을 찾고 부정적인 상황을 극복할 줄 알아야 사회구성원으로 자리 잡고 살아갈 수 있게 됨을 아는 까닭이다.

"가장 중요한 것은 아이 혼자서도 행복할 수 있는 법을 배우는 겁니다." 프랑스 어머니들은 부모에게 덜 의존하는 법을 터득할 수 있게 아이들을 바라봐준다. 어머니의 유일한 삶의 목표가 아이 하나라면, 아이로서도 숨 막히는 일이리라.

프랑스 부모들은 아이들에게 매우 단호한 틀(몇몇 핵심적인 일)을 정해 놓고 그걸 엄격하게 강제한다. 대신 아이들은 그 틀 안에서 무한한 자유를 누린다. 이런 틀을 확고하게 만들어 놓는 이유는 아이들을 속박하고자 함이 아닌, 아이에게 예측 가능하고 일관된 세계를 만들어주고자 하는 것이다.

"틀을 정해 주어야 아이들이 길을 잃지 않아요. 그 안에서 아이들은 교훈을 얻고, 어른들과 사회에 대한 권위를 실감하죠."

(5) 기다려! 현명해라!

소란을 피우는 아이에게 우리는 흔히 "조용히 해!" "그만 좀 해!"라 외친다. 그러나 프랑스에서는 "기다려!"라고 소리친다. 여기서 기다리라는 것에는, 어른들이 시키는 대로 고분고분해야 한다는 의미가 아니라 스스로를 통제할 줄 알아야 한다는 뜻이 담겨 있다.

마찬가지로 프랑스 부모들은 아이들에게 자주 "현명해라!" 말한다. "착하게 굴어야지" "어른들 말씀 잘 들어야지"가 아니다. "현명해라"라는 말에는 올바른 판단력을 발휘하고 다른 사람들을 배려하고 존중하라는 뜻이 포함되어 있다. 아이 스스로 자신을 통제할 수 있고 상황에 대처할 수 있기를 바라는 프랑스 부모들의 믿음이자 가르침인 것이다.

프랑스 심리학자 디디에 플뢰는 아이를 행복하게 하는 가장 좋은 방법이 좌절을 주는 것이라 주장했다.

"아이를 놀지 못하게 하거나 안아주지 말라는 뜻이 아니다. 아이의 취향, 리듬, 개성은 당연히 존중해야 한다. 다만 아이는 아주 어릴 때부터 이 세상은 혼자 살아가는 곳이 아니며 모두를 위한 시간과 공간이 있다는 걸 배워야 한다."

프랑스 부모들은 아이에게 좌절감을 안겨주는 게 해가 될지도 모른다는 걱정은 하지 않는다. 오히려 아이가 좌절감에 대응하지 못하는 게 더 해롭다고 생각한다. 좌절감에 대응하는 것은 핵심적인 삶의 기술이기 때문이다.

(6) 프랑스 학제(學制)

프랑스에서는 학교 수업이 수요일을 뺀 나흘 동안 이루어진다. 보통 오전 8시 30분부터 오후 4시 30분까지이며 학교마다 조금씩 차이가 난다. 모든 과제는 20점 만점으로 평가하는데 만점을 받는 경우는 거의 없다.

프랑스정부는 바칼로레아(대학입학자격시험) 성적이 나쁜 학생들에게 기술학교 진학의 기회를 준다. 프랑스는 양육이나 교육에서 수세기 동안 이어져 내려온 전통방식을 고수한다.

프랑스에서는 고등교육을 받은 상류층 내지 중산층이든, 노동자나 하층민이든, 젊은 부부나 나이 든 조부모든 다양한 육아법들로 인한 충돌이 거의 없다. 모두가 공유하고 상당 부분 동의하는 기본원칙이 존재하고 있다.

프랑스 속담에 '아이 하나를 키우는 데 마을 전체가 필요하다'란 말이 있다. 당연히 프랑스인들은 이 격언을 믿고 실천한다. 그래서 내 아이가 아닌 남의 집 아이라도 잘못을 저지르면 망설임 없이 야단친다.

▶ 유대인 부모의 힘

유대인에게 가정이란 세상의 중심이나 마찬가지다. 그래서 유대인들은 부모가 되기 이전부터 부모의 역할과 자세를 학습한다. 임신 전부터 부모교육센터에 다니고 출산 경험자들을 만나 육아를 미리 익힌다. 임신 중에도 부부가 함께 아이 돌보기와 같은 부모 교육을 받는다.

유대 사회에서 아버지의 역할은 매우 중요하다. 아버지들은 퇴근 후 가족과 시간을 보내는데, 가정에서도 대부분의 시간은 책을 읽으면서 자녀가 자연스럽게 아버지를 따라하는 습관을 들이게 한다.

유대인 어머니들도 우리나라 어머니들만큼 교육열이 높지만, 자녀를 소유물로 여기지 않고 적절한 사랑으로 생활습관을 엄격히 다룬다. 가정생활에서 원칙을 지키지 않을 수 없도록 유도한다. 그리고 말로 하는 교육이 아니라 보고 따라 하는 교육이 되도록 부모가 솔선수범한다.

부모는 아이들을 잠시 돌봐주는 사람이며 살아가는 법을 가르쳐주는 교사이다. 자신과 아무리 닮았다 해도 부모는 아이의 주인이나 소유자가 될 수 없다. 부모의 일은 아이들을 먹이고 입히고 이런저런 일들을 보살펴주다가 적당한 때가 오면 놓아주는 것이다. 아이들 삶의 세세한 부분까지 통제하는 것이 아니라 아이들 스스로 그것을 통제할 수 있는 방법을 배우도록 이끌어줘야 한다.

(1) 돈과 시간

"어려서부터 아이를 협상 테이블에 앉혀라." 이는 유대인들의 경제교육을 한마디로 정의해 준다. 《탈무드》에 '가난한 것은 집안에 오십 가지 재앙이 있는 것보다 더 나쁘다'라고 나와 있을 만큼 유대인들은 가난을 싫어하며, 청빈(淸貧)이 아니라 청부(清富)를 추구한다. 또한 "아들에게 직업기술을 안 가르치는 것은 강도로 키우는 것과 같다"거나 "부자가 되려면 자선을 많이 하라"는 말에서도 알 수 있듯이 자녀들에게 일찍부터 돈 버는 법과 돈 쓰는 법을 모두 가르친다.

유대인 부모는 자녀와 계약(약속)을 자주 맺는데, 용돈도 계약의 개념으로 본다. 용돈 지급일과 금액, 용돈 인상일, 용돈 가불 등에 대한 규칙, 용돈으로 지급해야 할 항목 등을 명시해 놓고 계약 사항을 바꿀 때는 반드시 아이와 토론을 한다. 그 과정에서 아이는 자연스럽게 협상의 기술을 익히게 된다.

유대인 부모들은 아이들에게 집안일을 시키는 대신 그에 합당한 보상을 해준다. 보상은 용돈일 수도 있고, 아이가 원하는 어떤 조건일 수도 있다. 게임시간이나 TV시청 시간을 한 시간 더 받는다든가 하는.

물론 아이들에게 가장 중요한 것은 학교 공부와 과외 활동이다. 집안일을 맡기라는 것은 아이들의 공부시간과 취침시간을 줄이라는 뜻이 아니라 평소 신발정리나 분리수거 등 간단한 일거리를 제공하거나 명절에 상차림 및 청소를 돕게 하라는 의미다.

부모가 먼저 아이들이 할 만한 집안일 목록을 작성해 놓고 아이로 하여금 스스로 고르게 하는 게 바람직하다. 그러면 아이들은 자기가 좋아하는 집안일의 종류가 무엇인지 알게 되고, 협력과 봉사정신을 배우게 되며, 돈이 얼마나 소중한지도 깨닫게 된다. 가족에게 기여했다는 보람은 화목한 가정을 위해서도 효과 만점이다.

'시간=황금'처럼 유대인들은 돈만큼 시간을 중요하게 여긴다. "그 어떤 사람도 경멸해서는 안 되며, 그 어떤 물건도 멀리해서는 안 된다. 왜냐하면 시간을 갖고 있지 않은 사람은 없으며, 장소를 확보하고 있지 않은 물건은 없기 때문이다."

이처럼 시간에 정확한 유대인들은 어릴 때부터 정해진 시간 안에 모든 일을 마치는 훈련을 받으며 자란다. 성인식 때 시계를 선물하는 전통은 '시간을 잘 지키고 활용할 줄 아는 사람이 되라'는 의미를 담고 있다.

(ㄹ) 일관성

유대인 부모들은 아이들에게 반복적이고 성실하게 똑같은 원칙과 행동방침을 적용한다.

흔히 상황에 따라 정해진 규율을 변경하는 가정에서는 자녀들이 부모를 무시하거나 자기 멋대로 조종할 수 있다고 생각하며, 부모의 말을 진지하게 받아들이지 않는다.

일관성은 아이의 행동을 형성하는 열쇠다. 꾸짖어야 하는데 귀찮다고 그냥 넘어가거나, 기분에 따라 아무 때나 야단치거나 하면 아이들은 마음속 깊이 부모에 대한 존경심을 잃어버린다.

'우리 엄마(아빠)는 자신이 한 말은 무슨 일이 있어도 꼭 지킨다'는 사실을 정확히 인지한 아이들은 잘못된 행동을 하다가 제지당하면 곧 수긍하기 마련이다.

(3) 대화와 공감

유대인 부모들은 자녀를 키울 때 유난히 언어교육에 많은 시간과 정성을 쏟지만 자녀에게 언어공부를 따로 시키지는 않는다. 일상에서 부모와 자녀가 자연스레 나누는 대화가 바로 교육이다. 또한 그들은 자녀에게 좀처럼 손찌검을 하거나 회초리를 들지 않는다. 체벌 없는 교육과 대화로 대부분의 문제를 해결하는 것이다.

무엇이든 자세히 설명하며 대화하는 유대인의 교육은 자녀에게 논리적으로 생각할 수 있는 힘을 길러준다. 또 자신의 의견을 말할 수 있는 표현력과 자신감을 높여준다. 자유롭게 생각하며 말하는 대화법을 통해 사고의 유연성이 발달하고, 이것은 다시 창의성과 논리성을 키워준다.

대화에는 단계가 있는데 자녀의 말을 먼저 들은 뒤에 심리상태를 파악하여, 의견을 제시한다. 이후 토론과 논쟁, 합의의 과정을 거친다. 만약 자녀가 떼를 쓰거나 고집을 피울 때는 질문을 던지면서 안 되는 이유를 설명하고 이해시킨다. 한 번 안되는 것은 어떠한 경우라도 못하게 하며, 자녀가 이유를 이해할 때까지 대화를 나누는데, 이런 형식의 대화는 자녀가 어릴 때부터 시작한다.

유대인 가정에서는 저녁을 먹으면서 아이들과 대화를 나눈다. 하루 동안 일어났던 일, 색다른 발상 및 흥미로운 주제, 선생님이나 친구 이야기, 영화나 책, 부모의 어릴 적 일화 등 그 내용은 무궁무진하다. 그들에게 저녁식사는 세상을 향한 아이의 질문이 시작되는 자리이고 때로는 편안한 토론의 장이 되기도 한다.

특히 매주 금요일이면 전세계 유대인들은 외출을 삼가고 가족과 저녁식사를 준비한다. 이른바 안식일 만찬이 시작되는데, 아무리 바빠도 이날만큼은 같이 식사를 하며 안부를 확인하고 서로의 생각과 이야기를 나눈다.

이런 대화시간을 통해 아이들은 자기 생각을 체계화하고, 자기 의견을 효과적으로 주장하게 되며, 다른 사람의 의견에 반대 혹은 찬성하는 일련의 과정을 자연스레 습득하게 된다.

세상에서 가장 안전한 곳인 자신의 집에서 평화로운 저녁시간에 토론을 하다 보면, 누군가 내 의견을 비판하는 것이 결코 나 자신을 비난하는 것이 아니라 서로 다른 의견을 조율하는 필수적인 절차임을 이해할 수 있다. 단호한 태도를 유지하면서도 타협할 줄 아는 훈련이 이루어지는 것이다.

당연히 이런 일상 대화 속에서 유대인 부모와 자녀 사이에는 깊은 공감이 이루어진다. 아이가 신체적으로나 감정적으로나 다른 사람을 해치지 않도록 예방해 주는 중요한 요소 가운데 하나인 이런 공감은, 아이들이 다른 사람의 감정·상황·동기를 자신과 연관시키고 정서적인 애착을 느끼도록 해준다.

아이들은 자기 부모가 다른 사람의 감정을 이해하고 공감할 때 그 모습을 보며 많은 것을 얻고 또 그에 반응한다. 동정심은 공감능력의 핵심이다.

(4) 놀이

공작, 그림맞추기, 블록놀이, 손가락 그림그리기, 찰흙놀이, 퍼즐 등은 유대인들이 날마다 하는 대표적인 놀이이다. 유대인 어머니들이 자녀와 함께하는 놀이에는 언제나 질문이 따라 다닌다.

유대인 부모들은 자녀가 만 3세가 되기 전에는 피아노나 글자공부를 시키지 않는다. 대신 음악을 많이 들려주고, 그림을 여러 개 늘어놓아 놀이를 통해 숫자 개념을 자연스럽게 익히게 유도한다. 또 자녀가 직접 이것저것 만들도록 하여 손가락을 많이 쓰게 하며, 스스로 터득하고 익히도록 이끌어준다.

유대인들이 자녀교육에서 놀이 못지않게 중요하게 여기는 것 가운데 하나가 장난감인데, 자녀의 발달을 자극하는 도구라면 주변에서 손쉽게 얻을 수 있는 것도 훌륭한 교구가 된다.

(5) 경쟁과 협동

유대인 부모들이 자녀들에게 타인과의 관계를 익히게 할 때 가르치는 것 중 하나가 경쟁심 기르기이다. 어릴 때부터 생활 속에서 경쟁을 알려준다. 그렇다고 해서 경쟁에서 늘 이겨야 한다는 것만 강조하지 않는다. 기본적으로 경쟁은 이길 수도 있고 질 수도 있지만 '이기거나 진 상황을 받아들이는 법'을 가르친다.

유대인들은 놀이를 통해 경쟁의식을 배우기 때문에 승패가 확실한 놀이를 즐긴다. 그리고 무조건 이기고 남보다 뛰어나야 한다가 아니라 '남과 다르다'는 것을 중요하게 생각한다. 유대인 부모들은 아이가 '친구들 그룹에 속하는 것'과 '한 개인으로서 존재하는 것' 사이에서 균형을 잃지 않도록 이끌어준다.

그들이 경쟁의식과 함께 중요한 것으로 꼽는 게 협동심이다. 생후 2개월부터 어린이집에 다니는 아이들은 단체 속에서 협동하는 법을 배운다. 어렸을 때부터 4~5명의 아이들이 함께 활동하거나, 혼자 할 수 있는 일도 여럿이 함께하도록 해서 스스로 느끼도록 한다.

(6) 사과

부모도 사람이기에 실수를 저지르거나 약속을 어기기도 한다. 그럴 때 유대인 부모들은 아이들에게 곧장 솔직하게 사과한다. 아이의 친구 앞에서 아이가 숨기고 싶어할 만한 이야기를 무심코 내뱉었을 경우, 약속한 시간에 데리러 가지 못했을 경우에는 무조건 "미안해" 하고 말한다. 그러면 아이들은 자신의 감정을 부모가 존중해 주었다 느끼고 더욱 부모를 존경하게 되는 것이다.

이처럼 부모의 권위는 완벽한 모습에 있는 것이 아니라, 실수를 통해 교훈을 얻는 모습을 보여주는 데 있다. 나 자신을 옹호하기 위해 아이 앞에서 비논리적이고 우스꽝스러운 변명을 하는 것만큼 어리석은 짓은 없다.

(7) 영화

유대인 부모들은 아이들 수준에 적합한 영화들을 신중히 골라낸 뒤에 자주 접하게 해준다.

영화는 인생이 아름답지만은 않다는 것, 사람들이 모두 선하지만은 않다는 것을 보여준다. 삶에 대한 솔직한 교훈, 줄거리 안에 녹아든 가치관 등 아이들은 영화를 통해 공감 또는 반감을 가지며 생각하는 법을 배울 수 있다. 전쟁의 공포와 모순, 영웅의 용기와 헌신 등 다른 시대 다른 공간 다른 사람들에 대한 이해뿐만 아니라 아이 스스로의 정체성에도 이로운 영향을 준다.

물론 잘못된 인식이나 폭력성에 노출되지 않도록 부모의 적절한 안내와 지도가 있어야 한다.

(8) 음악

아이들이 글자 공부를 시작하기 전부터 음악을 들려줄 만큼 유대인 부모들은 음악교육을 중시한다.

우리나라 부모들은 아직 어린 자녀들이 강렬한 록음악이나 유행가를 크게 틀어놓고 공부하는 모습을 보면 불안해한다. 좀 더 잔잔하고 부드러운 선율이기를 바라는 것이다. 예로부터 음악은 사람의 긴장감을 가라앉히고 창의력을 일깨운다고 알려져 있다.

어떤 음악을 듣든 아이들의 선택에 맡기자. 그들은 나름대로 최적의 상태 속에서 공부에 집중하고 있는 것이다. 음악은 아이들이 화가 났을 때 기분을 풀어주고 혼란스러울 때 마음을 다독여주며 우울할 때 활기를 북돋워준다.

(다) 종교

유대인 가정에서는 아버지가 직접 유대교 율법서인 《토라》와 율법학자의 구전과 해설을 집대성한 《탈무드》를 자녀들에게 가르친다. 이는 성경공부이자 역사공부이다. 유대인들이 뿌리교육에 심혈을 기울이는 이유는 자신이 누구인지, 자신의 역사가 어떠한지를 살펴야만 유대인으로서의 자부심을 가질 수 있고, 이러한 정체성은 미래를 개척하는 데 큰 힘이 된다고 믿기 때문이다.

개신교이든 불교이든 천주교이든 어려서부터 일관성 있는 종교적 도덕률을 접하면서 자라난 아이들은 자기 발밑의 든든한 기반을 바탕으로 자신의 종교를 선택하게 된다. 성인이 된 뒤에는 본인의 종교(대부분 부모의 종교)에 반항하거나 의문을 제기할 수도 있고 더욱 충실히 받아들일 수도 있다.

어떤 길을 선택하든 친숙한 종교의 기본원칙(정직, 신의, 정의, 도덕)은 살아가는 내내 아이들을 지지하고 이끌어줄 것이다. 종교문제에 대해서는 열린 자세로 아이들의 선택에 맡기도록 하자.

(17) 성교육 및 약물교육

보통 아이들은 4~5세부터 성에 대한 호기심을 갖기 시작하며 불분명한 점은 부모에게 묻는다. 유대인 부모들은 이럴 때 말을 더듬거나 얼굴을 붉히거나 화를 내거나 하는 일이 결코 없다. 자녀가 던진 질문에 대해서 '사실 그대로'를 간단명료한 표현으로 대답해 준다. 질문을 받고 머뭇거리는 태도는 아이들에게 쓸데없는 상상력을 자극시키고 불필요한 흥미를 갖게 하는 것 말고는 아무런 이익도 없기 때문이다.

청소년 범죄, 미혼모 등을 떠올릴 때 성문제와 약물중독은 이제 더 이상 극소수의 문제만이 아니다. 이는 아이들의 건강과 안전과 직결되는 중요한 주제이다. 아이의 순수성을 지키고자 무조건 차단만 할 수 없는 세상이므로 자녀가 어릴 때부터 분별력을 키울 수 있도록 바르게 알려주고 가르쳐야 한다.

요즘엔 아이들 나이에 걸맞은 여러 책이나 자료들이 나와 있어서 이를 이용하면 아이들은 당황하지 않고 자연스럽게 성에 관련된 지식을 얻을 수 있다.

성교육을 할 때는 도덕과 윤리 문제도 살짝 덧붙이는 게 좋다. 다른 사람에 대한 존중, 자제심, 결혼을 포함하여 사회적 법률 내에서 가족제도와 생활양식의 긍정적 효과를 알려주자. 또한 너무 이른 성경험, 무책임한 성적 접촉으로 인한 육체적·정신적 피해 사례들도 거부감 없이 이해할 수 있도록 반드시 가르쳐주어야 한다.

약물중독에 대해서도 마찬가지다. 감정 배출을 할 수 있는 여러 방법을 제시하면서, 약물과 술 등에 의존할 경우의 문제점을 명확히 인지하도록 도와주어야 한다. 성교육과 약물교육에 성공할 경우 아이들은 자존감과 명예심을 지닐 수 있다.

[유대인 교육법 오십 가지]

1. 남보다 뛰어나게가 아니라 남과 다르게 하라.
2. 듣는 것보다 말하는 것이 더 중요하다.
3. 머리를 써서 일하라.
4. 지혜가 뒤지는 사람은 매사에 뒤진다.
5. 배움은 벌꿀처럼 달다.
6. 싫으면 그만두라. 그러나 하려면 최선을 다하라.
7. 아버지의 권위는 자녀들의 정신적 기둥이다.
8. '배운다는 것'은 배우는 자세를 '흉내 내는 것'에서 시작된다.
9. 배움을 중지하면 20년 배운 것도 2년 내에 잊게 된다.
10. 상상력에도 한계는 있다.
11. 형제간의 두뇌 비교는 둘을 다 해치지만 개성의 비교는

둘을 살린다.

12. 외국어는 어릴 때부터 습관화시킨다.

13. 이야기나 우화의 교훈은 어린이 자신이 생각토록 한다.

14. 어떤 장난감이라도 교육용 완구가 될 수 있다.

15. 잠들기 전에 책을 읽어주거나 이야기를 들려준다.

16. 오른손으로는 벌을 주고 왼손으로는 껴안아준다.

17. 심한 꾸지람을 했더라도 재울 때는 다정하게 대한다.

18. 어른들이 쓰는 물건과 장소에는 가까이 가지 못하게 한다.

19. 평생을 가르치려면 어릴 때 마음껏 놀게 하라.

20. 가정교육에서 좋지 못한 것은 서슴없이 거절한다.

21. 조상의 이름을 통해 가족의 맥을 일깨워준다.

22. 아버지의 휴일은 자녀교육에 꼭 필요하다.

23. 세대가 다른 여러 사람과 친밀하게 접촉하라.

24. 친구를 선택할 때는 한 계단 올라서라.

25. 아이들끼리 친구라고 해서 그 부모들까지 친구일 수는 없다.

26. 남의 집은 방문할 때는 젖먹이를 데리고 가지 않는다.

27. 친절을 통해 아이를 지혜로운 인간으로 키운다.

28. 자선행위를 통해 사회를 배운다.

29. 돈으로 선물을 대신하지 말라.

30. 음식에 대해 감사드리는 것은 곧 신에 대해 감사드리는 것과 마찬가지이다.

31. 성문제는 사실만을 간결하게 가르친다.

32. 어릴 적부터 남녀의 성별을 자각시킨다.

33. 텔레비전의 폭력 장면은 보여주지 않지만, 다큐멘터리 전쟁영화는 꼭 보여준다.

34. 자녀에게 거짓말을 하여 헛된 꿈을 갖게 하지 않는다.

35. 자녀를 꾸짖을 때는 기준이 분명해야 한다.

36. 최고의 벌은 침묵이다.

37. 협박은 금물이다. 벌을 주든지 용서를 하든지 하라.

38. 어떤 일이든 제한된 시간 내에 마치는 습관을 길러준다.

39. 가족 모두가 모이는 식사시간을 활용한다.

40. 외식을 할 때는 어린 자녀를 데려가지 않는다.

41. 한 살이 될 때까지는 부모와 함께 식탁에 앉히지 않는다.

42. 편식 버릇을 방관하면 가족이란 일체감을 잃게 된다.

43. 몸을 깨끗이 하는 것은 위생상, 외견상 목적 이상의 중요한 의미가 있다.

44. 용돈을 줌으로써 저축하는 습관을 길들인다.

45. 입은 무거워야 한다. 다만 무겁게 보여서는 안 된다.

46. 내 것, 네 것, 우리 것을 구별시킨다.

47. 노인을 존경하는 마음은 아이들의 문화적 유산이다.

48. 부모에게 받은 만큼 자식들에게 베풀어라.

49. 다른 사람한테 받은 피해는 잊지 말라. 그러나 용서하라.

50. 기회 있을 때마다 민족의 긍지를 심어준다.

유대인들의 자녀교육법이 다른 많은 나라 부모들의 방식과 특별히 차이가 나는 것은 아니다. 다만 몇 가지 불변의 원칙이 있으며, 이를 엄격하게 지켜나간다.

자녀를 야단칠 때 인신공격을 한다거나 때리지 않고 논리적이며 설득력 있는 대화로 이끌어가면서도, 한 번 안 된다고 정한 원칙은 끝까지 지키는 준엄함. 사회생활과 동시에 가정생활을 소중히 여기기 때문에 귀가 이후에는 자녀와 대부분의 시간을 보내는 자상함. 나이가 어리더라도 자연을 느낄 수 있는 곳이면 어디든 데리고 여행을 다니는 전통 등등.

이렇듯 자녀를 독립된 인격체로 존중하는 유대인들의 교육방식에 주목해야 한다.

▶ 자녀 행동을 변화시키는 카즈딘 교육법

카즈딘 교육법은 예일대학교 심리학과 교수이자 예일대 육아센터 및 아동행동클리닉 원장인 앨런 카즈딘 박사가 30년 동안 연구와 임상실험을 바탕으로 만든 '아이 행동 변화 프로그램'이다.

카즈딘 교육법의 대전제는 부모가 '생각의 초점을 바꾸어야 한다'는 사실이다. '아이가 짜증을 내지 않았으면 좋겠다, 말대꾸를 안 했으면 좋겠다' 등에서 거꾸로 '아이가 참을성 있고 명

랑했으면 좋겠다, 부모와 약속한 일을 잘 지켰으면 좋겠다' 등으로 생각을 전환하는 것이다. 다시 말해 자녀가 했으면 하고 바라는 일에 보다 긍정적인 초점을 맞추라는 뜻이다.

부모는 자녀에게 긍정적인 반대행동을 제시해야 하며, 그렇지 못할 경우 아이가 바뀌기를 기대해서는 안 된다. 또한 부모가 원하는 행동을 아이들이 보다 잘할 수 있는 환경을 어떻게 조성해야 하는지, 바람직한 행동에 따른 보상에는 무엇을 정하고 또 어떤 식으로 주어야 하는지 등을 연구해야 한다.

카즈딘 교육법은 그 원리와 기술을 어느 상황에서든, 누구에게나 적용할 수 있다는 점에서 체계적이고 과학적이다. 이미 제시된 교육법과 겹치는 부분도 있으나 아이들의 문제 행동을 긍정적인 행동으로 바꾸는 하나의 방법론으로서, 필요에 따라 융통성 있게 응용해 볼만하다.

단, 변형은 가능하되 왜곡되지 않도록 올바로 숙지해야 함을 명심하자.

(1) 제1단계 : 목표 행동을 구체화함으로써 시작하라

부모는 아이에게 무엇인가 바라는 행동이 있을 때, 그것을 구체적으로 정의해야 한다. 반대로 어떤 행동을 줄이거나 없애길 바랄 때는, 그 행동의 반대인 긍정적인 행동을 구체적으로 표현하고 그것에 집중해야 한다.

이를테면 "아이가 교과서 말고는 하루 종일 책을 펼쳐보지 않는다"고 걱정하는 어머니가 있다. 이 경우 하루에 몇 번, 몇 분 동안, 어디에서 어떤 자세로 무슨 책을 읽어야 하는지 등 부모가 아이에게 바라는 '행동 목표'를 명확히 해두어야 하는 것이다. 만화책이나 그림책도 포함되는지, 텔레비전을 틀어놓고 누워서 책을 보는 것도 괜찮은지 등등을 구체화하지 않으면 일관성 없는 강화로 이어질 수 있다.

(ㄹ) 제2단계 선행사건 : 당신은 어떻게 행동을 유도할 것인가

부모는 권위적이기보다는 긍정적이고 차분한 말투로, 아이에게 바라는 것이 정확히 무엇인지를 분명한 문장으로 이야기해야 한다. "부탁인데, ~해주지 않을래?"처럼 부드럽게 언어적 촉구를 사용하면 좋다.

몸짓이나 시범 보이기 등 신체적 촉구도 가능하다. 이때에는 목소리와 얼굴 표정도 신중하게 표현하라. "우리 이걸 같이 해보자" "내가 먼저 할 테니 잘 보고 따라하렴" 등의 식으로 초기 행동을 촉구할 수도 있다.

가능하면 아이에게 선택권을 주어라. 예를 들어 내일 학교 가기 전에 숙제를 해야만 하는 상황(객관적으로 선택권이 없는 상황)일지라도, 여전히 선택권을 부여할 수 있다. "서둘러서 숙제를 해야 하는데, 엄마랑 함께 숙제를 시작하고 싶니? 아니면 혼자서 시작해 볼래?" 이렇게 말하면 아이가 순응할 가능성이 높아진다.

선행사건은 행동이 일어나기 전에 나타난다. 때로는 바로 직전에 일어나기도 하는데, 밥 먹기 전에 손을 씻거나 수저를 놓는 것도 여기에 해당한다.

다만 짧은 시간 내에 여러 번 촉구하는 것은 별 효과가 없다. 이는 잔소리나 다름없기 때문이다. 또한 협박이나 강요도 안 된다. "지금 당장 이를 닦지 않으면 내일 아마 틀니를 해야 할 거야." "나는 부모니까 너는 무조건 내 말에 따라야 해."

(3) 제3단계 행동 : 당신이 원하는 행동을 얻기 위해 무엇을 할 수 있을까

부모가 원하는 아이의 궁극적 행동을 정하라. 가장 먼저 아이의 (부정적인) 평소 행동을 종이에 적어놓고, 그 행동이 어떻게 바뀌기를 원하는지 (긍정적인) 최종 행동도 적는다.

그리고 이 처음 행동과 끝 행동 사이에 넣을 행동 형성에 대해 생각해 보라.

행동은 핵심 단계이다. 아이 행동 변화 프로그램의 목적은 바람직한 행동을 자주, 규칙적으로, 그리고 지속적으로 일어나게 하는 것이기 때문이다. 행동 형성, 예행연습, 그리고 시동걸기는 당신이 강화하고자 하는 행동을 도와주는 귀중한 요소들이다. 그리고 강화연습은 성공으로 가는 지름길이 된다.

(4) 제4단계 결과 : 행동이 일어난 뒤 어떤 긍정적 결과를 이용할 것인가

결과는 행동 직후에 뒤따르는 것으로 보상과 처벌을 말한다. 이는 그 행동이 지속될지 또는 사라질지에 큰 영향을 미친다.

긍정적 강화는 부모가 발달시키고 싶어하는 아이의 행동들을 직접적으로 늘리는 데 이용되며, 간접적으로는 원하지 않는 행동을 줄이고 제거하는 데도 도움이 된다. 대표적인 방법으로 칭찬과 관심이 있다.

이때 칭찬은 열광적이어야 하며, 칭찬 내용에 대해 정확히 말하고, 애정이 담긴 신체접촉이나 하이파이브 같은 몸짓도 해 주어야 한다.

칭찬받지 못한 행동은 금방 사라진다. 작은 단계마다, 훌륭한 시도마다, 거의 모든 행동마다 반드시 칭찬을 해줘야 한다. 이를테면 아이가 방에서 조용히 놀고 있는 장면에서도 칭찬은 가능하다. 방문을 들여다보고 이렇게 말해 주는 것이다. "혼자서도 잘 놀고 있구나. 대단하다"라며 칭찬해 주어라.

점수표나 칭찬스티커를 사용하는 것도 좋다.

(5) 제5단계 처벌 : 행동 변화 프로그램에서 과연 긍정적인 영향을 미칠까

긍정적 강화만이 유일한 방법은 아니다. 처벌 또한 결과에 해당하며, 부모와 아이에게도 친숙한 것이다.

물론 대부분의 상황에서 행동을 변화시키기 위해 처벌이 필요하지는 않다. 처벌은 없애고자 하는 행동을 일시적으로 억누르를 뿐일 때가 많다.

그럼에도 처벌이 필요한 경우에는 부드럽고 간결하게 해야한다. 점잖은 질책, 경고의 표정, 그리고 몇 분 동안의 타임아웃으로 충분하다.

무엇보다 중요한 것은 행동을 처벌할 때는 그 행동의 긍정적인 반대행동을 더욱 자주 강화해야 한다는 점이다. 바람직한 행동에 대한 격려와 보상 없이 처벌만 가해서는 결코 행동이 나아지지 않으며, 특히 아이에게 무엇을 할지 가르쳐 주지 않는다. 처벌은 아이의 공격성을 키우고, 부모를 회피하게 만들며, 처벌에 대한 적응력을 높여서 결국 처벌 자체를 전혀 소용없는 일로 만들어 버리기도 하므로 주의해서 실행해야 한다.

따라서 처벌에는 미리 계획이 필요하다. 예를 들어 '예의에 어긋난 말대꾸'에는 '아이 방에서, 5분 동안 타임아웃' 하는 식으로 말이다. 순순히 타임아웃을 하러 가는 아이에게는 칭찬과 격려를 해주어라. "엄마가 말하자마자 타임아웃 하러 가는구나. 착하다."

자칫 울컥하는 심정에서 일관되지 못하고 가혹하게 벌을 줄 수도 있으므로 처벌은 미리 규칙을 정해 두어야만 한다.

(6) 제6단계 : 환경을 재빨리 파악하라

아이들의 성장과 행동 발달에 미치는 폭넓고 일반적인 영향력을 가리키는 환경은 아이의 행동 변화를 좌우하기도 한다. 아이들은 이사나 전학, 부모의 별거나 이혼 등으로 일상생활의 혼란을 겪게 되면 커다란 스트레스를 받는다. 당연히 이런 스트레스는 문제 행동으로 이어지기 마련이다.

따라서 어쩔 수 없이 환경에 변화가 일어났을 때는 아이의 상태를 살피고 가능하면 빨리 안정을 되찾을 수 있도록 최선을 다해야 한다. 또한 평소에도 이따금 환경 자체를 확인하고 친숙한 일상이 되도록 보살피는 것을 잊지 말자.

자녀와의 원만한 의사소통 도모, 가족 간 긍정적인 유대관계 형성, 긍정적인 사회행동 강화, 융통성 기르기, 부정적인 심리적·사회적·생물학적 조건 최소화하기 등도 바람직한 환경 조성을 위한 방법들이다.

폭력 없는 학교 만들기

만일 아이들 사이에서 괴롭힘과 왕따가 일어난다면,
만일 아이들이 등교를 거부하거나 폭력사건을 일으킨다면
당신은 어디서부터 어떻게 해결해 나갈 것인가.

1장 학급의 왕따, 괴롭힘은 왜 생기는가

▶ 지나친 관리와 방임이 왕따, 괴롭힘을 낳는다

(1) 사람은 남을 괴롭히는 약한 본성을 갖는다

사람은 타인에게 때로는 친절하고 부드럽게 잘 대해주고, 때로는 심술을 부린다. 이것은 어른, 아이를 불문한 인간의 본성이라 해도 지나친 말이 아니다.

괴롭힘을 놓고 고민할 때, 우리는 사람이 사람을 괴롭히는 약한 본성이 있음을 인정하는 데서부터 시작하지 않으면 안 된다. 즉 괴롭힘은 어느 집단에서나 일어날 수 있는 인간의 허약함의 표출인 것이다.

그러므로 착한 마음을 갖는 것과, 상대방의 처지를 생각하는 것의 중요성을 아이들에게 제대로 가르쳐야만 한다.

(2) 교사의 관리가 지나치면 괴롭힘이 생긴다

교사의 지나친 관리를 받는 아이는 표면적으로는 순종적일지 모르지만 마음속으로는 스트레스를 담아두고 있다. 그러므로 이 스트레스가 일정 한계를 넘으면 자기 안으로 숨어들어 다른 사람에 대한 공격으로 드러나기도 한다.

괴롭힘은 심리적인 스트레스가 친구들에 대한 공격으로 바뀌는 것으로서, 자기 마음의 약함에 대한 대처행동이다.

(3) 아동을 방임해도 괴롭힘이 생긴다

방치된 가운데서 자란 아이는 타인의 감정상태나 처지를 생각할 줄 몰라서 자기본위의 행동을 한다. 자기가 부모나 교사로 말미암아 스트레스를 받아본 적이 없기 때문에 타인에 대한 배려를 모르는 것이다. 이것은 자기도 모르게 이루어지는 행동임에도 주위로부터는 난폭한 아이라는 시선을 받는다.

이러한 난폭함이 학급에선 다른 아동에 대한 공격으로 드러나는 경우가 있다. 이 행동은 처음엔 장난 섞인 심술이고, 주위에서도 재미있어서 장난으로 놀리는 것으로 받아들인다. 그

러나 상대방이 저항하지 않거나 주위에서 묵인하거나 하면 장
난으로 시작한 이런 공격행동이 점점 심해져 제동장치가 말을
듣지 않게 된다. 이것이 방임된 학급에서 볼 수 있는 괴롭힘
발생의 과정이다.

(4) 괴롭힘은 아동의 마음과 인간관계가 나타난 것

괴롭힘은 아동의 마음이 나타난 것임과 동시에 학급 내의
인간관계 발현이다. 그곳엔 반드시 강자와 약자가 존재하며,
보고도 못 본 체하는 문화가 깔려 있다.

괴롭힘의 본질은 그 폭력성과 음습성에 있다. 그러한 음습함
때문에 교사의 눈에 띄지 않는 곳에서 집요하게 되풀이된다.

그러므로 괴롭힘을 당한 아이는 심리적·신체적으로 큰 타격
을 입고, 때로는 죽음을 생각하기도 한다. 교사는 평소 아동의
말이나 행동에 주의를 기울여 괴롭힘을 알아내는 감도 높은
안테나를 가져야 한다.

▶ 어느 학급에나 있는 '스쿨 카스트'

항간에 자주 들리는 "누구든지 괴롭힘을 당할 가능성이 있
다"는 주장은 "누구나 교통사고를 당할 가능성이 있다"는 주장
과 마찬가지로 사실이기는 하지만 문제해결에는 전혀 도움이

되지 않는다. 중요한 것은 어떤 행동이 교통사고의 위험을 증가시키거나 감소시키는지를 생각하는 것이다.

"옛날의 괴롭힘과 요즘의 괴롭힘은 다르다" "괴롭힘을 당하는 아이에게도 문제가 있다는 생각은 잘못이다" 등의 주장도 마찬가지이다. 이와 같은 '요즘의 괴롭힘론'은 아이들이 경험하고 있는 '괴롭힘'의 극히 일부를 나타내는 데 불과하다.

최근 들어 사소한 일을 계기로 표적을 바꿔 나가는 유형의 괴롭힘이 증가하는 경향이 있는데, 괴롭힘이라는 말로 뭉뚱그려지는 일들은 매우 종류가 많다. 무엇보다 괴롭힘의 현장에서 살아가고 있는 아이들의 감정을 이해하는 것이 '괴롭힘 대책'의 첫걸음이고, 괴롭힘의 잠재화를 막는 가장 좋은 수단이다.

괴롭힘을 제대로 분석하려면 먼저 '스쿨 카스트'의 개념부터 이해해야 한다. 이것은 다른 명칭으로 '학급내 지위'라고도 하는데 높은 지위 획득에 성공한 아이는 괴롭힘의 피해를 당할 위험을 면할 수 있으며, 반대로 낮은 지위밖엔 얻지 못한 아이는 어쩔 수 없이 고위험의 학교생활을 해야 한다는 것이다.

여기서 중요한 사실은 이 스쿨 카스트를 결정하는 가장 큰 이유가 지금까지 많은 어른들이 상상해 온 학업성취도나 운동능력이 아니라 '자기주장능력' '공감능력' '동조능력'이라는, 3차원의 행렬로 결정되는 의사소통능력이라는 점이다.

스쿨 카스트는 또한 그것의 높낮이뿐만 아니라 각자의 유형에 따라 저마다 기대되는 역할을 부여한다(그림 1). 물론 여기엔 예외도 있겠지만 어떠한 유형의 아동이 괴롭힘을 겪기 쉬운지를 판단하는 자료로서는 적어도 "누구든지 괴롭힘을 당할 가능성이 있다"는 주장보다 도움이 되리라 본다.

〈그림 1〉 의사소통의 높낮이에 따라 결정되는 스쿨 카스트와 각 카스트에 기대되는 역할

				동조력	
				높다	낮다
자기 주장 능력	높다	공감력	높다	슈퍼 리더	영광스러운 고립
			낮다	잔학한 리더 괴롭힘 주모자 후보	자기중심형 피해자의 위험성 큼
	낮다	공감력	높다	인망 있는 2인자	"괜찮은 녀석이긴 한데……" 피해자 위험 중간
			낮다	동조자 괴롭힘 당하는 유형 괴롭힌 동조자 후보	"무슨 생각을 하는 것 같은데……" 피해자의 위험성 큼

오늘날 현실을 고려할 때 이러한 스쿨 카스트를 무시하고는 괴롭힘의 문제를 이야기해 봤자 본론으로 들어가지 못한다고 믿지만, 유감스럽게도 교육현장에선 아직도 "아이들은 본디 순진무구한 존재"라며 이 스쿨 카스트의 존재를 인정하지 않으려는 사람이 많다.

교사들은 이따금씩 학급의 분위기가 마치 예능방송 같다고

생각할 때가 있다. 어느 학급에나 정도의 차이는 있지만 MC 역할을 하는 아이가 있고, 분위기를 띄우는 역할을 담당하는 아이, '괴롭힘을 당하는 역할' 'MC에게 무시당하는 역할'을 맡은 아이가 분명 있다. 현장의 교사들과 이야기를 해보면 여기까지는 동조해 주는 교사가 많다. 그렇다면 예능방송 속에 명확한 예능인 사이의 서열이 있는 것도, 이와 똑같은 상황이 학급 내에서 벌어지고 있다는 것도 이해하리라 생각한다.

아이들 사회에만큼은 상하관계가 전혀 존재하지 않는 것처럼 생각하는 일 자체가 잘못임을 학교나 교사들은 하루빨리 깨달아야 한다.

▶ 괴롭힘이 발생했을 때 교사가 해야 할 일

위에서 살펴본 그림 1의 스쿨 카스트와 의사소통 능력의 관계를 학급담임에게도 적용하면, 교사는 학급을 능숙하게 통솔해 나가기 위해서 아동과 마찬가지로 자기주장능력, 공감능력, 동조능력의 향상에 노력할 필요가 있다. 이것은 '친구 같은 교사'가 늘고 있음에 따른 폐해라고도 할 수 있는데, 학급담임이 반드시 스쿨 카스트의 정점에 있다는 보장은 없다.

예를 들어 '공감력'을 갖지 않은 교사라면 그것은 '잔학한 리더'와 동등한 정도로 간주되며, '자기주장능력'이 약한 경우는

'인망 있는 2인자'와 동등한 정도로 여겨진다.

따라서 학급을 통솔해 나가기 위해 담임교사도 의사소통능력 향상에 노력할 필요가 있다. 그러나 모든 교사들이 '슈퍼 리더'가 될 수는 없으므로 학년담임 전체가 팀을 짜서 각각 부족한 점을 보충하는 방법이 바람직하다. 이것은 매우 훌륭한 대처법이다.

실제로 각 학교나 교사의 수준에서 보면 이미 훌륭한 실천을 하고 있는 예는 얼마든지 있다. 팀이 대응하고 있는 학교도 있는가 하면 우수한 교사가 스쿨 카스트의 정점에 서서 괴롭힘이 심각해지지 않는 학급 만들기를 하고 있는 예도 적지 않다.

이러한 훌륭한 실천이 공감받지 못해 그다지 전파되지 않는다는 점이 교육현장이 안고 있는 하나의 과제이다. 그렇다고 현실적으로 이와 같은 대응을 지금 당장 모든 학교나 교사에게 요구하기는 무리이므로 일단 당장 내일부터라도 실천할 수 있는 구체적인 대처법을 제안하고자 한다.

그것은 매우 간단하다. 학교 밖에서 범죄나 인권침해사건이 일어났을 때와 똑같이 대처하면 된다.

맨 먼저 해야 할 일은 피해자의 보호이다. 이어 두 번째로 할 일은 가해자의 처벌이다. 세 번째는 피해자 및 가해자의 정신적 보호이다. 이것은 피해자의 정신적 보호와 가해자의 교정(矯正)이란 말로 바꾸어도 무방하다. 마지막으로 다시는 그런 일이 일어나지 않도록 재발방지에 관해 생각한다. 이것이 사회에 범죄가 일어났을 때의 지극히 당연한 대처법이다.

그러나 학교에서 괴롭힘 사건이 일어나면 피해자 보호나 가해자 처벌 같은 '당연히 할 일'을 피하고, "가해자도 사실은 마음의 상처를 입었다"는 따위의 말로 느닷없이 가해자의 정신적 보호 이야기가 되고 만다든지, "이미 일어난 일을 어쩌겠느냐"면서 시작부터 재발방지를 위한 토론이 되고 마는 경우가 매우 많다.

본디 피해자 보호를 위해 신속하게 이루어져야 하는 가해자의 출석정지도 가해자의 처벌이 된다면서 되도록 피하려 한다. 물론 이런 대응은 모두 교사로선 쓰라린 판단을 필요로 하며, 그 판단을 피하고 싶어하는 심정은 충분히 이해한다. 또는 가해자를 처벌하면 괴물부모가 불같이 화를 내며 찾아올지도 모른다. 상당한 각오가 필요한 것만은 틀림없다. 그러나 여기서 "교육적 관점에서 볼 때……" 등의 미사여구를 늘어놓으면서 '마땅히 할 일'에서 도망치는 일은 그만두었으면 한다.

그러므로 교사들에게 당부하고 싶은 말은 단 한마디이다. "용기를 가져라." 속칭 '냄비뚜껑형' 조직이라 불리는 학교는 적어도 피라미드형 조직에서 살아가는 봉급생활자나 공무원이 볼 때는 훨씬 가능성 있는 직장이다. 조직의 문화도 조금 무리를 하면 개인의 힘으로 바뀔 가능성이 얼마든지 있다는 것은 매우 축복받은 근무환경이란 점을 깨닫기 바란다.

▶ 괴롭힘의 배후에는 '하인리히 법칙'이 있다

1931년 허버트 하인리히가 쓴 《산업재해 예방 : 과학적 접근》이라는 책에서 소개된 법칙이다. 업무 성격상 수많은 사고 통계를 접했던 하인리히는 산업재해 사례 분석을 통해 하나의 통계적 법칙을 발견했다. 그것은 바로 산업재해가 발생하여 중상자가 1명 나오면 그 전에 같은 원인으로 발생한 경상자가 29명, 같은 원인으로 부상을 당할 뻔한 잠재적 부상자가 300명 있었다는 사실이었다. 따라서 '하인리히 법칙'은 '1:29:300법칙'이라고도 부르며, 이는 커다란 재해와 작은 재해 그리고 사소한 사고의 발생 비율이 1:29:300이라는 의미이다.

하인리히 법칙이 노동현장에서의 재해뿐만 아니라 각종 사고나 재난 또는 사회적·경제적·개인적 위기나 실패와 관련된 법칙으로 확장되어 해석되고 있는 점을 감안하여, 이것을 괴롭힘에 적용해 보자.

1건의 심각한 괴롭힘의 배후에는 29건의 경미한 괴롭힘이 있으며, 300건의 '눈에 보이지 않는' 사소한 괴롭힘이 있다는 말이 된다. 괴롭힘으로 인한 큰 사고는 우연히 또는 어느 순간 갑작스럽게 발생하는 것이 아니라 그 이전에 반드시 가볍고 대수롭지 않은 괴롭힘들이 반복되는 과정 속에서 발생한다는 것을 실증해 준다. 즉 일정 기간 동안 여러 번 경고성 징후와 전조들이 있고, 이를 방치할 때 돌이킬 수 없는 학교폭력이 밖으로 드러나는 것이다.

그러므로 교사는 아무리 사소한 문제일지라도 징후가 눈에 띌 때는 지체 없이 이를 면밀히 살펴 그 원인을 파악하고 잘못된 점을 바로 잡아주어야 한다.

▶ 아동 성장과정에는 악의 '백신'도 필요하다

최근 텔레비전 등에서 괴롭힘에 의한 자살 보도를 듣곤 한다. 그러나 자살을 미화한 보도는 반드시 자살을 유발한다. 자살의 연쇄를 진정 막고 싶다면 비극의 주인공 취급은 절대로 해선 안 되며, 하물며 피해자의 부모를 인터뷰하지 말아야 한다. "이런 참담한 현실, 즉 괴롭힘을 당하는 현실에서 벗어나 비극의 주인공이 될 수 있다"는 착각을 일으키게 하는 보도는 현재 괴롭힘을 당하고 있는 아이에게는 매우 위험한 유혹이 되기 때문이다.

한편으론 괴롭힘 자체는 없어지지 않는다고 생각한다. 오히려 없어지지 않아도 괜찮다는 생각마저 한다. 다만 그의 전제로서 괴롭힘이라는 말을 다시 정의하지 않으면 안 된다. 요즘은 대인관계 속에서 생겨나는 사소한 마찰이나 악질적인 범죄행위를 모두 뭉뚱그려서 괴롭힘이라고 부른다. 물론 학교 안에서 일어난 것이라 해도 범죄행위는 단호히 처벌해야 하며, 그러한 괴롭힘이 존재할 필요는 전혀 없다.

그러나 인간관계 속에서 일어나는 사소한 마찰이나 알력 같은 것을 성장과정의 어느 단계에서 경험해 두지 않으면 사회에 나갔을 때 반드시 곤경에 빠진다. 보다 나은 인간을 육성함으로써 보다 나은 세상을 만드는 것이 학교의 역할임은 확실하지만, 그 전에 학교는 현실에 원만히 융합하는 인간을 기르는 훈련의 장임을 잊어선 안 된다.

때문에 학교는 지금까지보다 더 사회의 가치관에 맞는 교육을 해나가야 한다. 폭력성이 있는 괴롭힘을 인정할 필요는 없다. 그러나 반대로 누구에게나 싫어하는 말만 하는 사람이 모두에게서 무시당한다면 그것은 본인으로선 잘못된 것을 바로잡을 기회이기도 하다. 물론 그의 언동과 보복수단으로서의 괴롭힘의 균형이 깨지면 "그것은 지나치다"면서 개입할 필요가 있지만, 그럴 때 "세상에 괴롭힘 따위가 있어선 절대 안 된다"는 이상론만 외쳐선 현실사회에서 살아갈 능력을 길러야 하는 학교의 존재 의의는 사라지고 말 것이다.

초등학교에는 3할, 중학교에는 5할, 그리고 고등학교에는 7할 정도의 악은 있어도 괜찮다고 생각하며, 아이들은 그러한 악을 경험하고 사회에 나간다. 이른바 악의 '백신'이다. 교사들은 그런 인식을 바탕으로 괴롭힘은 근절되지 않는다는 체념이나, 괴롭힘 문제가 생겼을 때 세상에선 지극히 당연하게 여기는 대응을 교육현장에서도 실천할 용기를 갖기 바란다.

▶ 각 아동별 지도는 학급의 상황파악에서부터

요즘 아이들은 섬세하고 매우 쉽게 상처를 받는다고 한다. 또한 각 가정 나름의, 가지각색의 사정이 있는 아이도 많다. 때문에 한 세대나 두 세대 전처럼 일제히 똑같은 방법으로 집단을 지도하는 방식은 통용되기 어려운 상황이다. 교육현장에서 '각 아동에 맞는 지도'를 외치고 있는 것은 이러한 배경 때문이다.

'개인에 맞는 아동이해'라고 하면 교사들은 "가정에 이런 문제가 있으니까 아이가 이렇다"면서 그 아이의 가정환경이나 성격 등에 초점을 두고 이해하려 하기 쉽다.

그러나 사실은 그 이상으로 무게가 큰 것이 학급의 상태이다. 개인에 맞는, 아동별 이해를 위해서는 학급 속에서 그 아이의 반응이 어떠한지를 볼 필요가 있다.

이를테면 "머리가 아프다" "배가 아프다"고 호소하는 아이가 있다 치자. 그 경우에 보통은 질병으로 판단하고 보건실로 보내며, 가정에 연락하여 의사에게 진료를 받는 흐름을 갖는다. 그러나 대부분의 교사들이 알고 있다시피 학급의 분위기에 적응하지 못해서 두통이나 복통 등 증상을 일으키는 아이가 매우 많다.

그러므로 의사에게 보이는 등의 신체적인 배려 이상으로 학급에서 그 아동의 상태를 이해하고, 개별적으로 접촉해 나갈 필요가 있다. 꾀병이란 오해를 받기 십상인 증상이지만 학급에 적응하지 못한 아이는 정말로 머리나 배가 아파지는 법이다. 섬세하고 마음이 약한 아이에게만 증상이 나타나는 것은 아니다.

요즘에는 이른바 '활기 찬 학급'에서 그런 현상을 일으키는 아동을 많이 볼 수 있다. 그러나 그런 학급에 대하여 "큰 소리를 내는 아이가 많고, 욕을 하거나 싸우기도 하지만 사이는 좋다"고 교사는 철석같이 믿는다.

학급운영의 핵심은 규율과 융합이다. 가장 중요한 규율 두 가지는 교사나 반 친구의 이야기를 마지막까지 듣고, 남에게 상처를 입힐 만한 말은 하지 않는 것이다. 활기는 있지만 규율이 제대로 지켜지지 않는 학급에선 그것에 원만히 적응하지 못해 두통이나 복통을 일으키는 아이가 생긴다. "머리나 배가 아프면 조퇴를 해도 좋다"는 지도만으론 그 아이의 문제해결은 불가능하다.

개별 아동의 이해 핵심은 다음 다섯 가지이다.

① 그 아동의 성격
② 지적인 문제
③ 가정환경이나 성장사
④ 학급에서의 적응도
⑤ 학교에서의 학습상황

맨 먼저 그 아이가 지닌 성격적인 문제를 이해할 필요가 있다. 두 번째로는 지적인 문제의 이해이다. 세 번째로 가정환경을 이해한다. 경우에 따라서는 성장사도 알아둬야 한다. 그리고 네 번째로는 학급에서의 적응도를 이해하는 것이다. 학급에서 어떤 처지에 놓여 있는지 관찰을 통해 많은 정보를 얻게 된다. 다섯 번째는 학교에서의 학습상황이다.

예를 들면 "교실 안이 따분해서 학교에 오기 싫다" "학교가 재미없다"고 호소하는 아이들은 어떤 형태로든 학습적 측면의 장애가 있는 경우가 많다. 학습적인 걸림돌을 확인하다 보면 학습장애를 발견하기도 한다.

▶ 모든 학생과 교직원에 의한 교육상담주간을 갖는다

개별 아동에 대한 지도에서 반드시 실행하기 바라는 것은 교육상담주간이다. 교육상담주간은 초등학교에선 거의 실시하지 않는다. 실시하고 있는 초중등학교에서도 "귀하는 현재 고민이 있습니까?" "걱정거리가 있습니까?"라는 직접적인 설문조사에 대해 "예" 대답한 아이하고만 면담을 한다. 이렇게 해서는 교육 상담주간의 의미를 제대로 살릴 수 없다.

교육상담주간이란 본디 그 시점에서 고민이 있는 아동들의 목소리를 듣는 기회는 아니다. 고민이 생겼을 때, "이 선생님한 테는 이야기할 수 있을 것 같다"는, 고민을 털어놓을 수 있는 '관계 형성'이 목적이다.

그러기 위해서도 초등학교 단계에서부터, 그리고 1학기의 6 월까지는 실시하기 바란다. 순서로는 가장 먼저 모든 교직원의 이름이 적힌 명단을 만든다. 그것에 대해 아동들은 '속 깊은 이 야기를 하고 싶다'고 생각하는 선생님을 3명쯤 골라 동그라미 를 친다. 이어 아동이 선택한 모든 선생님하고 이런저런 이야기 를 나눈다. 내용은 연예인이나 텔레비전 프로그램 등등 뭐든지 상관없다. 10분에서 15분 동안 2인 1조로 이야기를 나눔으로 써 '이 선생님한테라면 마음 놓고 이야기할 수 있다'고 아동이 느끼는 관계를 구축해 나가는 것이 교육상담주간의 역할이다.

모든 아동을 대상으로 하는 것은 매우 중요하다. 이때, 개중 에는 "아무려면 어떠냐"며 적당히 동그라미를 치는 아이도 있 으므로 '아무나 괜찮다'는 항목도 만든다. 그리고 '아무나 괜찮 다'에 동그라미를 친 아이에게도 반드시 면담을 실시한다. 이것 이 중요하다. 고민이 있는 아동하고만 면담을 하면 '나만 남으 면 눈에 띄니까 다른 아이들이 무슨 문제가 있나 보다 하고 이상한 시선으로 쳐다보겠지? 그건 싫으니까 특별한 고민이 없다고 적당히 대답해 놓자'가 되기 쉽다.

요즘 아이들은 "나를 좀 주목해 달라" "나를 이해해 달라"는 마음과, 선생님을 독차지하고 싶다는 욕구가 강하다. 그러므로 선생님과 단둘이서만 이야기한다, 독점한다는 이런 체험은 매우 기쁜 일이다. 선생님과 아동이 이런저런 이야기를 해나가는 과정에서 "요즘 사실은 친구들하고 잘 지내지 못해요……" 하는 고민이 툭 터져 나오는 경우도 있다.

또한 아이들이 선택한 선생님하고 이야기를 한다는 것 자체도 중요하다. 한 중학교에서 "어느 선생님에게라면 고민을 말할 수 있겠는가?" "어느 선생님에겐 고민을 말하지 못하겠는가?" 조사를 했더니 공부나 진로 고민은 학급담임하고 이야기할 수 있지만 친구나 가족, 연애 같은 개인적인 고민은 말하고 싶지 않다는 결과가 나왔다. 이걸 보더라도 하나에서 열까지 모든 것을 학급담임이 지도한다는 '담임 중심주의'를 탈피하지 않으면 개별 아동에 맞는 지도의 실현은 까마득하다고 할 수 있다.

〈교육상담주간 실시의 주요사항〉

①1학기의 6월까지 기간 내에 실시한다.

②모든 아동을 대상으로 한다.

③교장이나 담임, 보건교사에 이르기까지 모든 교직원의 명단을 만들고, 아동에게 그중에서 '이야기해 보고 싶은' 선생님을 3명쯤 고르게 한다.

④아동이 선택한 선생님하고 2인 1조가 되어 10~15분 정도 '이런저런 이야기'를 한다.

⑤고민상담이 아니라 언젠가 괴로운 일이 생겼을 때, "도와 달라"고 말할 수 있는 마음과 마음의 고리를 만드는 '관계 형성'을 목적으로 한다.

▶ 지도하지 않고 경청한다

카운슬링 마인드라는 말은 많이 알려져 있다. 그리고 "네 기분이 그랬었구나" "무척 괴로웠겠구나"라는 수용의 말과 함께 아동의 이야기에 귀를 기울이는 교사가 점점 늘고 있다. 이것은 매우 바람직한 일이다. 아동·학생이해의 기본은 경청이다. 그러나 30분쯤 성실하게 아동의 이야기를 들으며 이해를 위한 노력을 해놓고, 마지막 3분 동안 지도를 해버리는 교사가 많은 것이 현실이다.

예를 들면 괴롭힘을 당한 아동에게 "너한테도 잘못이 있었겠지" "신경쓰지 말아라" "네가 강해지면 되는 거야" 등등 이런 말들은 절대로 해선 안 된다. 정작 이 말을 들은 본인은 "너무나 괴로워서 선생님한테 상담을 했건만 결국 야단만 맞았다. 이제 다시는 이 선생님하고는 아무 말도 하지 않겠다"고 마음의 문을 닫아버린다. 30분 동안 이야기를 들었다 해도 마지막

3분의 지도로 말짱 헛일이 되어 아동은 설교를 들었다는 인상만 갖게 된다.

　카운슬링 마인드를 갖고 아동이해에 노력하는 선생님들에게 당부하고 싶은 것은 지도욕구를 버리라는 것이다. 지도하지 않으면 마땅히 해야 할 일을 하지 않은 것 같다는 교사가 많은데, 아동이해에 철저하기로 마음먹었다면 지도욕구는 버려야 한다. 그 지점에서 꾹 참아낼 수 있으면 아이들에게 '선생님이 아주 친절하게 내 이야기를 들어주셨다' '이 선생님은 믿을 수 있다'는 마음이 생긴다. '혹시 어려운 일이 생기면 이 선생님한테 이야기해야지' 하는, 신뢰감과 안도감을 갖게 해주는 것, 아동 각자의 자기긍정감과 자존심에 맞춰 나가는 것이 중요하다.

　자존감에 상처를 입히지 않을 만한 배려를 당부한다. "왜 못하는데?"의 꾸지람이 아니라 "사실은 할 수 있어. 기대할게"라는 신뢰를 전제로 한 메시지를 보내야 한다.

▶ 제대로 된 지도계획을 작성하자

[교육상담지도계획(가칭)]

I 목표
학교생활에 있어서 생활지도부의 지도범위를 현저하게 초월

하는 문제(등교거부, 괴롭힘, 수업의 소란상태 등)의 예방, 조사, 해결을 위해 위원회(구성은 교장, 교감, 학년대표이며 위원장을 둔다)를 둔다.

II 회의
월 1회의 정기회의 및 문제가 발생했을 때마다 개최한다.

III 지도의 원칙
①문제의 발견과 해결에는 1분 1초도 중요시하여 조기에 대응한다.
②해결의 방향은 구체적으로 결정한다.
③문제에는 모든 교직원이 하나가 되어 당사자로서 대응한다.
④문제가 발생하면 해결을 확인할 때까지 긴장을 늦추지 않는다. 해결의 확인은 관리직 교사가 한다.
⑤위원회 심의 중에 개인의 이름, 가정사정 등 필요하다고

인정되는 것은 비공개로 한다.

IV 활동분야, 방침

① 왕따, 괴롭힘

㉠괴롭힘이란 특정 개인에 대해 등교하기가 싫어질 정도의 정신적, 육체적 고통을 안기는 것을 말한다.

㉡괴롭힘은 쉽게 눈에 띄지 않으므로 조기에 발견하기 위해 다음과 같은 배려를 한다.

  – 담임과 교과전담교사에 의한 일상생활 관찰을 지속한다.

    ◦ 책상을 떼어놓는다

    ◦ 수업 중에 발표를 하거나 할 때 야유한다

    ◦ 따돌린다

    ◦ 놀리는 말을 한다

    ◦ 물건을 자주 도난당하거나 소지품이 망가뜨려져 있다

  – 학교 전체의 '외톨이 학생 조사' 등의 전단계 조사를 실시한다.

  – 10일, 20일, 30일째의 누적결석을 보고한다.

㉢담임이 발견했을 때, 아동의 호소나 부모의 연락이 있을 때는 즉각 해결을 위한 행동에 들어간다.

  – 담임은 그날 중으로 위원장에게 대략적인 보고를 한다.

  – 필요할 때는 보고로부터 24시간 이내에 회의를 열고, 방침을 정하는 활동을 개시한다(방학이나 일요일, 공휴일일 경우

에는 가능한 최선의 대응을 한다).

　-5일이 지나도 개선되지 않을 경우엔 별도의 구체적 방침을 세운다.

　②부등교

　㉠부등교란 질병, 개인사정 등의 이유가 없는데도 학교를 쉬는 경우를 말한다.

　㉡부등교의 대응은 발생 직후와 장기의 두 가지로 나눈다.

　㉢부등교 발생 직후는 특히 중요하다.

　-가정과 연락하여 부등교의 원인을 듣는다.

　-괴롭힘, 급식 등의 불안, 숙제 미비 등은 신속하게 해결방향을 찾는다.

　-되도록 이른 시기에 회의를 열고 방향을 찾는다.

　㉣장기 부등교는 지금까지의 경험을 살려 '교무실, 보건실' 등교 등 가능한 형태를 찾는다.

　③소란상태

　㉠수업이 불가능할 정도의 잡담이 오가며, 아무 때나 일어나 돌아다니고, 담임의 지시를 전혀 따르지 않는 상태를 소란상태라 한다(그의 전단계도 포함).

　㉡담임은 어떠한 경우에 무슨 일이 있었는지 구체적으로 기록한다. 아울러 개선을 위한 노력도 덧붙여 쓴다.

　㉢소란상태에 빠진 학급에선 담임이 재건의 주축이 된다. 담임을 지원하기 위한 구체적 방향을 이른 시기에 확립한다.

ⓔ해결 방향은 제1단계, 2단계, 3단계 등의 방책을 준비한다.

ⓜ소란상태에 이른 학급의 지원은 학년주임교사가 맡으며, 기본적으로 해결될 때까지 계속한다.

ⓗ모든 교직원은 하나가 되어 소란상태의 담임을 지원하기 위해 노력하고, 물을 끼얹는 듯한 발언이나 태도는 엄격히 삼간다.

Ⅴ 부칙

이상의 안을 20**년도 방침으로 하며, 1년간의 실천 뒤에 구체적으로 개정한다.

▶ 설문조사표를 만들자

괴롭힘을 당하고 있는 아이가 편안한 마음으로 '은밀히 알릴' 수 있는 간단한 설문지를 만들어서 실천할 필요가 있다. 예를 들면 다음과 같다.

생활조사표
학년   반   번   이름
① 짝이 내게서 책상을 뗀 적이 있습니까?
 - 있다 (1~2번   3~4번   5번 이상)

- 없다

②수업시간에 발표할 때 친구들이 "에이" "우~" 하는 소리를 내어 창피했던 적이 있습니까?

(있다   없다)

③쉬는 시간에 따돌림을 당한 적이 있습니까?

(있다   없다)

④나의 약점을 가지고 친구들이 별명을 부르며 놀린 적이 있습니까?

(있다   없다)

⑤물건을 도둑맞거나, 누군가가 망가뜨린 적이 있습니까?

(있다   없다)

각 항목에 있다, 없다로 대답한다.

'있다'의 경우에는 몇 번 있었는지 묻는다. 한두 번 정도라면 가볍게 넘길 수 있다. 그러나 5번 이상일 때는 주의해야 한다.

이유는 쓰게 하지 말고 진찰과 검사로 진행해 나간다. 다음은 2차 조사의 예이다.

①"말하지 마!" "듣기 싫어" "넌 끼워주지 않겠어" 등의 말로 무시당한 적이 있습니까?

②따돌리는 내용의 말을 들은 적이 있습니까?

③청소나 정리정돈, 매점 심부름 등을 한 적이 있습니까?

④ 책받침이나 연필 등이 없어진 적이 있습니까?

⑤ 빌려준 물건을 받지 못한 적이 있습니까?

① 선생님이나 어른이 없는 곳에서 기분 나쁜 일을 당한 적이 있습니까?

② 이유도 없이 맞거나 발로 차인 적이 있습니까?

③ 내 옷을 누군가 일부로 더럽힌 적이 있습니까?

④ 누군가가 돈을 빌려달라고 하면서 빼앗아간 적이 있습니까?

⑤ 다른 사람을 협박하여 돈을 빼앗거나 때리는 행동이 경찰서에 끌려가는 범죄란 사실을 알고 있습니까?

▶ **가정교육이 쇠퇴한 이유**

급식비나 교재비를 납부하지 않거나, 학교행사에 협조하지 않고, 자기 아이를 야단치지 않는 등 '학교교육에 비협조적인 보호자들'이 문제가 된 지 오래다.

교육이란 사회 전체가 참여하는 사업이며, 그중 어느 한 부분만이 선택적으로 뒤떨어지는 경우는 있을 수 없다. 제목이 보여주다시피 우리나라의 가정교육이 쇠퇴하고 있다면 그것은 우리나라 교육제도의 모든 수준에 모든 종류의 '교육력'이 쇠퇴하고 있는 하나의 발로라고 할 수 있다.

지각변동 수준의 현상에 대해선 개별적인 옳고 그름을 가려봐야 소용없다. 현재 필요한 것은 거시적인 시각에서 '우리 사회의 모든 교육이 쇠퇴하고 있다'는 사실을 즉각 인정하는 것이다. 그리고 그러한 커다란 논제에 맞서는 경우에 '내 눈앞의 현상은 문제가 아니라 답이다'라는 생각이 필요하다.

개별적인 문제라면 "이걸로 만사 오케이" 정답을 제시할 수 있을지도 모른다. 그러나 우리 눈앞에 있는 것은 유감스럽게도 '문제'가 아니다. 이것은 '답'인 것이다. 우리나라 사람들의 수십 년에 걸친(더 긴 기간일지도 모른다) 위대한 노력의 성과로서 국민적 수준의 교육후퇴라는 현실이 생겨난 것이다. 이 사태에는 거의 모든 국민이 가담해 왔다. 그것을 받아들이지 않으면 이야기는 한 걸음도 앞으로 나아가지 못한다.

그럼 우리는 대체 어떤 식으로 교육이 후퇴하도록 노력해 온 것일까? 그것을 냉정하게 되돌아보자.

먼저 시험 삼아 아이들에게 "너희는 왜 공부를 하지?" 물어보자. 그러면 대부분의 아이들은 "공부를 해서 일류 특수목적 고등학교에 진학하고, 일류대학교에 합격하고, 훌륭한 사회적 지위를 획득하고, 수준 높은 배우자를 만나고, 국제적으로 활약하고 등등"의 답을 내놓을 것이다. 개중에는 "나는 그런 것에 관심 없다"면서 학습을 위한 노력을 팽개치는 아이도 있을지 모른다. 그렇지만 그런 그들도 역시 "공부하는 것은 자기이익의 달성을 위한 이기주의적인 노력이다"라는 학습관을 갖고 있는 점은 다르지 않다.

인간은 자기이익을 위해 학교에 다니고 공부한다. 요즘 아이들은 그렇게 생각하고 있다. 학습을 위한 노력은 아이들의 개인적인 '고역'이다. 아침에 일찍 일어나야 하는 것도, 착용감이 별로인 교복을 입는 것도, 등굣길의 혼잡함을 견디는 것도, 부조리한 교칙을 지키는 것도 모두 고역에 들어간다. 그것을 견디고 교육을 받는 이상, 교육의 수익자는 아이들 자신이어야만 한다. 그들은 분명 그렇게 생각할 것이다. 많은 교사나 보호자도 그렇게 믿고 있다. 그러한 이익으로 유도하지 않으면 아이들은 공부 따윈 절대 하지 않을 것이다.

그러나 교육의 수익자가 만일 아동 자신이라면 동시에 아이들에겐 그 이익을 받지 않을 권리도 있는 것이 된다. "바람직한 일을 하자"고 한대서 기꺼이 그에 따르는 아이들만 있는 것은 아니다. "그런 거 필요 없어요" 말하는 아이도 있을 테고, "조금 있는데 그걸로 충분해요" 하는 아이도 있을 것이다. 교육의 수익자가 아동 자신이라면 얼마만한 학습노력을 하는가(또는 전혀 하지 않는가) 하는 결정권은 아이들 자신에게 맡겨진다.

그리고 그 결과로 우리 사회는 '아동을 교육한다'는 권원(權原) 자체를 포기한 것이다. 우리가 현재 채용하고 있는 규칙에 따르면 아이들이 "싫어요"라고 말하면 그들을 교육할 권리는 아무에게도 없다. 우리는 이 규칙으로 놀이를 시작하고 말았

다. 그 결과가 오늘의 교육 상황이다.

그런데도 교육행정가나 평론가들의 대부분은 아직도 "학습한 사람에게는 보상을, 하지 않은 사람에게는 처벌을"이라는 '당근과 채찍' 전략에 집착하여 보상금을 올리고, 벌칙을 엄격히 하면 아이들은 다시 공부하게 되지 않겠느냐는 꿈을 꾸고 있다.

그러나 자기노력에 의해 '획득할 수 있는 것'과, 노력하지 않아서 '잃게 되는 것'의 괴리를 넓히면 넓힐수록 자기 운명에 대한 학생의 결정권은 강화된다. 경험이 우리에게 가르쳐주는 것은, 인간은 '사물을 만들어내기'보다 '사물을 파괴'하는 데서 커다란 성취감을 얻는다는 것이다. '자기 인생을 엉망진창으로 만드는 단추'를 누를 권리가 있는 아이는 그 권리를 행사하고 싶다는 유혹에 휩싸인다. 반드시 그렇게 된다. 그리고 자기파괴가 초래하는 전능감의 유혹에 맞서려면 지성적이고 정서적인 성숙이 필요한데, 아이들은 그 점에 있어서 매우 미숙하기 때문에 어린이인 것이다.

교육은 쇠퇴한 것이 아니다.

우리는 '아동을 교육할 권리' 자체를 포기하는 것에 대해 국민적으로 합의한 것이다. 교육을 받느냐, 받지 않느냐의 결정권을 아이들에게 맡긴 것이다. 보상과 처벌로서 학습동기를 부여하는 것이 바로 그것이다. 그 결과, 우리의 예상을 뛰어넘는 다수의 아동들이 '교육을 받지 않겠다'는 선택을 했다. 그것이 초래할지도 모르는 불이익에 대한 불안을 '지금 내가 나 자신의 운명의 결정권자라는 사실'이 불러일으키는 자존감과 전능감이 부정한 것이다. 그야말로 '조삼모사'인데, 옛 속담의 교훈은 지금도 적용되기 때문에 꾸준히 전해지고 있는 것이 아닐까.

아이들을 교육할 권리를 포기한 것은 우리 자신이다. 교육을 받느냐, 받지 않느냐 하는 결정을 아이들에게 맡겨버린 것은 우리이다. 스스로 포기해 놓고 이제 와서 "교육이 쇠퇴했다"고 탄식하는 것은 앞뒤가 맞지 않는다.

거듭 말하지만 가정교육뿐만 아니라 우리 사회에선 모든 수준에서 모든 종류의 '교육력'이 쇠퇴하고 있다. 왜일까?

교육의 목적은 '성숙한 시민의 육성'이다. 공동체의 성원으로서 자기가 이룩하고자 하는 것을 해낼 수 있는 사람을 만들어 내는 것이다. 되도록 자기의 이익추구보다 공공의 복리를 우선적으로, 하다못해 같은 정도로 배려할 줄 아는 인간을 길러야 한다. 이것은 인류역사의 여명기에서부터 변함없는 진리이다. 아이들에게 사냥이나 농경, 배 만들기 같은 살아 있는 기술을 가르치고, 종교의례나 전통기예를 전하는 것은 자고이래로 공동체의 의무였다. 그런 것들의 '살아 있는 지혜'를 다음 세대에게 확실하게 전달하지 않으면 집단이 존속하지 못한다는 것을 알기 때문이다. 그러므로 당사자인 아동의 승낙 여부와 무관하게 교육은 이루어지고, 아이들은 어쩔 수 없이 집단의 전체 구성원으로 만들어졌다. 그것의 본질적인 사정은 지금도 전혀 달라지지 않았다.

교육의 수익자는 아동 자신이 아니라 먼저 이 공동체 자체이며, 그러므로 공동체의 성원은 모든 노력을 다하여, 모든 기회를 통하여 아동을 성숙한 시민이게 하는 교육사업에 참가해야만 한다는 것을 교육자라면 누구나 우리사회의 상식으로 삼아야 한다.

만약 현재 가정의 교육력이 후퇴하고 있다면 가장 큰 이유는 부모들 자신이 어린아이이기 때문이다. 부모들 스스로가 학습노력의 목적은 자기이익의 증대이고, 교육의 단 하나의 수익자는 아동 자신이라고 생각하는 한, 가정교육이 아동의 성숙에 이바지하는 일은 있을 수 없다. 그러나 그와 같은 '유아적 부모'도 또한 이 나라의 교육제도가 만들어낸 존재이다.

여기서 내어놓을 제안은 먼저 '잠에서 깨어나는 것' 말고는 없다. 우리 자신이 시민적 성숙을 방해하기 위해 얼마만한 노력을 축적해 왔는지, 그에 대해 냉정하게 돌아보고 철저히 반성하는 데서 다시 시작하자.

▶ 쉽게 할 수 있는 일을 구체적으로 내놓는다

급식비나 교재비 같은 납부금을 내지 않는 보호자가 해마다 증가하는 경향을 보이고 있다. "의무교육이니까 무료 아닌가요?"라든가, "내라는 소릴 들은 적이 없는데요" 또는 엉뚱한 핑계를 대곤 하는 것이다. 경제적인 이유에서 내지 못하는 가정이라면 도와주는 제도가 있다. 그러나 이 제도로 지급된 돈을 다른 데 써버려 결국은 낼 돈을 내지 않는 경우도 있다. 알고보면 호화로운 집에서 살면서 "급식비를 낼 여유가 없어요" 태연히 말하는 보호자도 있다.

이런 경우에는 전화나 편지 등 온갖 방법을 동원하여 계속적으로 독촉하는 수밖에 없다. 다만 독촉장은 아동이 내용을 알지 못하도록 봉투에 넣어서 반드시 봉하는 배려가 필요하다. 그러나 아이들은 예민하기 때문에 늦든 이르든 언젠가는 알게 된다. 이럴 때는 "댁의 자녀가 마음 편히 급식을 먹는 것이야말로 가장 큰 행복이 아니겠습니까?" 진지하게 호소하는 편이 효과적이다.

자녀의 생활습관에 무관심한 부모도 늘고 있다. 자녀와 함께 늦잠을 자거나, 아침식사로 과자를 주고, 자녀를 제대로 씻기지 않거나, 게임을 하느라 밤을 새도 그냥 내버려두는 등이다. 예를 들면 학교에서 아이의 몸 상태가 좋지 않으니 데리러 와달라고 연락했을 때 "보건실에서 재워달라"고 하는 것도 이런 유형의 보호자이다. 아이들은 부모가 시키는 일은 하지 않아도 부모가 하는 행동은 그대로 따라한다. 부모가 게으르면 아이의 생활습관은 엉망이 될 수밖에 없다.

학교가 학부모의 생활습관까지 개선시키기란 도저히 불가능하다. 그러므로 먼저 아이들을 지도하게 된다. 아침밥을 챙겨주지 않는 가정의 아이에게는 "구운 빵이라도 괜찮으니 네가 직접 준비해 보아라" 말한다. 고학년이라면 실과수업에서 간단한 아침식사를 만들 수 있도록 연습시킬 수 있다. 아울러 보호자에게도 간단히 만들 수 있는 음식을 구체적으로 제안하는 것이 중요하다. 예를 들면 "아침식사는 자녀가 스스로 준비하니까 먹는 동안만이라도 식탁에 함께 있어 주세요" 부탁을 한다.

그렇게 하다보면 보호자의 생활습관이 차츰 개선된다. 실제로 아침에 늦잠을 자는 학부모는 밤에 일을 하는 경우가 대부분이다. 그러므로 사정도 모른 채 교사가 "아침에 자녀가 등교할 때는 일어나 계세요"라고 다짜고짜 말해선 안 된다. 단 한마디의 말로 교사와 보호자의 신뢰관계가 허물어지는 것이다.

교사는 저마다의 보호자 사정에 대해 이해를 보인 뒤, 할 수 있는 것을 구체적으로 제안하는 수밖에 없다.

▶ 학부모회 때 학교의 생각을 전한다

자기 자녀만 귀하고 중심이 되어야 한다고 생각하는 부모가 증가하고 있다. 학원에 빨리 보내야 하니 학교가 끝나기도 전에 일찍 보내달라거나, 별일도 아닌 때에 걸핏하면 조퇴를 시키라고 하고, 학원교재를 학교수업에서 사용하면 안 되겠느냐는 등 어이없는 요구가 점점 높아지고 있다.

학원신앙을 가진 보호자를 이해시키려면 수준에 맞는 프린트를 도입하는 등 수업내용에 변화를 줄 필요가 있다. 그러나 가장 중요한 것은 집단생활 속에서 사회성을 가르친다는 학교 본연의 역할을 분명하게 전달해야 한다는 점이다. 그러려면 학부모회가 효과적이지만 수업참관이나 학년 초의 학부모총회 같은 행사에 참석하지 않는 부모가 늘고 있는 것이 현실이다.

따라서 학부모회의 참석률을 높이는 노력을 해야 한다. 일정 문제라면 수업참관은 어쩔 수 없지만 회의를 토요일에 하는 것도 좋고, 장소 문제라면 반드시 학교가 아니라 모이기 쉬운 곳에서 개최하는 것도 바람직하다

그리고 보호자가 안고 있는 고민이나 관심도가 높은 주제를 정하고 그에 대한 학교와 담임의 생각을 보여야 한다. 학교에 대해 협조하지 않는 보호자에게는 과감하게 임원 등의 역할을 부여하는 것도 좋은 방법이다. 그렇게 하면 놀랄 만큼 협조적이 되는 경우가 많다.

2장 괴롭힘의 구조를 파괴하라

▶ 괴롭힘의 구조

괴롭힘은 세 가지 구성요소에 의해 일어난다.
① 괴롭히는 아이
② 괴롭힘을 당하는 아이
③ 주위의 방관자

'괴롭힘'이 드러나면 교사의 눈은 아무래도 당사자에게만 향하기 쉽다. 그러나 방관자 중에도 '내가 어떻게든 해주고 싶다' '이런 건 용서할 수 없다'고 느끼는 아이가 반드시 있기 마련이다. 그런 정의감 넘치는 아이를 심각한 괴롭힘이 일어나기 전부터 길러놓아야 한다.

그러려면 평소 "나는 내가 어떤 사람이기를 바라는가?" "우리 학급을 어떤 학급이게 하고 싶은가?"를 의식하게 해야 한다.

▶ 괴롭힘(왕따) 문제는 교사만이 없앨 수 있다

괴롭힘은 교사만이 없앨 수 있다. 괴롭힘을 재빨리 발견하고 없애는 것은 교사의 중요한 임무이다. 괴롭힘에 의해 많은 아이들이 상처받고 있다. 괴롭힘 때문에 목숨을 끊는 아이들도 있다. 괴롭힘 사건이 신문에 보도되었을 때의 학교 발표는 언제나 정해져 있다.

"괴롭힘이 있는 사실을 몰랐다".

이런 대답이 허용될 것인가? 분명 괴롭힘은 모르는 사이에 사라지기도 한다. 그러나 아이들이 자기 목숨을 끊을 수밖에 없을 정도로 잔인하고 오랜 기간에 걸친 괴롭힘을 교사가 몰랐다고 과연 말할 수 있는 것인가?

이런 어처구니없는 발언을 교육계는 허용해선 안 된다. "괴롭힘을 알고 있었고, 여러모로 손을 써보았지만 별 효과가 없었다"는 이유라면 그나마 괜찮다.

괴롭힘은 그것을 발견한 뒤에도 큰 문제이다. 한두 차례의 훈계로 없어지지 않는다. 섣부른 훈계를 하면 괴롭힘은 더욱 교묘하고 심각해진다.

괴롭힘의 실상을 알면 교사들은 몹시 놀란다. 날마다 맞고, 시키는 일을 하며, 성희롱과 성폭행까지 당하기도 하는 것이다. 그것을 교사는 모른다. 알려는 노력도 하지 않는다.

괴롭힘을 발견하는 체계가 학교에 없고, 나아가 괴롭힘을 발견하려는 교사도 별로 없다. 아동이 등교를 거부하는 것조차 모르다가 많은 경우 담임이 그 아이에게 관심을 갖는 것은 계속된 결석 이후이다. 특히 중학교가 심각하다.

괴롭힘을 해결할 사람은 교사뿐인데 그런 의식도 없고 아무 일도 하고 있지 않은 것이다.

멋진 학급, 지적인 수업을 하는 학급에는 괴롭힘이 없다. 물론 소규모의 괴롭힘은 어디서나 발생하지만, 멋진 학급은 그런 것을 훌륭하게 해결해 나간다.

괴롭힘을 없애는 것은 교사의 공통과제이다. 괴롭힘을 없애기 위한 노력은 교사 자신의 역량을 기르기 위한 과정이다.

▶ 아동집단에는 교육능력이 있다

차별상황의 발생은 처음엔 언제나 작기 마련이다. 이웃한 여학생과 책상을 아주 조금 떼어놓는다든지, 그 아이와 함께 모둠이 되는 것을 기피하는 등 사소한 일인 것이다.

그리고 그 작은 일의 발생 순간에 그것을 짚어내는 것은 교사의 임무이다. 그 임무는 다음과 같다.

①사소한 차별을 놓치지 않고 짚어낸다.

②차별을 비판할 때는 훈계가 아닌 학급 전체를 아군으로 삼아서 한다.

③비판은 여유를 주지 말고 쉴 새 없이 한다.

새내기 교수가 저지르기 쉬운 실수는 자기 혼자서 해결하려는 것이다. 학급 아이들 전원을 교사 편으로 만들면서 해결해야 한다는 사실을 잊는다.

예를 들면 한 남학생이 괴롭힘을 당하고 있는 여학생을 때렸다 치자. 교사가 그 남학생을 호되게 나무라고 훈계하면 대개의 경우 남학생은 불만으로 가득 차 반항적인 태도를 보인다. 이러쿵저러쿵 빠져나가려 핑계를 댄다. 다른 아이들은 관심이 없어서 교실은 소란스러워진다.

한두 번이라면 긴장도 하고 조용히 듣겠지만 횟수가 거듭되면 관심이 멀어진다. 이런 방법은 효과가 없는 것이다.

그럴 때, 일단 때린 남학생을 교실 앞쪽에 세운다. 전체 아동의 눈이 그 아이에게 향한다. 그리고 각 아동에게 "여학생을 때린 것을 어떻게 생각하니?" 묻는다. 모든 아이들이 '좋지 않다'는 취지의 말을 한다.

개중에는 부하 같은 아이가 있어서 감쌀지도 모른다. 그럴 때는 이 문제가 일단락된 뒤에 감싼 의견을 듣는다.

이렇게 학급의 각 아동이 일어나서 남학생을 비판하는 말을 한다. 이것은 매우 효과가 크다. 교사의 말은 들은 체도 안 하던 아이도 학급 친구들의 말에는 동요한다.

이와 같이 아동집단에는 서로를 가르치는 교육능력이 있는 것이다. 이 말은 교사의 세계에서 여러 가지 형태로 실천되고 있다. '쌍방향 교육'도 그 하나이다.

아동집단에 교육능력이 있다는 것을 전제로 하면서도 그 뒤의 '교육 조립 방법'은 저마다 다르다. 각 아동의 비판이 끝난 뒤에 "방금 학급 친구들의 의견에 대해 어떻게 생각하는지"를 묻는다.

그 아이는 반성의 말을 할 것이다. 그 아이에게 교사의 비판은 견딜 수 있지만 학급집단에 대한 귀속을 거부당하는 것은 두렵고 괴롭기 때문이다. '집단에의 귀속'이라는 의식은 본능이라고 할 만큼 강하다. 그러므로 집단에는 교육능력이 있는 것이다.

그 전형적인 예가 초등학교 고학년 여학생이다. 이 시기가 되면 교육능력이 미약한 학급에선 특정 여학생이 그룹을 만들고 몇몇 아이들을 거기서 배척하는 일이 생긴다.

이 상황은 아동 스스로는 절대로 고치지 못한다. 일단 생긴 뒤에는 교사가 폭파하는 수밖에 없다.

만약 그룹의 한 명이 반성하고 왕따를 없애려 하면 반성한 아이가 왕따가 된다. 이것은 그룹의 우두머리도 예외가 아니다.

자기들이 만든 규칙에 얽매이는 것이다. 이럴 때 교사가 그것을 발견하고, 왕따를 시키는 규칙을 깨뜨려야만 한다.

▶ 차별을 발견하고 그것과 맞서 싸운다

눈앞의 현실을 보고 차별을 없애나가기 위해서는 먼저 다음 두 가지가 필요하다.

첫째, 차별의 사실을 발견할 것.

둘째, 차별의 사실과 맞서 싸울 것.

차별의 사실을 발견하기란 상당히 어렵다. 차별이란 교사의 눈을 훔치고, 교사의 눈을 흐리게 하고서 이루어지는 일이기 때문이다. 만약 교사가 보는 앞에서 당당히 차별이 벌어진다면 그 교사는 아이들로부터 무시당하는 일이 벌어진 것이고, 수업 자체도 대혼란을 초래할 조짐이며, 언젠가는 부모가 교장 앞에 불려나오는 사태의 예고이다.

원인은 물론 교사 본인에게 있다. 비상사태에 빠진 교사는 상당한 각오를 다지고, 공부하고 노력하지 않으면 안 된다. 공부하고 노력하면 대개의 경우 비상사태는 해결된다.

하지만 나름대로 학급운영이 되고 있고, 교사가 주의 깊은 사람이라면 조짐을 알아챌 수 있다. 아동 가운데 하나가 알려주거나, 일기에 쓰거나 하기 때문이다. 좀더 확실한 것은 '외톨이인 아이의 조사' 등을 하면 나온다.

이리하여 학급에서 고립해 있는 아이, 다른 아이들과 함께 놀지 않는 아이를 알아두는 것은 당연히 필요하다. 예를 들어 학급에 자리를 바꾸고 있다. 그런데 한 여학생의 옆에 앉게 된 남학생을 주위 아이들이 놀려댄다. 본인도 싫어한다. 이것은 학급의 남학생들 사이에서 암묵적으로, 때로는 공공연하게 차별을 당하는 여학생이 있다는 뜻이다.

이와 비슷한 경우는 꽤 자주 벌어진다. 주의 깊게 살피면 다 보인다. 이것을 방치하면 더 큰 사태로 발전한다. 이런 일들은 교사가 짊어내 의연하게 대처할 필요가 있다. 이것은 전쟁이다.

전쟁이므로 이겨야만 한다.

▶ 괴롭히는 장면을 찾아낸다

대부분의 아이들은 왕따나 차별이 나쁜 일이라는 걸 알고
있으며, 단지 다른 아이들에게 동조하지 않으면 자신이 따돌림
을 당할지도 모르기 때문에 함께하는 경우가 많다. 그러므로
'일단 멈춤장치'를 설치하면 상당히 큰 변화를 기대할 수 있다.

이러한 멈춤장치를 만드는 것은 교사로서 중요한 임무이다.
멈춤장치의 장면이 없는 교실에선 괴롭힘, 왕따, 차별이 만연하
고, 꾸준히 진행된다.

여러 번 말하지만 괴롭힘은 교사만이 없앨 수 있다. 교사의
중요한 임무인 것이다. 괴롭힘을 발견하는 것도 교사의 임무이
고, 괴롭힘을 찾아내 '첫 번째 제동장치'를 거는 것도 교사가
할 일이다.

괴롭힘에 브레이크를 거는 것은 훈계로는 되지 않는다. 이 점

을 착각하는 사람이 있다. 훈계는 별로 효과가 없다. 괴롭힘이나 왕따의 장면을 찾아내고 그것을 자행한 아동을 몰아붙이는 것이 중요하다.

몰아붙인다고는 했지만 물론 교육적이어야 한다. 몰아붙임을 당한 아이를, 반성한 아이를 구해 주는 것도 당연히 필요하다. 이것은 전투이다. 훈계 같은 것으로 해결할 수 있는 하찮은 문제가 아니다.

괴롭힘을 저지른 아동의 마음에 상대방의 상처를 이해하는 마음을 낳게 함으로써 재발을 방지하는 교육을 해나가야 한다. 이것은 교사만이 할 수 있는 일이다.

▶ 때로는 아이들 스스로 해결하게 한다

아이들이 괴롭힘을 당할 때, 교사가 먼저 전면에 나서야 하겠지만, 학급이 어느 정도 정돈되었다면 아이들끼리 해결하게 하는 것도 좋다.

아이들 집단이란 강한 영향력을 지니고 있다. 누구나 집단으로부터 떨어져 외톨이가 되기를 두려워한다. 집단에 소속하고 싶어하는 것은 본능이다.

학급에는 학급이라는 집단이 있고, 그 안에 다시 몇 개의 그룹이 있기 마련이다. 그룹에 들어가지 못하는 아이도 있다. 주변인, 고립아라 불리는 아이들이다. 학급이 정돈되기 시작하면 주변인, 고립아는 적어진다.

아동집단이 강한 영향력을 지니고 있다는 것은 강한 교육적 능력을 지녔다는 말이기도 하다. 과거 어느 지역에서나 흔히 볼 수 있었던 아동의 놀이집단은 그것 자체로서 중요한 배움터였다.

1학년생이 깍두기 취급을 받으며 들어와서 5, 6학년생의 골목대장이 될 때까지 각종 역할을 경험한다. 그 과정에서 참는 법과 도전하는 법, 타인과의 관계 맺기 등을 배운다. 요즘은 이와 같은 아동집단이 없어졌는데, 이것은 과거에 존재했던 배움터가 소멸한 것이므로 매우 중대한 문제이다.

아동집단의 교육적 능력을 활용하는 것은 교사의 필수 요건이다. 유능한 교사는 이것을 능숙하게 활용한다. 미숙한 교사는 아동집단에게 교육적 능력이 있다는 사실조차 깨닫지 못한다. 그러므로 때로는 아동집단에게서 반발을 사거나 무시당하는 것이다.

3장 최고의 선물 가치관

부모로서 자녀에게 해줘야 하는 것은 의식주(衣食住)이다. 그 밖에 무엇일까? 기회! 최선의 동기와 가능성이다. 바위와 암초를 피하고 흐름을 타면서 방향을 벗어나지 않고 조종하여 돌파해 나갈 기회이다.

이 기회를 제대로 잡기 위해 학교에서의 부모인 교사가 아이들에게 반드시 주어야 하는 것이 바로 '가치관'이다. 서로를 단단히 이어주고, 편안함을 주며, 이끌어주는 가치관이다.

그런데 이따금 무책임한 메아리가 들려오기도 한다. 아이들에게 "가치관을 강압적으로 밀어붙여서는 안 된다. 어차피 언젠가는 알게 된다. 경험으로, 시행착오를 통해 자기의 가치관은 스스로 찾아나가야 한다"고.

이것은 잘못된 생각이다. "미적분은 각자 혼자의 힘으로 재발견해야만 한다"는 것과 같다. 경험은 교사를 따라올 수 없다. 물론 부모나 연장자의 경험도 포함된다.

"가치관의 두 바퀴를 스스로 발견해야 한다"는 생각은 방향타를 잃어버린 배에게 구명튜브를 주지 않는 것과 같다. 물에 빠질 위험이 시시각각 다가오고 있다.

올바른 가치관이 정립된 아이들 사이에서는 괴롭힘과 왕따 같은 학교 문제가 일어날 확률이 현저히 낮아진다. 설령 무언가 생겼더라도 이내 해결되기 마련이다.

▶ 정직

타인에게나 조직, 사회, 그리고 자기 자신에게도 정직해야 한다. 정직함으로 일관하고, 성실하며 신뢰할 가치가 있는 사람이 되기를 강하게 원하면 내적인 힘과 자신감을 기를 수 있다.

아이들에게 교사가 늘 정직함으로써 '정직해야 한다'는 원칙은 '언제나 적용된다'는 것을 인식시킬 수 있다. 동시에 교사도 이 원칙을 지키고 있음이 증명된다. 먼저 아이들의 질문에는 정직하고 솔직하게 답해야 한다.

따라서 아이들이 거짓말을 했을 때에도 그것을 알고 모르고는 그리 중요하지 않다. 그보다 사실을 말하고 있을 때, 그것을 알고 칭찬해 주는 것이 중요하다. 진실이 아닌 것을 아이가 말하거나, 말하기 시작한 경우에는 그것을 막고 "잠깐 기다리렴. 생각해 보자꾸나. 사실을 말하는 것이 얼마나 중요한지 잊지 말거라" 하고 주의를 준 다음 다시 말하게 하자.

교사는 아이들에게 정직한 행위와 부정직한 행위가 각각 초래할 결과를 설명하고 이해시켜야 한다.

부정직한 행위의 예를 실생활이나 텔레비전 등에서 찾아내어 행위의 피해자와 행위를 한 당사자, 쌍방에게 초래한 결과에 대해 설명한다. 마찬가지로 정직함이 잘 나타나 있는 예를 찾아내어 긍정적인 결과, 특히 정직한 사람이 갖는 마음의 평화와 자신감, 자존심을 지적한다.

▶ 용기

바라는 일은 그것이 설령 힘들다 해도 용기를 갖고 도전해야 한다. 대세를 따르지 않고 "아니다"라고 말해야 할 때는 "아니다"라고 말하고 타인도 움직이게 하는 강함을 지녀야 한다. 주위 사람들의 이해를 얻지 못하더라도, 귀찮은 일이라 해도 신념에 충실하게, 올바른 충동에 따라 행동에 나서야 한다.

(1) 아이들의 도전을 칭찬한다

나이에 관계없이 아무리 작은 일이라도 아이들이 용기를 보인 경우에는 상을 준다. 알다시피 용기를 보이는 것은 쉽지 않은 일이다. 보통 가슴이 두근거리고, 머릿속에 가득한 불안을 극복하지 않으면 안 된다. 그러므로 용기를 갖고 도전한 아이는 무한한 칭찬을 받을 자격이 있다. 성공 여부는 관계가 없다.

그때의 칭찬은 도전한 용기에 대해 부여되어야 한다. 새로운 음식을 먹어보았다거나 새 친구에게 먼저 말을 걸고, 어려운 모형의 조립에 도전하거나 읽기 어려운 책을 읽은 것을 칭찬한다. 도덕적인 용기를 발휘해서 나쁜 행동을 하는 사람에게 동조하지 않았다든지, 손쉽게 거짓말을 했지만 진실을 밝혔을 때 등에는 특히 칭찬한다.

(ㄹ) 큰 소리로 말하는 것과 용기는 다르다

용기는 성격이 아니라 인간성의 문제임을 아이들에게 알게
한 뒤에는 다음의 것이 도움된다. 특히 내성적인 아이의 경우
목소리를 더 크게 내라든지, 강인해지라는 말 자체는 그다지
도움되지 않는다.

조용하지만 진정한 용기, 즉 잘못된 일에 대해 "아니"라고 말
할 수 있는 용기, 친구가 없는 아이에게 말을 거는 용기에 대해
얘기한다. 누구나 적지 않게 가슴이 두근거리고 망설여지는 일이
지만, 그래도 옳은 일을 하는 것은 가치 있는 일임을 설명한다.

(ㅁ) 용기는 어떠한 요소로 성립되어 있는지 이해하게 한다

용기는 각오와 신념 또는 확신(단순한 '혈기'가 아니다)으로
성립해 있음을 인식하게 한다. 나이에 무관하게 그것이 용기
를 가르칠 때의 열쇠가 된다. 미리 각오가 되어 있으면 아이들
은 용기를 가질 수가 있다. 그러므로 아이들 스스로 올바르게
생각하는 것이 중요하며, 자신 있게 거부하는 방법을 가르친다
든지, 발표회에서 칠 피아노곡을 연습하도록 권하는 데서 잘할
수 있다는 자신감을 갖게 할 수도 있다.

용기의 열쇠는, 무엇이 옳은 일인지를 판단해 이루어낼 힘이
나에게 있다고 믿는 것이다. 확신이란 일이 호전되리라고 믿음
으로써 얻어지는 것이 아니라 나에겐 이루어낼 능력이 있다고
믿음으로써 얻어지는 것임을 아이들은 알고 있다.

▶ 온화함

차분함, 편안함, 온화함을 존중하는 것이다. 반론하지 않고 상대방에게 맞추려는 성향이기도 하다. 의견의 불일치가 다툼에 의해 해소될 가능성은 거의 없음을 가르쳐야 한다.

아이들에겐 차분함이 필요하다. 차분함은 어떤 안도감을 가져온다. 평정과 참을성에는 강력하고 중요한 가치가 있으며, 그것들은 주로 애정과 가정환경에 의해 길러진다.

그것의 열쇠는 이해이다. 이해하려 노력할 때, 인간은 어지간한 일에는 화내지 않는다. 왜 그런 일이 일어났는지, 그는 왜 그런 행동을 했는지에 대해 이해하는 방법을 배운 아이에겐 차분함과 뛰어난 자제심이 마련되어 있다.

'온화함'이라는 말은 이해, 차분함, 인내, 자제심, 순응성을 의미한다. 본질적으로는 분노, 짜증, 급한 성미, 조바심의 반대 의미라고 할 수 있다. 부정직과 마찬가지로 사람이 공격적이 될 때는 다양한 경위가 있다. 감정을 조절하고 타인에게 상처를 입히려 하지 않는 것을 뜻한다.

차분한 마음을 갖는 것, 온화한 것은 나뿐만 아니라 타인도 행복하게 하고, 심신의 기능을 높이는 효과가 있다. 그것들은 존중할 가치가 있을 뿐만 아니라 타인에게 전달되는 자질이기도 하다. 우리가 그 자질들을 지니면 주위 사람, 특히 내가 가르치는 아이들에게 그것이 '전수된다.'

▶ 자율성과 잠재력

지킬박사와 하이드를 연상케 하는 사춘기 아이들은 너무나 많다. 교사나 부모가 맞닥뜨리는 어려운 과제는 지킬의 측면을 지지하고 격려하여 언젠가는 그것이 지배적인 측면이 되도록 도와주는 것이다.

그것엔 밀접한 관계를 지닌 두 가지 원칙이 존재한다.

첫째는 자율성인데 자기 행동과 그 결과에 대해 운이나 상황 탓으로 돌리지 않고 받아들이며, 책임을 지는 것을 의미한다.

둘째는 자기계발과 능력개발에 최대한 노력하는 것, 즉 개성과 가능성을 의식적으로 추구하고 평범함을 가능한 배제하는 것이다.

여기서 말하는 '자율성과 잠재력'에는 매우 높은 가치가 있다. 이것을 갖춘 사람은 자기 행동에 스스로 책임을 지고 자기계발을 위해 전력을 다하기 때문에 세상 어디에 갖다 놓아도 다양한 상황에서 타인에게 도움이 된다.

반대로 이것이 결여된 사람은 사사건건 남의 탓으로 돌리고 자기계발을 위한 아무런 노력도 하지 않기 때문에 그 누구에게도 본보기가 되거나 도움을 주지 못한다.

'자율성과 잠재력'이란 자기 자신을 알고, 있는 힘을 다하여 자기 인간성과 행동이 초래하는 결과를 받아들이려는 것이다.

자율성과 잠재력을 고려할 때, 동전의 양면을 떠올리면 쉽다. 자율은 나쁜 결과에 대해 책임을 지는 것과, 꾸짖음을 당하는 것과 관계가 있다. 잠재력은 그다지 평가받지 못한다 해도 자기가 해낸 일에 올바른 자부심을 갖는 것과 연관된다.

사람은 꾸짖음을 당하거나 책임을 짐으로써 각오를 배우고 성장하며 단련된다. 그것을 게을리 하면 신랄하고 질투심 많으며, 즉각 몸을 사리는 일부터 생각하는 사람이 된다.

자기 자신에 대해, 또는 자기 재능에 대해 명확한 자부심을 가지면 인간은 개성과 자존감이 강해짐을 느낀다. 반면에 자부심을 갖지 못하면 늘 똑같은 생활 속에서 그저 남의 뒤를 좇아 살거나, 주어진 일만 하는 사람이 되기 십상이다.

▶ 자제와 절제

자제와 절제는 중요하고도 보편적인 주제이다. 자신의 감정이나 욕망을 스스로 억제하는 것이 '자제'라면, 그 감정과 욕망을 정도에 넘지 않도록 알맞게 조절하여 제한하는 것이 '절제'이다. 이 둘은 떼려야 뗄 수 없는 관계이다.

자제는 매우 많은 것을 의미한다. 의욕을 드높이는 것, 자기 자신과 자기 시간을 관리하는 것, 감정을 다스리고 식욕을 조절하는 것 등이 포함된다. 자제와 절제를 갖춘 사람은 자신의 나태함을 제지하고 그것을 개선할 줄 알며, 지나치게 많은 것

을 가지려는 마음을 억누르고 고쳐 나간다.

이것은 나 자신의 건강과 인생에 도움이 될 뿐만 아니라 타인에게도 도움이 되는 일이다. 따라서 자제와 절제의 결여는 단기적으로든 장기적으로든 나와 타인에게 피해를 주게 된다.

바야흐로 유혹의 과잉시대인 오늘날은 자제와 절제 그리고 만족감 사이에서 균형 잡힌 '자아통제력'이 절실하다. 예전 아이들이 친구들과 함께 학교 운동장이나 동네 놀이터에서 뛰어놀았다면, 요즘 아이들은 집에서 스마트폰이나 PC게임에 몰두하고 있다. 아이들 10명 가운데 7명이 이미 중독 수준을 보인다.

무언가 하고 싶은 욕구가 아무리 강할지라도, 그 욕구를 따라 행동하는 것을 억제하는 능력을 키워야 한다. 아이에게 이런 자아통제력을 기르게 하려면 가정에서는 부모가, 학교에서는 교사가 먼저 규칙과 질서를 지키며 생활해야 한다. 또한 아이들에게 많은 성취 경험을 제공해 주어야 하고, 어떤 일에 대한 노력 및 과정에 많은 의미를 부여해 주어야 한다.

자제와 절제를 통해 만족이나 기쁨을 뒤로 미룰 줄 알아야 한다는 것과, 그 결과로 얻어지는 더 커다란 가치를 깨닫게 해주어야 하는 것이다.

▶ 경의

경의가 중요하고도 필요불가결한 것임은 새삼 말할 필요도 없다. 경의는 인생에 빠져서는 안 될 기본적 가치로서 많은 경우 동기부여가 되기도 한다.

경의의 원칙을 실천하고 이해하는 방법을 배운 아이는 사회의 우수한 구성원이 되며, 보다 나은 친구가 되고, 훌륭한 지도자가 된다.

경의를 가르치는 것은 흥미로운 일이지만 조금 어렵다. 이것은 잊어선 안 될 중요한 점인데, 인간은 자기가 경의의 베풂을 받아본 적이 없는 이상 끝까지 남에게 경의를 베푸는 일은 없다. 따라서 교사에게 경의를 보일 것을 무조건적으로 요구하기 전에 아이들에게 먼저 경의를 보여야만 한다.

말씨와 태도로써 교사가 경의를 표하고 있음을 아이들이 느낄 수 있게 해주어라. 아동이 받는 경의는 그들의 자존심의 기

초가 된다. 또 학교와 가정에서 경의를 배운 아이들은 그것을
바탕으로 다른 세계 사람들에게 경의를 표할 줄 알게 된다.

▶ 애정

우리는 다른 사람들을 소중히 여김으로써 사랑을 배운다.
이어 타인에게서 무조건적인 사랑을 받음으로써 사랑하는 방
법을 배운다.

사랑은 어떤 형태로 주어지는가에 따라 사람을 망가뜨리기
도 하고, 위협할 수도, 괴롭힐 수도 있다. 그러나 대가를 바라
지 않는 큰 사랑은 우리를 무조건적으로 감싸고, 사랑을 기른
다. 우리는 나 자신을 위해 뭔가를 해주는 사람에게서 사랑을
느낀다는 보장은 없지만, 자신이 헌신하는 상대에게는 사랑을
느낀다.

▶ 이타심과 배려

이타심과 배려는 모두 대단히 중요한 가치지만 일반적으로
성숙과 함께 몸에 배는 자질이기도 하다. 과연 아이들에게 가
르칠 수 있을까?

이타심과 배려를 마치 날 때부터 지닌 것처럼 자연스럽게 보이는 아이도 있다. 그러나 그런 예는 드물며, 대부분의 아이들, 특히 사춘기의 아이들은 '거울에 둘러싸인' 것처럼 자기중심적인 사고방식을 보인다.

실제로 십대가 맞닥뜨린 문제의 대부분은 반항이라는 형태와 극단적인 내향성으로 움츠리는 형태를 보이는데, 자기 문제로 머릿속이 꽉 차서 다른 데로 주의를 돌리지 못하는 것이 원인이다.

그렇더라도 아이들은 어릴 때부터 이타심과 배려하는 마음을 배울 수 있다. 그것은 가치관으로서만이 아니라 기능, 능력으로도 배워야 하는 사항이다.

아이들이 상대방의 기분에 공감하기란 매우 어렵다. "세상은 나를 중심으로 돌지 않는다" "누군가를 위해 나의 가장 소중한 것을 내어놓아도 거기서 많은 것들을 배울 수 있다"는 것을 이해하는 수준에 이르려면 매우 긴 시간이 필요하다. 교사는 많은 노력을 기울여야 한다.

(1) 책임을 부여한다

어려움에 처한 사람이나 열심히 노력하는 사람의 마음을 배려하고, 그 노력을 인정하게 한다. 하버드대학의 연구에 따르면 아동에게 주어지는 책임의 크기와 타인에 대한 배려 사이에는 매우 흥미로운 관계가 있다고 한다. 많은 혜택을 주면서 책임을 부여하지 않으면 아이들은 기고만장해질 뿐만 아니라 친절이나 배려 같은 고운 마음을 잃는다.

교사로서 아동에게 어떠한 책임을 부여하고, 어떠한 신뢰성을 기대했는지를 다시 한 번 확인한다. 아이들과 대화할 기회를 갖고, 타인이 어떠한 책임을 지고 있는지, 그것의 어려움을 어떻게 받아들이고 느껴야 하는지를 함께 생각한다.

(ㄹ) 본보기가 되고, 상대방의 말에 귀를 기울인다

아동에게 이타심과 배려를 가르치려면 교사부터 본보기를 보여야 한다. 아동의 말에 귀를 기울이고, 관심을 보여야 한다. 교사는 아동에게 지시를 내리거나, 조종하려 한다든지, 심문하려 하기 쉬운데 그보다는 아동의 말을 진지하게 듣도록 노력한다.

아이들의 말을 다른 말로 바꾸어 표현해 줌으로써 선생님이 자기 말을 귀담아듣고 있다는 것, 이해하고 있다는 것, 관심을 갖고 있다는 것을 보이면 아이들은 안심한다. 이것은 심리학자 칼 로저스의 이름을 따서 '로저스방법'이라 불린다. 로저스는 이렇게 말했다.

"인간은 나이와 무관하게 심문을 당할 때보다 이야기를 들어줄 때 훨씬 많은 말을 한다."

아이들의 말에 적극적으로 귀를 기울이면 아이들은 보다 많은 말을 하게 될 뿐만 아니라, 그러한 자세는 교사가 아동에게 기대하는 배려의 훌륭한 본보기가 된다.

(3) "미안하다"고 말한다

교사가 아동에게 배려심을 보이고, 아동도 교사에게 배려심을 보이도록 지도한다. 실수를 하거나, 판단착오를 일으키거나, 바쁘거나 뭔가에 열중하느라 아동의 필요와 요구를 알아채지 못했을 때, 교사는 아동에게 "너에게 걱정이 있는데 선생님이 알지 못해서 미안하구나" 사과한다.

▶ 친절과 친근감

몸에 밴 친절과 친근감은 인간의 진가를 결정하는 중요한 자질이다. 세심한 마음씀씀이와 용기 있는 대담함과 겹치는 부분도 있지만 그것 자체로서 하나의 독립된 가치라고 생각된다. 온화함의 연장선상에 있다고 할 수도 있다.

우리는 온화함의 가치를 지적할 때 상대방에게 상처를 주어선 안 된다, 마찰을 피해야 한다고 가르치지만 여기서는 보다 긍정적으로, 예를 들면 "친구가 되어라, 상냥하고 친절하게 행동해라, 보다 정중하고 예의바르게 행동해라"는 적극적인 표현을 한다.

부드럽고, 상냥하게, 친근감 있게 말할 때 자기 자신에게도 똑같은 말이 되돌아온다는 것을 잊어선 안 된다. 나 자신에 대해 친절하고 너그러운 아이는 자라서도 스트레스가 적고, 안정된 마음과 차분함을 지닐 수 있다.

꾸밈없는 친절과 상냥함은 앞에서 말한 '남을 돕고' '타인에게 상처를 주지 않는' 가치의 기준과 정의로 통하는 깊은 의미가 있다. 실제로 우리는 사소한 친절이나 스스럼없는 한마디 말, 친구의 격려에 기운을 얻으며, 그날 하루를 맑고 즐거운 기분으로 보낼 수 있다.

아이들에게 '부드럽고 친근감 있게' 행동할 것을 가르칠 때, 다시 한 번 확인하자. 아이들은 이미 개체로서의 인격을 지닌 묘목이다. 물을 주고 비료를 주고 햇빛을 듬뿍 쬐어주면 반드시 꽃을 피운다는 사실을 잊지 말자.

▶ 정의와 자비

정의와 자비라는 두 단어는 너무나 추상적이고 다면적인 데다 종교적인 의미도 매우 강하다. 때문에 아이들에게 이해시키기는 어려울지도 모른다. 그렇지만 중요한 부분만 콕 집어내면 아이들에게 꼭 필요한 기본적 가치관이 된다. 모든 것은 이 두 가지를 축으로 돌고 있다고 할 수 있다.

(1) 간단한 규칙을 만든다
이렇게 함으로써 아이들은 어느 선까지 용서가 되는지, 어떠한 행동을 해야 좋은지 이해하게 된다.

그러므로 아이들과의 회의를 두 차례 한다. 첫 번째 회의 때
는 법의 중요성에 대해 간단히 이야기를 나눈다. 예를 들면 물
건을 훔치거나, 남을 속이거나 상처를 입혔을 때 나라의 법률
은 어떻게 정하고 있는지, 도로의 안전을 도모하는 교통규칙에
는 어떤 것이 있는지 이야기한다.

그와 동시에 학급 친구들 모두가 행복해지려면 어떤 행동을
해야 좋은지를 이해시키기 위해 학급에도 규칙이 필요하다는
것을 알게 한다. 어떤 것을 규칙으로 정해야 좋을지 아이들의
생각을 듣고 메모를 해놓는다. 이어 교사는 규칙 만들기에 돌
입한다. 규칙이 완성되고, 다음 회의의 준비가 끝나면 아이들
과 두 번째의 회의를 한다.

완성된 규칙은 커다란 종이에 써서 아동 전체가 볼 수 있게
붙여놓는다.

(ㄹ) 규칙을 지켰을 때의 상과 어겼을 때의 벌을 마련한다

상벌에 의해 아이들은 원인과 결과의 관계를 배우고, 초보적
인 합법성을 이해하게 된다. 규칙을 잘 지켰을 때는 바람직한
행동을 더욱 강화하기 위해 '스티커 붙이기'를 해주고, 스티커
를 일정량 채우면 상을 주어 의욕을 자극한다. 보상 내용은 아
동의 나이와 필요성에 따라 조정한다.

규칙을 지키지 않았을 때는 상이 없는 것이 벌이 된다. 열심

히 노력하고 잘한 아이들에겐 칭찬해 주지만, 노력이 부족한 아이들을 기본적으로는 꾸중하지 않아야 한다.

이때 교사는 칭찬해야 할 행동도, 벌을 주어야 할 행동도 놓치지 않도록 노력하고 일관성을 잃지 말아야 한다. 다만 신속한 재단(裁斷)을 목표로 해선 안 된다. 반성과 용서가 우선되어야 하며, 그 다음에 벌의 수단을 써야 한다. 이때 "안됐지만 그렇게 할 수밖에 없다"는 것을 어떤 방법으로든 보여야 한다.

▶ 캐릭터 에듀케이션

캐릭터 에듀케이션이란 우리말로는 '인격교육' '품성교육' 등으로 번역된다. 여기서 말하는 캐릭터란 도덕적인 행위를 가능하게 하는 성격의 특징으로 정의할 수 있다. 바꿔 말하면 사람의 성격 가운데 선한 부분이라고도 할 수 있다.

구체적인 캐릭터로는 배려, 정직, 공정, 책임 등을 들 수 있다. 이와 같은 인성을 기르는 교육이 캐릭터 에듀케이션이다.

　미국은 우리나라처럼 나라 전체에 통일된 학습지도요령이 없다. 따라서 국가차원에서 캐릭터 에듀케이션의 실시가 의무화되어 있거나, 방법이나 목표가 통일되어 있지도 않다. 그러나 1990년대부터 미국 전역에 급속도로 퍼져 많은 주와 교육구에서 캐릭터 에듀케이션이 실시되고 있다.

　캐릭터 에듀케이션의 내용과 방법은 매우 포괄적이다.

　도덕적 가치를 직접 다루는 것이 있는가 하면, 사회적인 기술이나 감정을 조절하는 연습, 봉사활동이나 학급의 인간관계 형성 등 여러 분야에 걸쳐 있다. 우리나라의 초중학교처럼 특별히 마련되어 있는 도덕시간 등은 없으며, 모든 학과와 학교행사 속에서 실시된다. 우리나라의 모든 교육과정에서 이루어지는 도덕교육, 또는 소양교육에 가까운 것으로 이해하면 된다.

▶ 캐릭터 에듀케이션의 열한 가지 원칙

　미국에 캐릭터 에듀케이션을 펼친 것은 캐릭터 에듀케이션 파트너십이라는 단체이다. 캐릭터 에듀케이션에 필요한 교재와 연수의 기회를 제공하는 이 단체는 '캐릭터 에듀케이션의 열한 가지 원칙'을 내세우고 있다. 미국 대부분의 학교가 이 원칙을 참고로 하여 캐릭터 에듀케이션을 시작하거나, 수정 또는 평가

하고 있다.

이 열한 가지 원칙은 우리나라의 교육현장에서도 크게 참고가 되리라 생각한다. 앞으로의 학급 만들기, 학년 만들기, 학교 만들기를 하려는 사람들에게는 관점을 정리하는 기회가 될 것이다.

[원칙 1] 중심이 되는 가치관을 기른다

학교에서 가장 중요시하는, 중심이 되는 가치관을 정하고 그것의 육성을 기치로 삼는 것이다.

목표로 하는 가치관은 인성이 될 만한 '배려' '정직' '공정' '책임' 등이다. 아동, 교사, 학부모, 지역인사 등이 함께 생각하여 몇 가지 중심적 가치관을 정하고, 한 단어로 표현하는 것이 중요하다.

이렇게 하여 결정된 중심적 가치관을 학교 곳곳에 게시하는 것이다. '공정' '책임'이라고 쓴 갖가지 색깔의 포스터(시판되는 것, 교사가 제작한 것, 아동이 만든 것 등)가 교실에도, 복도와 식당 등 가는 곳마다 붙어 있다.

그리고 학교가 정한 중심적 가치관에 대해 수업 중에도 교사는 빈번히 강조한다. 국어시간이라면 등장인물의 공정과 책임에 대해 생각하게 하고, 체육시간이라면 팀플레이와 경쟁 속에서 공정과 책임에 대해 생각하게 한다. 아울러 학급회를 할 때에도 공정과 책임에 대해 논의하게 하는 교사의 질문이 이어진다.

미국의 어느 초등학교 4학년의 학급회에선 "다음 어린이회 선거에서 어떤 인격을 지닌 입후보자에게 투표해야 하는가"를 놓고 토론이 진행되었다. 그때에도 아이들은 "공정과 책임을 지닌 사람에게 투표하겠다"는 의견을 매우 활발하게 개진하고 있었다.

이와 같이 학교에서 정한 중심적 가치관에 대해 아동으로 하여금 철저하게 생각하게 하기 때문에 아이들도 자기 학교에서 중요시하는 중심적 가치관이 무엇인지를 확실하게 안다. 물론 교사도, 보호자도 자기 학교의 중심적 가치관에 대해 자각하고 있다.

우리나라 학교에도 육성하고자 하는 아동상과 교육목표라는 게 있다. 그러나 대개는 이러한 중심적 가치관의 제시에 소극적이고, 교사나 보호자도 중심적 가치관에 대해 철저하게 아동에게 강조하지 않는 것 같다.

결과적으로 우리나라의 아이들은 대부분 자기 학교의 교육목표나 기르고자 하는 아동상, 또는 그것들의 배경에 있는 중심적 가치관을 모르고 있다.

[원칙 2] 인성에는 생각과 느낌, 행동이 포함되어 있다

1990년대 미국 전역에 캐릭터 에듀케이션 바람이 불기 전엔 미국의 도덕교육이나 도덕성 심리학에선 생각하기(도덕적 판단력)' '느끼기(도덕적 심성)' '행동하기(도덕적 실천의욕과 태도)'의 요소를 분해하여 다루는 경향이 강했다. 그리고 콜버그 이론의 영향으로 '생각하기(도덕적 판단력)'를 중시하는 교육이 흔히 이루어지고 있었다.

그러나 도덕적 판단력 못지않게 도덕적 심성이나 도덕적 실천의욕과 태도도 중요하다는 사고로의 귀환 움직임이 일어나기 시작했다.

따라서 캐릭터 에듀케이션에선 도덕적 판단력, 정서, 실천의욕과 태도가 모두 중요하다.

[원칙 3] 포괄적 접근을 마련한다

원칙 2에 이어서 원칙 3에선 폭넓은 목표를 갖고, 폭넓은 방법으로, 폭넓은 교육의 기회를 살려서 아동의 도덕성을 기르는 것, 즉 포괄적인 접근의 중요성을 기술하고 있다.

폭넓은 목표란 도덕적 판단력, 심성, 실천의욕과 태도의 모든 것을 기르려는 목표이다.

폭넓은 방법이란 도덕적 딜레마 과제처럼 판단력을 기르는 방법뿐만 아니라 감동적인 교재로 심성을 기르고, 봉사활동을 통해 실천력을 키우는 등 다양한 방법을 쓰는 것이다.

폭넓은 교육의 기회란 앞에서 말한 것처럼 국어시간에도, 체육시간에도, 학급회나 학교행사에서도 도덕성을 기르는 최선의 순간을 놓치지 않는 것을 말한다.

사물을 요소로 분해하지 않고 전체적으로 파악한다는 것은 동양문화, 즉 우리나라 문화의 장점이다. 도덕의 학습지도요령에도 여기서 말하는 포괄적인 접근을 권장하는 부분이 많다.

또한 "우리나라의 심성교육은 막연하고 애매하다"는 비판도 있는데 포괄적인 접근으로 바꿔 말하면 가슴을 펴고 당당해질 수 있지 않을까 생각한다.

[원칙 4] 배려심 넘치는 공동체를 만든다

학교가 배려심 넘치는 공동체를 만들어낸다는 것은 학교가 배려심 넘치는 공동체가 된다는 말로도 바꿀 수 있을 것이다. 배려가 넘치는 공동체란 서로가 서로를 소중히 대하고, 유대를 느끼며, 책임을 지는 관계로 맺어져 있는 집단이다.

이러한 공동체를 만드는 구성원은 아이들만이 아니다. 교사, 보호자, 지역인사까지 포함한 모든 사람 사이에서 생겨나는 관계에 의해 배려심 넘치는 공동체가 형성될 수 있다.

아이들 사이에서 배려심이 넘칠 뿐만 아니라 교사와 아동, 보호자와 아동, 보호자와 교사, 교사와 지역인사 등의 사이에서도 서로가 서로를 존중하고, 유대를 느끼며, 책임을 지는 관계를 만들어나갈 필요가 있다.

사용하는 교재, 교육내용, 교육방법 등은 아동의 도덕성 발달을 촉진하는 데 있어 물론 중요하다. 그러나 그런 교재적 영위가 배려심 넘치는 학교에서 이루어지는가, 아니면 배려심이 부족한 학교나 지역에서 이루어지는가는 결과에 커다란 차이가 있을 것이다.

배려심 넘치는 공동체는 하루아침에 만들어지지 않는다. 평소부터 서로를 잘 알고, 많은 대화를 나누며, 상호 존중하고, 자기 언행이 상대에게 미치는 바를 책임 있게 의식하고 유대를 강화할 필요가 있다.

매일의 생활 속에서, 또는 모두가 즐길 수 있는 행사 등을 통해 천천히, 그러나 확고하게 형성해 나가야 한다.

아동을 배려하는 교사, 동료를 배려하는 교사, 보호자를 배려하는 교사, 교사를 배려하는 보호자. 그러한 어른들의 모습을 보고 아이들은 도덕성의 자극을 받는다.

"선생님들은 아주 사이가 좋은 것 같아" "우리 아버지가 선생님하고 얘기했는데 기분이 좋았다고 했어" 등등 아이들은 어른들끼리의 관계에 대해 예민하며 유심히 살피고 있다.

따뜻한 관계성 속에서 자라는 아이의 심성은 따뜻해지기 쉽다. 냉랭한 관계성 속에서 자라는 아이의 심성은 차가워지기 쉽다. 그것은 미국에서건 우리나라에서건 어디서나 마찬가지이다.

[원칙 5] 도덕적으로 행동할 기회를 설정한다

사회구조가 변화함에 따라 아이들이 도덕적으로 행동할 수 있는 기회를 일상생활에서 자연스럽게 만나는 일이 점점 줄어들고 있다.

예컨대 3대가 함께 사는 경우가 드문 현실에선 노인을 공경할 기회를 만들기 어렵다.

따라서 학교나 지역에선 아동이 실제로 도덕적으로 행동할 수 있는 기회를 의도적으로 설정할 필요가 있다. 인간은 역시 실제로 뭔가를 해보고 나서야 비로소 깨닫게 되는 경우가 많고, 또 깊이 이해하게 되기도 한다. 때문에 도덕성이 발달하려면 다양한 체험을 해야 하는 것이다.

예를 들면 책임 있는 일을 어떻게 계획하고 실행하는가? 팀의 일원으로서 어떻게 활동하는가? 학교와 지역이 필요로 하는 것이 무엇인지를 간파해 내고 그에 맞는 서비스를 제공할 수 있는가? 이와 같은 과제가 포함된 활동의 기회를 설정함으로써 아이들은 도덕성을 크게 발달시킬 수 있다.

원칙 5와 관련하여 주목을 받고 있는 미국의 교육에 '서비스 러닝'이 있다. 서비스 러닝은 지역사회나 학교에 서비스를 제공하는 것을 통한 학습이다.

지역청소, 노인이나 유아 돕기, 학교 벽 칠하기, 자연재해를 당한 사람들에 대한 모금 등 폭넓은 활동이 서비스 러닝에 포함된다. 어디까지나 러닝(학습)이므로 사전학습을 통해 그 활동의 배경에 대해 알거나, 활동 후의 평가 등을 통해 배워야 할 점을 잊지 않아야 할 것도 강조되고 있다.

[원칙 6] 의미 있고 도전적인 교육과정을 만든다
주로 교과학습이나 종합적인 학습시간에 아동의 인성을 다

루는 것이다. 먼저 아이가 의의와 흥미를 느낄 수 있고 아이에게 적절한 도전이 될 만한 학습내용과 방법을 제공한다. 그것을 통해 학업과 일, 지적 성장에 관한 인격의 육성을 목표로 한다.

아동이 의의와 흥미를 느끼기 쉬운 학습에는 발달단계에 맞는 내용, 문화와 시대에 맞는 내용 등이 있다. 예를 들면 아이들은 환경교육에 대해 주변사회와 지구를 지킨다는 의식에서 흥미를 가지며, 배움의 의의를 느끼는 경우가 많다. 의의와 흥미를 쉽게 느낄 만한 학습방법으로는 토론 형식의 공동학습, 체험학습 등이 있다.

이와 같은 학습을 통해 호기심, 진리의 탐구, 비판적 사고 등 학업과 지적 성장으로 이어지는 생각의 태도를 형성할 수가 있다. 또한 강한 참을성, 의사결정, 자기관리, 도전하는 것에 대한 탐구 등 직업과 관련한 태도를 형성할 수도 있다.

'의미 있는' '도전적인' 교육과정이 도덕성을 기른다는 생각은 단순하지만 매우 흥미롭다.

[원칙 기] 자발적인 동기부여를 높인다

캐릭터 에듀케이션 파트너십이 나와 있는 팸플릿에는 원칙 7에 대한 설명으로 다음과 같은 표현이 있다.

"캐릭터(선한 인격)란 '아무도 보는 이가 없을 때에도' 올바르게 행동할 수 있고, 있는 힘을 다 발휘할 수 있는 것을 의미한다."

즉 누군가에게 야단을 맞을까봐 겁을 내거나, 갖고 싶은 물건을 받을 수 있는지에 좌우되는 판단이나 행위는 진정한 의미에서의 도덕성이 아니라는 얘기다.

원칙 7은 스스로 올바른 행동을 하고자 하고, 나쁜 행동은 하고 싶지 않다는 동기부여를 높이는 것이다. 구체적으로는 물질적인 보상 등을 많이 쓰지 않을 것 등이 제시되어 있다.

물질적 보상 없이 아동의 바람직한 행동을 인정하고, 그것이 왜 존중받는지에 대해 이야기함으로써 자발적인 동기부여를 높이도록 교사는 의식할 필요가 있다.

물질적인 보상을 거의 사용하지 않는 우리나라의 학교 방식은 원칙 7의 이치에 합당하다고 할 수 있다. 교사가 아동의 바람직한 행동에 가치를 부여하는 인정방법을 씀으로써 자발적

동기부여가 더욱 높아질 것으로 기대된다.

[원칙 8] 교직원은 학습공동체로서 관여한다

교직원 전체가 계속해서 공부하는 집단임을 보여주는 것이다.

교직원에는 교장, 교감, 주임교사, 비상근 강사, 사무직원, 영양사, 급식조리원, 사서교사, 상담사, 학교버스운전기사 등 모든 직원을 포함한다.

먼저 모든 교직원이 해당 학교가 중요시하는 중심적 도덕가치가 무엇인지를 이해하고 공유해야 한다. 특히 관리직이나 교사 이외의 직원도 아동의 도덕성을 기르는 중요한 학습공동체의 일원이라는 사실을 깨닫는 것이 중요하다.

앞에서 말한 원칙 4(배려심 넘치는 공동체를 만든다)와도 관계가 있지만, 모든 교직원은 말로만이 아니라 태도와 행동으로 도덕적 가치를 보이지 않으면 안 된다. 교직원이 아동에게 보이는 태도, 교직원 간의 태도는 아이들에게 강한 영향력을 지닌 본보기이다.

예를 들어 교직원끼리 서로 다정하게 인사를 나누는가, 격려하고 치하하며 위로하고 서로 돕는가? 이와 같은 것이 아동에게 강한 영향을 끼친다는 사실을 명심해야 한다.

또한 교직원끼리 함께 배우고 학습하는 집단이어야 한다. 다른 교사의 실천이나 평소의 행동을 보고 좋은 점은 적극적으로 받아들이는 자세가 중요하다.

경우에 따라서는 "어제는 행정실의 ○○씨가 나에게 아주 공손한 말로 대했단다. 선생님도 그런 표현을 자연스럽게 할 수 있었으면 좋겠어" 하는 식으로 자신이 교직원 동료에게서 배운 바를 아동에게 의도적으로 표현하는 것도 좋다.

교직원이 날마다 꾸준히 학습하는 자세도 중요하다. 연수 참가, 독서, 다큐멘터리 프로그램 시청, 자원봉사 체험 등을 포함하여 자신의 도덕적 가치관을 연마해 나가는 것도 중요하다. 자기가 배운 바를 교직원과 아동과 공유하고, 함께 배우는 공동체가 된다면 매우 이상적이다.

[원칙 ㅋ] 리더십을 학교 안팎의 관계자와 공유한다

캐릭터 에듀케이션의 중심적 선도자는 교사이다. 교사는 자신의 역할을 늘 자각하면서 다른 관계자와 그 역할을 공유할 필요가 있다. 가정이나 지역과는 특히 긴밀하게 협력하여 선도 역할의 일부를 나누어야 한다.

흥미로운 것은 아동과의 리더십 공유를 강조한다는 점이다. 아동을 캐릭터 에듀케이션의 수혜자만이 아니라 직접 만들어 가는 주역으로 생각해야 한다.

자기 학교나 학급에서 중요시하는 중심적 도덕가치는 무엇인가? 어떠한 방법과 착상으로 그것을 실현할 것인가? 뜻대로 되지 않을 때는 어떻게 해야 할까? 성과를 어떤 식으로 발표할 것인가? 이러한 과정에 아동을 적극적으로 참가시킨다. 이렇게 하는 것이 리더십의 공유이다.

예를 들면 지역에서 필요로 하는 활동에 대해 지역주민과 교사가 기획하여 아동을 참가시키는 활동이 있다. 이런 활동은 '커뮤니티 서비스'라고 불린다.

이것도 아동의 도덕성을 기르는 중요한 체험이긴 하지만 최근 주목을 받고 있는 서비스 러닝과는 약간 다르다. 서비스 러닝의 경우는 시간과 회수를 곱하여 아동 자신이 활동배경을 조정하고, 기획하고, 활용내용과 순서를 고려하고, 활동을 실행하고, 그 성과와 반성할 점에 대해 돌아보고 발표하는 과정을 포함한다.

우리나라의 학교에서도 '자원봉사자'라는 명칭으로 다양한 활동이 펼쳐지고 있지만 아직은 커뮤니티 서비스에 머무르는 경우가 많다. 앞으로는 아동에게 선두 역할을 맡기는 서비스 러닝도 확대하는 게 바람직하리라 본다.

[원칙 1미] 가정, 지역과 파트너가 된다

학교는 캐릭터 에듀케이션을 추진하는 중요한 파트너로서 가정, 지역과 연계해 나갈 필요가 있다.

과거 우리나라에선 이 3자의 가치관이 비슷한 경우가 많았다. 교사나 지역인사가 아동을 나무라도 보호자에게서 "부모 대신 야단쳐주셔서 감사합니다" 하는 반응이 많았다. 선악 등에 관해 같은 가치관을 공유하는 공동체에선 이런 일이 가능했었다.

하지만 현대는 가치다양화 시대이기 때문에 학교, 가정, 지역이 지니는 가치관이 같다는 보장이 없다. 따라서 더더욱 서로 활발하게 대화하고, 도덕적 가치에 대해 의견을 교환할 필요가 있다.

우리나라 사람들은 다른 가치관을 지닌 사람과 우호적이고 건설적인 토론에 서투르다고 한다.

다른 가치관을 지닌 사람의 의견에 귀를 기울이고, 합의점을 찾아가야 한다. 그것이 어렵다 해도 대화를 통해 상호이해를 깊게 해야 한다. 앞으로는 이런 능력이 특히 요구된다.

[원칙 11] 학교의 문화와 분위기를 파악한다

목표로 하는 도덕적 가치를 소중히 하는 문화와 분위기가 학교 안에 존재하는지를 파악하고 평가할 필요성을 논하는 것이 원칙 11이다. 제대로 된 평가 없이 바람직한 교육은 이루어지지 않는다. 파악하는 방법으로는 질적인 것과 양적인 것이 있다.

질적인 방법으로는 교사, 아동, 보호자 등으로부터 의견, 감상, 일화 등을 글로 모아서 분석하는 것이 있다.

"이렇게 달라졌다" "이런 좋은 점이 있었다" "좀더 이렇게 하면" 등의 정보는 귀중한 자료가 된다.

회의나 의견교환모임, 평소의 관찰이나 설문조사 실시 등이 정보수집방법이 될 수 있다.

　양적인 방법으로는 숫자로 표시되는 자료를 수집하는 것이다. 수치화할 수 있는 설문조사의 실시, 아동 자원봉사자의 참가횟수의 기록 등이 있다. 양적인 평가도 설득력 있는 방법이다.

교사다운 교사로 거듭나기

만일 교사로서의 정체성에 고민하고 있다면,
만일 학생과 학부모, 동료교사와 학교 사이에서 흔들리고 있다면
당신은 무엇부터 바꾸어나가겠는가.

1장 교사에게 필요한 여섯 가지 자질

교사는 여러 가지 능력을 갖추어야 한다. 집단을 통솔하고 조직이 제 기능을 하게 하는 능력, 아이들의 학습능력을 향상시키는 수업기술 및 아이들의 정서 함양을 위한 적절한 지원 등등. 거기에 학급과 학생의 예상치 못한 사태에 대비한 대응력도 필요하다.

교사, 특히 학급담임이 될 교사에겐 리더십과 함께 학급을 끌어당기는 능력이 반드시 있어야 한다.

요즘 교육현장에선 "학생과 교사는 평등하다"는 풍조가 유

행하고 있다.

'지도' '공부'라는 단어가 자취를 감추고, '지원' '학습'이라는 말이 대신하고 있다. 학생의 활동으로 무게가 옮겨가고, 교사의 지도력이 보이지 않는 수업이 바람직하다고 평가받고 있다. 엄격하고 강제적인 생활지도는 문제시되며, 학생에게 다가가는 세심한 배려가 이루어지고 있다. 그러나 과연 그것이 학생들의 의욕을 높이고, 학교생활을 충실하게 만들었는지 의문을 갖지 않을 수 없다.

최근 세상을 떠들썩하게 하고 있는 학급붕괴나 왕따, 집단 괴롭힘 문제 등의 원인 가운데 하나가 교사와 학생의 유대가 약해진 것이라고 생각한다.

교사와 자신을 대등한 위치에 놓고 교사의 지도를 비판하거나 교사를 무시하는 태도를 보이는 학생. 그런 학생의 언행에 주의를 주기는커녕 학생과 친하다고 여기고 학생과 똑같이 행동하는 젊은 교사의 이야기도 자주 들린다.

본디 학교라는 교육의 장에서 교사는 가르치는 사람이고, 학생은 배우는 사람이다. 교사는 학생들 앞에 서서 수업을 이끌지 않으면 안 된다. 학생이 잘못을 하면 야단을 치고 주의를 주어 지도해야 한다.

어린아이든 어른이든 인간으로 치면 평등하다. 하지만 교육이라는 행위 속에선 서열이 엄연히 존재한다. 지식과 경험에서 우월한 어른(교사)이 미숙한 학생을 가르치고 이끌지 않으면 교육은 성립하지 않는다.

때로는 학생에게 친근하게 다가가고, 때로는 냉철하게 지도도 해가면서 학급을 통솔하고, 학생을 보다 나은 방향으로 이끄는 것이 교사의 역할이다. 그러기 위해 필요한 것은 '지도자' '경영자' '수업자' '지원자' '분위기 제작자' '위기관리자'로서의 자질이다.

이러한 자질들을 연마하여 확고한 역량을 지닌 담임 밑에서 비로소 학급은 보다 질 높은 집단으로 기능하고, 학생들은 각자의 능력을 충분히 발휘하며 성장할 수가 있는 것이다.

그러므로 교사는 늘 "담임은 학급의 지도자"라는 자신감과 위엄을 갖고 학생과의 신뢰관계를 바탕으로 수업과 생활지도를 해나가야 한다.

▶ 신뢰받는 지도자로서의 자질

(1) 나이나 경험은 무관하다

앞으로 가르칠 아이들에게는 교사의 나이나 경력기간은 전혀 무관하다.

그리고 아이들을 맡긴 보호자에게도 그것은 마찬가지다.

교사는 젊고 경험이 적다 해도 담임으로서 아이들의 교과지도와 생활지도를 빈틈없이 해주고, 학교생활에 필요한 능력을 길러줄 수 있다.

학교교육은 아동이 보다 잘 살아갈 능력을 길러주는 것 말고도 장차 사회를 지고 나갈 인간을 가르친다는 큰 책임을 지고 있다.

학급담임은 현장의 최전선에서 직접 아이들을 대하면서 학교교육의 책무를 실현해 나갈 수 있는, 중요하고도 보람 있는 일이다.

교사는 "아이들의 장래에 영향을 끼치는 일을 시작했다"는 책임감과 자부심을 가슴에 단단히 새기고 아이들 앞에 서도록 한다.

(ㄹ) 선입관 없이 공평하게 대한다

'편견으로 판단하지 않는 것'은 교사로서 가장 중요시해야 하는 일인데, 매우 어려운 일인 것도 사실이다. 말썽쟁이에 대해 "저 아인 어쩔 수가 없어"라든지, 모범생에게 "저 아인 늘 반듯하니까"라는 견해를 갖고 있지 않은가?

편견으로 아동을 바라보는 것은 편애하는 것이다. 아이들은 편애에 매우 예민하며 편애하는 담임을 가장 싫어한다.

교사는 언제나 아이 자체가 아닌 행동을 보고서 옳고 그름을 판단하고, 공평한 지도로 일관해야 한다.

모든 아이에게 공평하다는 것은 교사로서, 또 인간으로서 존경할 가치가 있는 일이다. 다음의 점에 유의하여 되도록 공평하게 아이들을 바라볼 수 있도록 하자.

○ 아동을 공평하게 바라보기 위한 체크포인트
 - 다툼이 있을 때, 쌍방의 이야기를 똑같이 듣는가?
 - 어떤 문제가 일어났을 때, 특정 아이를 떠올리지 않는가?
 - "분명 ○○다"라는 분위기가 교실에 있지 않은가?
 - 똑같은 행동을 했을 때, 모든 아이를 똑같이 칭찬하는가?
 - 야단치기 전에 객관적인 상황판단을 하려 노력하고, 한 호흡 쉬는가?
 - "문제가 있다"는 평을 듣는 아이의 바람직한 면을 다른 교사에게 말할 수 있는가?
 - 보호자의 압력 때문에 아동에 대한 대응을 바꾸지는 않는가?
 - 수업 중에 모든 아이에게 활약할 기회를 보장하려 노력하는가?

'차별하지 않는다' '선입관이 없다'는 것은 사회생활에 있어서 가장 중시해야 하는 능력의 하나이다. 그러므로 교사는 아동에게 차별하거나 단정하는 것의 문제점을 가르쳐야 한다.

그러나 교사 자신이 아동을 단정한다든지, 의식하지 못한 상태에서 차별하는 경우가 있다. 언제나 말썽을 부리는 아이에 대한 인상, 공부를 잘하고 성실한 아이에 대한 대응 등등 때로는 아동을 지도하는 위치에 있는 교사가 '괴롭힘'의 씨를 뿌리는 경우도 있다.

아이들은 저마다 개성이 있으며 모두 다르다. 그런 아이들에 대해서 갖는 교사 자신의 인상과 대응방식을 늘 돌이켜보고 점검할 필요가 있다.

(3) 교사이기 때문에 '스승 사(師)'자를 가질 수 있다

'스승'이라 불릴 자격을 지닌 사람은 얼마나 되는 것일까? 살면서 '스승'이란 말을 듣는 사람은 행복하다.

당신에게 '스승'은 있는가? 자기의 생각과 교사로서의 신념에 자신감을 잃었을 때, 나아가야 할 방향을 제시해 줄 수 있는 스승을 갖는다는 것은 감사하고 마음 든든한 일이다.

'스승'이라는 말을 들을 수 있는 사람은 만남의 중요성을 알며, 타인에게서 배우는 겸허한 자세를 갖고, 사람을 보는 안목이 있는 사람이라고 할 수 있다.

남을 가르치는 교사이기 때문에 가르침의 고마움과 소중함을 알고, 늘 겸손한 자세로 타인과의 만남을 중요하게 여겨야 한다. 그렇게 하면 '스승'이라고 부를 수 있는 사람을 발견하게 된다.

(4) 아동을 감화하는 교사가 되자

사람이 존경심을 갖는 것은 그 사람의 인격과 사고방식, 그리고 생활방식에 감명을 받아야 가능하다. 교사도 단지 수업에 능하고, 학급경영을 잘하기만 해선 불충분하다. 비록 지금은 멀게 느껴지더라도 아동이 뒷날 돌아볼 때, "선생님이 하신 말씀의 의미를 알게 되었다" "선생님은 우리를 위해 전심전력을 다하여 꾸중해 주셨다"고 떠올릴 수 있는 지도가 가능해야 한다.

정말로 멋진 교사란, "저 선생님처럼 되고 싶다"는 목표가 되고, 아동을 감화시킬 수 있는 교사이다.

담임으로서 스스로에게 부끄럽지 않은 지도와 행동으로 일관하고, 아동에게 존경받을 수 있는 교사가 되도록 하자.

(5) 어떻게 할까 망설여질 때는 반드시 기록한다

아이들을 지도할 때는 사소한 장면일수록 그 사람의 가치관이 드러난다.

아이들과 생활하다 보면 "이것을 지도해야 할까?" 망설여지는 경우가 매우 많다는 것을 느낀다. 사실은 그런 때야말로 멈춰 서서 자기의 지도관을 꼼꼼히 확인하는 것이 중요하다. 그리고 그런 상황이 닥쳤다면 그때가 기회이다. 반드시 메모하는 등 기록을 남겨서 나중에 자신의 지도가 옳았는지 확인하도록 한다.

O 어떻게 할까 망설여지는 상황들
- 두 아이가 도서실에서 방해가 되지 않을 정도로 즐겁게

이야기를 나누고 있다. 조용히 시켜야 할까?

－ 아주 살짝 찰과상을 입은 아이가 보건실에 가겠다고 한다. 가라고 해도 될까?

－ 급식을 남기겠다는 아이가 있다. 남겨도 된다고 해야 할까, 다 먹으라고 해야 할까?

－ 날씨가 맑을 때에도 늘 교실에 남아서 노는 아이들이 있다. 밖으로 나가도록 지도해야 할까?

－ 수업 중에 활발하게 발표하는 아이가 있다. 말투가 공손하지는 않지만 발표는 많이 한다. 언어사용에 대해 지도해야 할까?

－ 아이들이 청소시간에 잡담을 하면서 청소를 한다. 다른 교사도 주의를 주지 않는다. 지도해야 할까?

－ 휴지가 떨어져 있다. 아이들은 알아채지 못하고 지나친다. 내가 주워도 될까?

– 신발장의 신발이 흐트러져 있다. 똑바로 놓으라고 해야 할까?

어떤가? 이런 장면들은 극히 일부에 불과하지만 꽤 고민이 될 때도 있다. 이것에 대해 통일된 규칙이 있는 것도 아니다. 그야말로 담임의 재량에 의해 지도가 이루어지는 사소한 부분인 것이다.

사소한 일이기는 하지만 그런 지도들에는 담임의 교육관, 가치관이 반영된다. 또한 반영되어야만 하는 것이다. 그리고 이렇게 일상적으로 마주치는 사소한 일들에 진지하게 대응하는 것이 사실은 매우 중요하며, 교사의 역량을 높이는 데 효과적이다.

ㅇ 사소한 일에 진지하게 임할 때의 효과
① 임기응변의 지도가 되지 않는다.
② 보다 구체적이고 실용적인 지도력을 지닐 수 있다.
③ 교사의 교육적 가치관이 형성된다.
④ 다른 교사의 의견을 참고한다.
⑤ 늘 지도법을 돌아보게 된다.

사소하다고 생각되는 일도 이와 같은 효과로 이어질 때가 있다. 그러므로 당장의 분위기에 맡기는 임기응변식의 지도로 얼버무려선 안 되는 것이다.

(6) 담임의 가르침은 아동의 인격형성에 영향을 준다

"어린이는 어른의 거울"이라는 말이 있다. 어린이의 말과 행동을 보면 부모의 양육방식, 사고방식까지 알 수 있다는 의미인데, 그 정도로 아이들은 부모의 영향을 받으며 성장한다.

초등학교에 입학하면 아이들은 부모를 대신하여 담임과 생활하는 시간이 많아진다. 담임은 공부를 가르칠 뿐만 아니라 생활태도와 교우관계 등 수많은 활동을 통하여 어린이의 인격형성에 영향을 끼친다.

그 교사가 담임을 맡으면 어느 학급이든지 거의 비슷한 분위기가 된다는 것이 그 증거가 아닐까? 담임을 맡은 학급이 바뀔 때마다 교사의 인격이 달라지는 경우는 없다. 거의 똑같은 가치관과 교육관으로 아이들을 지도하는 것이다.

담임은 자신이 아동과 학급에 지대한 영향을 끼친다는 점을 늘 마음에 깊이 새겨두어야 한다.

(7) "알겠니?"에서 "어떻게 할까?"로

당신은 아동을 지도하거나 야단칠 때, "알겠니?"라고 확인하고 있지는 않은가?

예로부터 교육현장에선 "알겠습니까?"라는 말을 많이 써왔다. 아동에게 이야기를 한 뒤에 자신의 지시나 지도가 제대로 전달되었는지 확인하기 위한 말이다. "알겠습니까?" 물으면 대부분의 아이들은 "예" 하고 힘차게 대답한다. 그 대답을 듣고

(아이들의 모습을 보고) 교사는 자기의 지시나 지도가 잘 전달되었다고 믿는다.

그러나 그것이 진정으로 전달되었는지는 의문이다. "알겠습니다" 대답했음에도, 전혀라고 해도 될 정도로 교사의 지시나 지도를 듣지 않았다고밖엔 볼 수 없는 행동을 하는 아이들이 눈에 띄는 경우도 많다.

"알겠니?"라는 말은 편리하기는 하지만 아이들에겐 "예"라고만 대답해 놓으면 만사 오케이가 되는 위험한 말이기도 하다.

아이들에게 지시나 지도를 한 뒤의 확인은 "알겠니?"라고 할 것이 아니라 "이제부터 어떻게 할까?"라는 말로 바꾸는 게 좋다. 다음에 할 행동을 스스로 말하게 함으로써 간접적으로, 그러나 실질적으로 이해했음을 확인할 수가 있다.

"○○야, 앞으로 어떻게 할 거지?"

"복도에서 뛰지 않고 줄 서서 음악실로 가겠습니다."

이런 식이다. 때로는 말을 귀담아듣지 않아서 대답하지 못하는 아이가 반드시 있다. 그럴 때가 기회이다.

"○○야, 앞으로 어떻게 할 건지 △△에게 말해 주렴" 하고 다시 한 번 확인한다.

이런 식으로 확인방법을 바꾸기만 해도 아이들이 말을 경청하는 자세가 확연히 달라진다.

(8) 자주성과 책임감을 배울 기회를 빼앗지 않는다

반드시 길러야만 하는 자주성과 책임감 같은 능력은 대수롭지 않고 작은 믿음에서 얻어질 수 있다. 이렇게 생각하면 아이들에게 자주성과 책임감을 가르칠 기회는 일상의 모든 곳에 존재한다는 것을 알 수 있다.

지금은 선생님 말씀을 잘 들어야 한다, 종이 울리면 교실로 돌아와야 한다, 빨리 옷을 갈아입어야 한다 등등. 그러한 일상적 깨우침 속에 아이들의 자주성을 기를 기회가 있다. 그리고 반드시 해야 할 일을 실행하는 것이 아동의 책임감을 키우는 지름길이다.

자주성과 책임감은 나이나 위치에 따라 달라진다. 초등학생에겐 초등생에게 맞는 능력을 길러나간다. 아동의 발달에 맞춰 학습하게 하고, 익혀나가게 할 필요가 있는 것이다.

아동에게 생각할 여유를 주지 않고, 다시 해볼 기회를 빼앗은 채, 빨리 성과를 내라고 재촉하기만 하는 것은 어른의 형편에 맞추는 것이다.

지도자로서 아이들을 꼼꼼히 관찰하고, 지금 무엇이 필요한지를 고려하여 세심하게 지도하는 자세를 가져야 한다.

(9) 다른 학급에서 배운다

다른 교사들은 어떻게 지도하는지를 알 수 있는 기회는 조회나 단체활동 등에서 전교의 아동이 모일 때이다. 잘 살펴보면 학급에 따라 아이들의 분위기가 사뭇 다른데 그걸 보면 담임의 역량을 알 수 있다.

①훈화나 가벼운 율동을 해도 그다지 주의를 기울이지 않는 학급.

②담임이 줄 사이를 돌아다니면서 그때마다 아이들에게 주의를 주어야 하는 학급.

③뒤에서 보고 있다가 활동이 끝난 뒤에 지도하는 담임의 학급.

④활동하는 내내 아이들이 집중하여 참가하는 학급.

여기서 물론 ④가 제대로 지도가 이루어지고 있는 학급이다. 분명 평소 교실에서 충분히 지도하고 있고, 수업에도 능숙한 교사이다. 처음부터 그런 상태가 되기는 어렵더라도 하다못해 ③ 정도의 지도력은 지녀야 한다.

또한 방과 후에는 선배교사에게 실패담이나 어려움을 이야기하고, 선배라면 어떻게 지도할지를 묻도록 한다. 어려움을 호소하고 의논하려는 후배를 마다할 교사는 없다. 구체적이고 적절한 충고를 해줄 것이다.

실패나 괴로움을 털어놓고 의논하기까지 사실 많은 용기가 필요하다. 그것을 극복하고 자신을 개방하는 것이 배움의 첫걸음이다.

(17) 지도자로서의 품격과 역량을 갖춰라

학급집단뿐만 아니라 조직의 역량은 지도자의 능력에 크게 영향을 받는다. 전쟁터에서는 능력이 뛰어난 장수가 지휘하는 군대가 승리를 거두게 되어 있다.

집단의 꼭대기에 선 사람은 이상과 꿈을 반드시 지녀야 한다. 그 이상을 실현하기 위해 무엇이 필요한지를 분석하고, 지도력을 발휘하여 필요한 것을 실행하지 않으면 안 된다.

담임은 학급의 지도자이다. 지도자로서 어떤 집단이기를 바라는지 구상하고, 그 이상에 현실을 근접시키기 위한 실천을 거듭하여 학급과 아동의 능력을 향상시켜야 한다.

학급에 모범생이 아무리 많아도 담임에게 확고한 이념이 없고, 아동을 지도할 능력과 학급경영 능력이 부족하면 학급과 아동의 성장은 기대할 수 없다.

'학급집단의 능력은 담임의 역량에 달렸다'는 각오로 아동 앞에 서면 나에게 무엇이 필요한지 알게 되고, 자연히 지도자로서의 품격을 갖추게 되리라 본다.

▶ 학급을 운영하는 경영자로서의 자질

(1) 학급목표는 담임이 책임지고 정한다

어느 학급에나 '학급목표'가 있다. 또 당연한 얘기지만 목표는 저마다의 학급, 담임마다 다르다.

학급목표를 정하는 방법은 여러 가지지만, 목표가 거의 비슷하다는 것은 생각해 볼 문제이다. 언제나 동일한 방법으로 결정하면 "올해도 예년처럼 만들면 되겠지" 하고, 학급목표 만들기에 대한 의욕이 해가 갈수록 낮아지게 된다.

단지 게시물로서의 학급목표만을 생각한다면 아이들의 의견을 조율하여 정하는 것도 좋은 방법일지 모른다. 하지만 학급경영의 핵심이 되는, 진정한 의미에서의 학급목표를 정하는 것은 담임이다.

학급집단을 어떤 방향으로 이끌고, 어떻게 발전시키며 향상시켜 나갈 것인지를 정하는 것이 담임이라는 경영자의 임무이다. 그의 지표가 되는 학급목표는 경영자인 담임의 가치관이 한껏 반영되어야 한다.

(ㄹ) 교사의 신념을 학급경영에 반영한다

각 학급담임은 교육에 대한 교사로서의 신념을 갖고 있다(분명 갖고 있을 테고, 또 갖지 않으면 안 된다). 또한 그 신념을 실제로 실현시키기 위해 매일 교육활동을 수행하고 있다.

자기 신념을 학급경영에 구체적으로 반영시키기 위해 정하는 것이 학급목표이다. 예를 들면 "사람은 누구나 바뀔 수 있다"는 신념을 갖고 있다 치자. 그것을 학급경영에 구체적으로 반영시키기 위해서는 "실수를 두려워 말고 다양한 일에 도전한다"는 학급

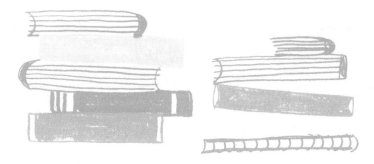

목표를 설정한다. 목표가 명확해지면 "반 전체가 반드시 발표의 기회가 있는 수업을 한다"는 등의 구체적인 교육활동이 날마다 이루어지게 될 것이다.

(3) 아이들이 내놓는 다양한 의문을 중시한다

아이들은 날마다 다양한 의문을 갖는다. "이런 것까지 다 묻나……?!" 싶을 정도로 사소한 질문을 던질 때도 있다.

다음은 아이들이 하는 질문의 예이다.

①학습상황

– 샤프연필을 사용해도 되나요?

– 공책은 다른 아이들 것하고 똑같은 것이어야 하나요?

– 채점할 때 볼펜을 써도 되나요?

– 지우개는 여러 개 가져와도 돼요?

– 연필깎이를 사용해도 되나요?

– 문제를 다시 풀어도 되나요?

– 문제를 다 풀었는데 이제 뭘 할까요?

② 일상생활

– 쉬는 시간에 물을 마셔도 괜찮아요?

– 색종이를 가지고 놀아도 되나요?

– 열쇠고리를 가져와도 돼요?

– (급식시간에) 후식을 먼저 먹어도 되나요?

– (급식시간에) 더 먹어도 돼요?

– 칠판에 그림을 그리고 놀아도 돼요?

이와 같이 아이들이 하는 사소한 질문은 사실 학급경영에 있어서 매우 중요한 것들이다. 세심하게 귀를 기울이고 신중하게 대응하도록 해야 한다.

(4) 세세한 규칙일수록 다 함께 확인한다

아이들이 활동하는 교실에서는 여러 가지 규칙들을 확인할 기회가 발생한다.

"선생님, 이건 어떻게 해요?"

"○○가 이렇게 했는데 이래도 괜찮을까요?"

너무나 세세한 일이어서 번잡하게 느껴지는 경우가 많다. 하지만 사소한 일이라고 해서 적당히 대응하다 보면 다음과 같이 큰 문제로 이어진다.

"선생님은 전엔 이렇게 말했으면서 지금은 반대로 말하네."

"○○한테는 괜찮다고 했으면서…… 선생님은 편애해."

최악의 경우 통제가 되지 않아 학급 붕괴로 이어질 수 있다. 그야말로 작은 구멍 하나가 둑을 무너뜨리는 것이다.

아이들이 규칙에 대해 질문해 올 때가 기회이다. 담임이 미처 알아채지 못한 것을 발견해 주었으니까.

이런 기회를 놓치지 말고 반드시 학급원 전체가 확인하고 철저히 하도록 해야 한다. 학급 규칙을 확고하게 수립하는 것은 결국 정해진 규칙 속에서 아이들의 자주성을 신장시키는 결과로 이어진다.

(5) 규칙을 정했으면 흔들리지 않는다

아이들은 학교에서 지켜야 할 규칙을 대개는 이해하고 있다. 때문에 새삼스레 확인하지 않아도 된다고 생각할 수도 있다. 그러나 학급의 규칙은 담임에 따라 다른 경우가 적지 않다. 특히 새학년 초에는 새로운 담임 밑에서 규칙을 확인하고 철저히 해나가지 않으면 혼란이 생긴다.

그럴 때 중요한 것은 학급담임이 흔들리지 않는 것이다. 예를 들어 아이들이 "3학년 때는 그렇게 하지 않았는데요" "이렇게 하는 게 좋아요" 등의 말을 하더라도, "선생님 반에선 규칙이 이러하단다" 식으로 당당한 태도로 전달하는 것이 중요하다.

아이들이 다양한 의견을 내놓을 경우, 담임이 흔들리면 학급을 집단으로서 통솔해 나가는 것 자체가 불가능해진다.

학급운영에 있어서 규칙을 지키지 않는 아이를 지도하는 것은 담임이다. 그러므로 규칙을 최종적으로 승인하고 결정하는 것은 담임이어야 한다. 그것이 학급 경영자인 담임의 책임이라 할 수 있다.

▶ 학습능력 신장시키는 수업자로서의 자질

(1) 지도안에 따라 수업한다

수업은 살아서 움직이는 유기물이다. 아무리 꼼꼼하게 지도안을 짜도 그대로 수업이 이루어지는 경우란 거의 없다. 그러나 목표를 달성하기 위한 질문이나 아동의 작업이 지도안과 전혀 다른 경우 또한 있을 수 없다.

아동의 질문 하나로 수업이 궤도를 이탈한다든지 생각지도 않던 방향으로 나아가는 바람에 곤혹스러웠던 적이 분명 있을 것이다. 그것은 수업의 흐름을 목표에 근접시키는 방향으로 수정하는 역량 부족이 원인이다.

계획했던 지도안에 따라 수업을 진행할 수 있는 능력부터 먼저 기르는 것이 기본이다.

(2) 수업의 목적은 학력증진이다

수업의 가장 큰 목적은 '학습능력의 증진'이다. 때문에 수업은 교사가 분명한 의도를 갖고 주도하여 진행해 나가는 것이 중요하다.

경험을 쌓다 보면 어느 지점에서 아이들의 생각을 살려야 하며, 언제 아이들을 활동하게 하면 효과가 있는지 알 수 있게 된다. 그런 수업은 아이들의 생각에 따라 자연스럽게 진행되어 마치 교사가 그늘에 숨어 있는 것처럼 보이지만 사실 수업을 주도하는 것은 교사이다.

초임 때는 되도록 교사가 앞에 나서지 않는 수업을 동경하기 마련이다. 그러나 아이들의 학습능력 신장이 목표라면 수업을 주도하는 능력부터 기르는 것이 중요하다. 목표, 지시, 질문, 조합 등등 수업의 기초를 확실하게 익힐 필요가 있다.

(3) 수업은 교사가 주도한다

요즘 학교현장에서 '아동이 주역, 아동이 중심'이라는 사고방식이 주류를 이루고 있다. 그러나 아동중심이라는 말의 의미를 잘못 이해하는 사람이 늘고 있는 것 같다.

수업시간에 교사가 설명하거나, 아동의 오답을 수정하거나 하면, "교사가 지나치게 전면에 나선다. 아동의 생각을 살리지 않는다" "아동이 주역이 아니다"라는 비판을 듣게 된다.

그러나 아동이 주역이라는 것은 학습자가 아동이라는 뜻이지 전체를 아동이 꾸려나간다는 의미는 분명 아니다.

아동이 화려하게 활동하기만 하면 된다는 생각을 가장 중시하면서 수업을 진행하면 아동의 학습능력 신장은 도저히 불가능하다.

아동의 능력을 높이려면 교사가 분명한 목표를 갖고 수업을 구성하며, 학습능력의 증진을 위해 아동을 움직이게 하는 작업이 필요하다.

수업을 주도하는 것은 교사임을 반드시 잊지 말아야 한다.

(4) 연구수업 때는 확실하게 검증한다

모든 학교에서 연구수업이 이루어진다. 연구수업 때는 수업을 참관하고 그 수업이 아동의 학력신장에 어떠한 영향을 끼쳤는지, 다른 방법이었으면 어땠을지 등등을 연구한다.

연구수업을 참관할 때는 지도안 뒷면 같은 곳에 수업기록을 간단히 적도록 하자. 교사의 지시, 질문과 그에 대한 아동의 발표와 행동을 메모한다.

메모와 함께 수업을 참관하면서 그 수업의 중심이 되는 질문을 찾아내도록 한다. 중심질문을 찾아내면 그 수업의 목표가 무엇인지를 예측할 수가 있다.

그 다음은 수업을 반드시 직접 분석하고 검증해 본다. 전체 평가회를 갖기 전에 잠깐의 시간을 내도록 한다. 대강이라도 좋다. 다른 교사의 의견을 듣기 전에 반드시 스스로 검증해 보는 것이 중요하다.

그리하여 가능하다면 전체 평가회 때는 자신의 생각을 내놓도록 하자. 자기 분석에 대해 다른 교사의 검토를 받을 수 있는 좋은 기회이다.

수업의 검증방법에는 다음과 같은 것들이 있다.

① 교사의 '지시, 질문'에 대응하는 아동의 활동을 메모한다.

② '중심질문'이 무엇인지 찾아낸다(예상한다).

③ 수업의 목표가 무엇인지 검토한다.

④ 지도안(수업안)을 보고 수업자의 목표를 안다.

⑤ 메모한 내용을 바탕으로 수업이 목표를 향해 진행되었는지를 검증한다.

⑥ 나라면 수업을 어떻게 구성하고 어떤 질문을 할지를 생각한다.

⑦ 전체 평가회에서 자신의 분석을 내놓아 검토받는다.

(5) 목적을 정하는 능력을 기른다

수업을 진행할 때 가장 중요한 것은 어떤 목적을 갖고 수업을 할 것인가이다. 그 목적을 달성하기 위해 수업의 얼개를 짜고, 교재를 사용하거나 교육기술을 구사하여 수업을 진행하게 된다.

그러나 매일 수업을 하다 보면 이 '목적' 정하기에 소홀해지기 쉽다. 일상의 분주함에 쫓겨 적당히 수업을 흘려보냈던 경험이 대개는 있으리라 본다. 그런 태도로 수업에 임하게 되면 아무리 세월이 흘러도 수업의 질은 나아지지 않는다.

수업을 하기 전(수업 전날 여유가 있을 때)에 반드시 교과서와 지도서를 펴고, 목적을 분명히 정하고 수업에 임하자. 적절한 목적을 정하는 능력이 바로 수업력 통달을 위한 최소한의 조건이다. 날마다 조금씩 단련하면 목적을 정하는 능력이 길러지게 된다.

(6) 길러주고자 하는 능력을 의식한다

일반적으로 수업의 목표라고 하면 "계산을 할 수 있다"거나 "등장인물의 심정을 정확히 알 수 있다" 등 교과학습에서 아동에게 길러주고자 하는 능력을 말한다. 분명 수업에선 교과목표의 습득이 가장 중요하다.

그러나 수업은, 특히 초등 단계에서는 교과의 학습능력 습득만을 위한 장이 아니다. 수업시간에 아동이 습득해야 하는 능력에 대해 생각해 보자.

① 당연히 해야 할 일을 하는 능력

수업이 시작되면 자리에 앉아야 한다. 교사가 "문제를 풀라"고 지시를 내리면 열심히 문제를 풀고, "책을 읽으라"고 하면 읽어야 한다. 마음이 내키건 내키지 않건 아동은 수업에 참가하지 않을 수 없는 것이다.

수업은 '반드시 해야 하는 것을 하는 힘'을 기르는 장이다.

② 인내력

특히 더운 여름날이나 추운 겨울, 월요일 아침이나 점심시간

이후 등 수업을 받기가 괴로울 때도 있다. 그러나 아이들은 추위와 더위, 게으름 피우고 싶은 마음과 싸워가며 학습하지 않으면 안 된다. 수업은 때로는 인내력을 기르는 장이 된다.

③ 집중력

계산연습이나 글씨쓰기, 글짓기, 교사의 설명을 듣고 과제를 해결해야 할 때 등에 마음이 다른 곳에 가 있으면 공부가 되지 않는다.

수업 중에는 반드시 집중해야 할 때가 있다. 수업의 흐름상 아동이 자연스레 집중하는 경우도 있고, 교사가 의도적으로 집중하게 만드는 상황도 있다. 수업은 아동의 집중력을 기르는 중요한 기회이다.

④ 솔직함, 겸손함

아이들은 누구나 실수를 한다. 수업시간에도 착각을 하거나 계산착오를 일으켜 실수를 하기 마련이다. 잘못했으면 순순히 인정하는 솔직함이 필요하다.

그리고 "친구들의 생각이 맞다" "나는 생각을 이렇게 바꾸었다"고 받아들일 수 있는 겸손함이 중요하다.

⑤ 용기

아이들에게도 자존심은 있다. 자신의 잘못된 생각을 바로잡고, 새로운 생각을 받아들이려면 용기가 필요하다. 친구들 앞에서 자기 의견을 발표하는 데에도 용기가 필요하다.

"틀리면 어쩌지?" "제대로 대답하지 못하면 망신이야."

이런 불안감을 극복하고 발표하는 것이다.

수업은 아동의 작은 용기 덕분에 성립하고 효과가 높아지는 측면이 있다.

⑥ 책임

지명을 받으면 발표나 소리내어 읽기, 칠판 앞으로 가서 수학 문제 풀기 등을 하지 않으면 안 된다. 수업시간엔 발표라는 역할이 갑자기 주어지고, 책임이 발생한다. 수업은 아동에게 책임을 가르칠 좋은 기회이기도 하다.

수업에는 이 밖에도 자주성, 지구력, 협동심 등 아동에게 반드시 길러주었으면 하는 요소가 많이 포함되어 있다.

아동에게 집중력을 길러주려면 어떤 수업을 짜야 효과적일지, 발표를 어려워하는 아이를 어떻게 이끌어야 좋을지, 실수를 지나치게 염려하는 아이에게 어떤 지도를 해야 하는지 등을 의식하면서 수업에 임하면 교재연구나 지도방법도 달라질 것이다.

(7) 강제는 수업의 기본이다

본디 공부하기를 좋아하는 아이는 그리 많지 않다. "수업은 즐겁다"는 말을 자주 듣는데 이것은 수업이란 본디 즐겁지가 않다는 증명인 셈이다.

아이들에게 수업이란 반강제적으로 이루어지는 하기 싫은 과정이다. 그러나 "싫지만 열심히 한다" "괴롭지만 참고 꾸준히 한다"는 과정에서 성과의 기쁨을 맛보고, 몰랐던 것을 아는 희열도 알게 된다.

수업은 결코 즐겁지 않은 것, 따라서 반강제적으로 하는 것임을 뇌리에 단단히 새겨놓자. 그러면 수업을 아동의 인격형성의 장으로서 어떻게 활용해야 할지에 대한 시각이 생긴다. 그리고 수업자로서 필요한 지도법 연구의 중요성을 새삼 느낄 수도 있다.

수업은 학습능력 신장과 인격형성을 위해 아동을 단련하는 장이라는 의식과 태도로 임해야 한다.

(8) 수업의 다른 한 가지 목표를 중시한다

수업이 시작되면 싫어도 40~50분 동안 책상을 마주하고 있어야 한다. 지명을 받으면 반드시 일어나서 의견을 말해야 한다. 잘못된 것임을 알았으면 그것을 받아들이고 올바른 지식으로 수정하는 것도 중요하다.

기껏해야 40~50분의 짧은 수업시간에 집단 속에서의 태도, 자기 생각을 다른 사람 앞에서 공표하는 용기, 실수와 실패를 딛고 일어서는 자세 등등 아이들에게 필요한 인격형성이 이루어진다. 아이들은 교과학습능력 말고도 많은 것을 배우고 있는 것이다.

교사는 아동의 인격형성이라는 또 하나의 중요한 목적이 있음을 분명히 의식하고 수업에 임하는 것이 중요하다.

▶ 아동능력 키우는 지원자로서의 자질

(1) 아동의 실태와 지원방침의 '틀'을 생각한다

먼저 아동의 대표적인 실태와 그에 따른 대강의 지원방침을 예로 들면 다음과 같다.

①사려가 필요한 형
실태 : 감정표현에 능하고 활발하게 행동한다. 깊이 생각하지

않고 자기 기분에 따라 행동한다.

지원 : 작문이나 독서 등을 통하여 집중하고 깊이 사고해야 하는 상황을 의도적으로 만든다.

②해방이 필요한 형

실태 : 주위를 배려할 줄 안다. 차분하며 자기 생각을 표출하지 않는다.

지원 : 다양한 의견을 내놓는 수업을 하거나, 파격적인 행사를 하여 생각을 많이 드러내게 한다.

③협동이 필요한 형

실태 : 스스로 판단하여 행동할 줄 안다. 상대방의 기분을 생각하지 않아 마찰을 일으키는 경우가 있다.

지원 : 학급활동에서 협동이 필요한 행사를 하거나, 참가형 체험학습을 도입하여 협동해야 하는 상황을 많이 만든다.

④기력주입이 필요한 형

실태 : 담임의 말을 성실하게 따른다. 왠지 패기가 부족하고 자포자기적인 태도마저 보인다.

지원 : 위인의 삶을 가르치거나 미래의 꿈을 말하게 한다. 마음을 활짝 열고 즐길 수 있는 행사를 많이 한다.

(ㄹ) 목표를 정하고 지원방식을 고려한다

담임은 자신이 바람직하다고 여기는 어린이와 학급의 모델을 목표로 매일 교육활동을 한다. 목표 없이는 교육활동도 지원도 불가능하다. 담임이 무엇을 가장 중시하는가에 따라 아동에 대한 지원방식은 달라진다.

예를 들어 협동을 중시한다면 아이들에게 서로의 기분을 조정하면서 보다 나은 방법을 찾아나갈 수 있도록 지원해야 한다. 자주성을 가장 중시하는 경우는 아이들의 발상을 되도록 살리기 위한 지원을 생각해야 한다.

어쨌든 담임이 아동과 학급집단에 대해 "이런 아이로 성장하기 바란다" "이런 학급을 만들려 한다"는 강한 목표를 갖지 않으면 지원 방향도 정해지지 않는다. 뚜렷한 목표를 수립하고 아동을 대하는 것은 지원자로서도 매우 중요한 일이다.

(ㅁ) 아이들의 개성에 맞는 지원을 한다

늘 주위를 배려할 줄 아는 아이에게 협동을 가장 중시하는 지원을 하는 것은 생각해 봐야 한다. 어쩌면 주변의 친구나 상황에 대해 너무나 신경을 쓴 나머지 자기표현을 제대로 하지 못할 수도 있다. 한편, 자기의견을 분명하게 밝히고 주변 아이들을 이끌 수 있는 아이에게 자주성을 중시하는 지원을 하는 것은 어떨까?

물론 장점을 신장시키는 것도 중요하다. 아동이 지닌 장점을 막아버리면 아무것도 되지 않는다. 그러나 초등생 때는 아동 자신이나 부모조차도 알아채지 못하는 능력을 감추고 있는 경우가 많다. 그 아이에게 현재 드러나 있는 장점뿐만 아니라 감춰져 있는 다양한 능력을 발굴하여 신장시키는 것이 초등담임으로서의 중요한 역할이다. 장점을 인정하고 신장시키면서도 새로운 능력을 발굴해 내 지원하는 것이 중요하다.

학급집단에 대한 지원도 마찬가지이다. 아이들의 실태부터 제대로 파악하지 않으면 아동과 학급집단의 성장은 엄두도 낼 수 없다.

(4) 아동을 인정하고 믿어준다

때와 장소에 따라 꾸중하는 방법도 달라야 하지만 "이렇게 하지 않았기 때문에 잘못된 거야"라는 설교형이나, "넌 늘 칠칠치 못하게 그런 식이라서 안 돼"라고 인격을 훼손하는 꾸중법은 삼가야 한다. 야단치는 사람은 속이 후련할지도 모르지만, 아동이 얻는 것이라곤 전혀 없으며 반성은커녕 자신감을 상실하는 결과를 가져올 우려도 있다.

아동을 혼내는 밑바탕에는 그 아이를 신용하는 마음이 있어야 한다. "사람은 누구나 잘못을 한다. 그걸 반성하는 게 중요해. 이번의 실패를 거울삼아서 더욱 나아지려는 노력을 해야 한단다. 너라면 할 수 있어."

교사의 꾸중법에 따라 아동은 교사가 자기를 얼마만큼 걱정하고 또 자기에게 얼마나 관심이 있는지를 예민하게 받아들인다.

(5) '한 줄 일기'로 아이들을 한 명씩 되돌아본다

아이들이 하교한 뒤에 하루를 되돌아보면, 늘 씩씩하게 발표하는 아이, 언제나 말썽을 피워 혼나는 아이 등 특정 아동의 모습만 기억에 남기 마련이다.

있는 듯 없는 듯 특별히 두드러진 행동을 하지 않는 아이, 교사에게 적극적으로 자신을 드러내지 않는 아이 등을 떠올려 보기 바란다.

"그리고 보니 그 아이는 오늘 어땠었더라?" 하는 아이가 적지 않게 있을 것이다. 그런 일을 방지하려면 의식적으로 아이들을 일일이 관찰하고 살필 수밖에 없다. 담임으로서 아이들을 날카롭게 관찰하는 능력은 단지 아이들과 같은 공간 안에서 생활하기만 한다고 길러지지는 않는다.

우리 반 아이들의 한 줄 일기를 다음 순서대로 써보자.

– 노트 1쪽에 아동 1명의 이름을 쓴다.

– 학급의 모든 아동의 '오늘의 말과 행동'을 떠올려 한마디씩 쓴다.

– '한 줄 일기'는 반드시 아이들이 하교한 뒤, 교실에서 하루를 되돌아보면서 쓴다.

무슨 말을 했는지, 어떤 행동을 했는지 생각나지 않는 아이가 분명히 있다. 그럴 때는 다음 날 특별히 주의를 기울여 의식적으로 관찰하도록 한다.

아이들이 교실에 있을 때, 어떤 말이나 행동이 있은 직후에 기록하는 것은 의미가 없다. 아이들을 관찰할 수 있었는지 없었는지를 반성하기 위한 것이기 때문이다.

▶ 분위기 제작자로서의 자질

교사의 웃는 얼굴은 아이들의 에너지원이다. 교사가 즐겁고, 활력 있고, 신나는 하루를 만들려 기울이는 노력이 학급의 활력으로 이어진다. 그곳에 거짓이나 물러섬이 있어선 안 된다.

(1) 교실에 들어가기 전에 거울을 보며 미소짓자

교사도 인간이다. 고민이나 걱정거리로 우울해질 때도 있다. 특히 휴일 다음 날에는 기분이 썩 내키지 않을 때도 있다. 그런 마음은 반드시 표정으로 나타난다. 교사의 표정이 어두우면 교실의 분위기도 어두워진다.

그러나 억지로라도 미소를 지으면 신기하게도 저절로 힘이 난다. 특히 기분이 울적하고 매사가 귀찮을 때는 교실로 들어가기 전에 반드시 거울을 향해 미소를 짓도록 하자. 웃는 얼굴로 교실로 들어가서 우렁찬 목소리로 인사하면 교실 분위기는 훨씬 밝아진다.

(ㄹ) 분위기가 어두울 때는 과감하게 논다

사람의 기분에 오르내림이 있는 것처럼 학급 분위기도 밝고 의욕적일 때도 있지만, 어둡고 기운 없을 때도 있다. 학급이 가라앉아 있어서 교사가 아무리 분위기를 띄우려 해도 소용이 없을 때는 과감하게 일정을 바꿔서 몸을 움직이자.

다 함께 운동장으로 나가서 몸을 실컷 움직인다든지, 교실에서 간단한 놀이를 하여 기분을 고조시킬 필요가 있다. 몸을 움직인 뒤에는 지금까지의 어두운 분위기가 거짓말처럼 밝아져 다음 활동에도 의욕적으로 몰입할 수가 있다.

밝고 적극적인 분위기 속에서 아이들의 능력은 신장된다. 아이들의 기분이 상승하여 밝고 의욕적일 때는 그냥 두어도 문제는 없다. 학급활동이나 수업 등 어떤 것을 해도 잘되는 경우가 많다.

반대로 학급 전체의 분위기가 가라앉은 때에는 잘되는 것이라곤 하나도 없다. 아이들의 집중력이 흐트러져서 수업을 해도 아이들은 학습내용을 머릿속에 받아들이지 못하고, 학급활동도 열심히 하지 않으며, 이따금 말다툼이나 싸움을 벌이기도 한다.

이처럼 학급 전체가 가라앉아 있을 때는 담임이 씩씩하고 발랄한 모습을 보이면서 아이들에게 기운을 북돋아주어야 한다. 학급에 가장 막강한 영향력을 지닌 담임의 기운은 어느새 학급 전체로 물결처럼 퍼져나간다.

(3) 말 한마디에 기분이 달라진다

어린아이가 넘어졌을 때 엄마가 하는 말 한마디에 아이들의 반응은 180도 달라진다.

"괜찮아. 괜찮아. 우리 ○○는 씩씩하지?"라고 말하면 아이는 눈에 눈물이 가득 고였으면서도 벌떡 일어나 울음을 참는다.

반대로, "아프겠네. 딱하지. 에구, 쯧쯧" 말하면 아이는 울음을 터뜨린다.

신기하게도 말 한마디에 받아들이는 사람의 인상은 사뭇 달라진다. 똑같은 지도를 할 바엔 아이들이 용기를 얻고, 이해하고 받아들일 수 있는 말로 했으면 한다. 아이들에게 말하는 방법을 평소 익혀두자.

체육이나 행사 뒤의 수업 등에서 아이들이 피곤해할 때에는 격려의 의미도 포함하여 지도하는 경우가 있다.

－흔히 하는 말

"뭐가 힘들다고들 그러나. 이 정도로 그렇게 지쳐서 뭘 할 수 있겠니. 힘을 내!"

－한 번 더 생각하고 하는 말

"다들 많이 지쳤구나. 모처럼 몸을 많이 움직였지? 그래도 힘껏 운동하고 땀 흘린 모습이 보기 좋구나. 다음 공부도 열심히 하자꾸나."

교실에서 뛰어다니거나 거칠게 행동하여 물건을 부수는 아이가 있다. 아동에게 충분히 반성하게 할 필요가 있는 상황이다.

- 흔히 하는 말
"이게 뭐하는 거냐! 교실에서 장난을 치니까 이렇게 되지. 넌 언제나 말썽만 피우는구나."
- 한 번 더 생각하고 하는 말
"물건은 언젠가는 부서진단다. 하지만 몸이 망가지면 고치지 못하지. 더욱 조심하거라."

이런 말들은 아주 적은 예이다. 중요한 것은 아이들의 마음이 바뀔 만한 말을 담임이 할 수 있느냐이다. 마음을 바꾸게 하는 말을 하기 위해 평소 어떻게 표현할지 깊이 생각하도록 하자.

(4) 수업시간에 자연스럽게 도전하게 한다

아이들은 "이건 좀 어려운데 네가 할 수 있을까?"라는 말에 도전정신을 드러내며 달성하려 기를 쓰고 매달린다. 아이들은 누구나 자기 능력을 시험해 보길 바라고, 신장시키고 싶어하는 것이다.

아이들의 이러한 특성을 잘 살려서 여러 가지 과제에 도전하게 해보자.

1) 일반적인 말을 사용한다

학년에 맞는 학습용어뿐만 아니라 의미를 가르친 뒤, 일반적인 말을 익히게 한다. 아이들은 익숙해지면 어려운 말도 자연스럽게 쓰게 되고, "나는 어려운 단어를 알고 있다"는 자신감을 갖게 된다.

2) 발전문제에 도전한다

학습 뒤에는 조금 노력하면 할 수 있을 만한 과제에 도전하게 한다. 예를 들면 두 자리 덧셈을 배운 뒤, 세 자리 덧셈에 도전하게 하는 것이다. 필요수준 이상의 학습이므로 틀리더라도 부끄럽지 않다는 자세로 도전할 수 있다. 시행착오를 해가면서 답을 이끌어낸 뒤에는 만족감과 자신감을 가질 수 있다.

3) 시간을 재고 반복연습을 한다

계산연습 등을 할 때, 제한시간을 조금 짧게 설정하여 아이들의 도전정신에 불을 붙인다. 각자의 능력에 따라 목표시간을 설정하게 하고, 자기가 세운 목표를 향해 노력하는 것의 중요성, 그리고 친구와의 차이와 서로를 인정하는 일의 중요성을 학습하게 할 수 있다.

(5) 학급활동에 도전하게 한다

학급활동에서 아동이 "해보고 싶다" "하겠다"고 하는 일에 도전하게 한다. '이건 안 될 텐데' 하는 생각이 들더라도 교사는 아동이 요구하지 않는 한 지시나 도움말을 삼가야 한다. 어쨌든 끝까지 해보게 하는 것이 중요하다.

처음부터 매끄럽게, 실수 없이 해내는 아이는 없다. "실패는 당연하다" "실패를 겪어야 알 수 있는 게 있다" "실패하는 것도 재미있다"는 것을 실감하게 할 필요가 있다. 핵심은 되도록 아이들 스스로 기획하고 운영하도록 맡겨두는 것이다.

1) 독특한 의견을 받아들인다

한 번도 해본 적이 없는 활동을 아동에게 요구해 본다. 피구대회나 생일잔치처럼 무난하게 할 수 있는 것만 나오는 경우에는 담임이 제안해도 좋다. 처음 경험하는 새로운 일에 아이들은 의욕적으로 도전한다.

2) 대화를 활성화한다

할 일이 결정되면 대화를 학습하게 한다. 하고자 하는 의욕에 차 있으면 의견이 활발하게 나온다. 대화하는 사이에 진행 방법이나 규칙, 준비물, 일시, 장소 등을 미리 맞춰둘 필요가 있음을 자연스럽게 알게 된다.

3) '하는 과정' '마친 뒤'의 과제를 명확히 한다

대화가 끝났으면 활동을 개시한다. 막상 시작해 보면 반드시 문제점이 나오기 마련이다. 그럴 때, "이건 미리 생각했어야 했다" "어떻게 하면 원만하게 극복할 수 있을까?" 하고 담임이 묻고, 과제를 정리한 뒤, 다음 과정에 참고할 수 있도록 반성하는 짧은 시간을 갖도록 한다.

▶ 아동을 보호하는 위기관리자로서의 자질

학교생활에서 학생 간의 충돌은 피할 수 없다. 크게 괘념치 말고 작은 문제, 감춰진 과제에 눈을 돌리고, 만일에 일어날 수 있는 문제에 대비하는 마음가짐으로 꾸준히 노력하자.

(1) 웃는 얼굴로 하교하게 한다

일과를 마친 아이들은 다양한 생각을 가슴에 담고 귀갓길에 오른다. 개중에는 친구와 싸워서 기분이 좋지 않은 아이도 있을 테고, 담임에게 야단을 맞아 의기소침하여 돌아가는 아이도 있을 것이다.

"끝이 좋으면 다 좋다"는 말이 있다. 갖가지 일들이 벌어지는 학교생활이지만 돌아갈 때만큼은 아이들을 밝고 명랑한 기분으로 보냈으면 한다.

또한 아이들이 모인 곳이므로 교실에서의 충돌은 당연하다. 되도록 마찰이 일어나지 않도록 세심한 주의를 기울여라. 지도를 계속함에도 결국 일어난 마찰에는 어떤 필연성이 있는 것이다. 그 충돌을 극복하면 아이들은 물론, 담임 자신도 성장한다.

마찰이 일어나면 적극 대처한다는 전제 아래 하교할 때는 아이들이 '오늘도 많은 일들이 있었다. 선생님한테 혼나기도 했지만 즐거운 하루였다'는 생각으로 교실을 나설 수 있게 하는 배려가 필요하다.

하교할 때는 아이들과 이야기를 나누면서 악수를 하고 보내자. 담임에게서 관심 있는 말을 한마디라도 들으면 아이들의 기분은 상쾌해진다. 특히 야단을 맞았거나 친구와 싸운 날엔 담임의 말 한마디에 의해 내일에 대한 기대를 품고 하교할 수 있게 해주어야 한다.

특별히 신경이 쓰이는 아이가 없더라도 학급 전체 아동의 기분을 밝게 하는 말을 해주고 하교시키도록 한다.

(ㄹ) 때로는 싸움도 필요하다

신학기가 시작되고 한 달쯤 지나면 아이들끼리의 싸움이나 말다툼이 부쩍 늘어난다. 이것은 친구들에게 자아를 드러내기 시작했다는 증거이다. 이를 교우관계를 가르치는 기회로 삼자. 그리고 다툼의 의의를 생각하게 한다

- 싸움이 늘어나기 시작한 것을 모두에게 확인시킨다.

－왜 3월보다 한 달이 지난 4월쯤에 싸움이 많은지를 생각하게 한다.

－사이가 좋아져 서로 많은 이야기를 나누게 되었기 때문에 싸움이 일어난다는 것을 알게 한다.

－폭력을 제외하고 싸움은 있어도 좋다는 것을 선언한다.

－싸움은 상대에 대해 알고, 상대에 대해 생각하기 위한 중요한 배움의 기회임을 가르친다.

－앞으로 싸움과 화해를 반복하면서 중요한 것을 배워나가기로 맹세한다.

(3) 싸움의 의의를 아동과 보호자에게 전달한다

"싸우면서 큰다" "싸움도 공부다" "많이 싸울수록 좋다" 이런 말들은 표면적으로는 상식에 어긋나 오해받기 십상이고, 과격하다고 받아들여질 만하다.

그렇지만 싸움을 통해 자기표현을 하고, 상대방을 이해하게 되므로 싸우는 것을 무조건 말리고 볼 것은 아니다. 가정통신이나 학부모회를 통해 담임의 생각을 전달해 놓을 필요가 있다.

싸움에 대해 교사가 위와 같이 생각하는 것은 특히 보호자의 이해가 없는 경우 폐해가 더 크다. 아이들의 학교생활에 대해 알려가면서 담임의 생각을 전달함으로써 보호자의 이해를 얻게 된다면 더욱 큰 효과를 기대할 수 있다.

싸움이 일어났을 때는 다음을 중심으로 지도하라.

①폭력은 무슨 일이 있어도 휘둘러선 안 된다는 점을 알게 한다.

②서로의 처지를 한 사람씩 이해가 갈 때까지 말하게 한다.

③서로의 입장을 들은 뒤, 사실 확인을 한다.

④상대방의 어떤 점이 마음에 들지 않았는지를 서로 이야기하게 한다.

⑤무엇이 상대방을 화나게 했는지를 생각하게 하고, 서로 이야기하게 한다.

⑥내가 어떻게 했더라면 싸움이 되지 않았을 것 같은지를 생각하게 한다.

⑦서로의 기분을 생각하지 않았음을 인정하고 알게 한다.

(ㄴ) 건강상 사정이 있는 아이에 대한 대책

학년 초에 가정조사표, 건강조사표 등의 개인정보를 모은다. 이런 자료들에는 보호자가 보는 아동의 생활태도나 건강상의 유의점 등이 씌어 있다. 개중에는 음식물 알레르기나 천식, 간질발작, 혈우병 등등 다양한 사정을 가진 아이도 있을 것이다.

만약 건강상의 주의가 필요한 아동의 담임을 맡았다면 신속하게 아동의 실태를 파악하고 대책을 강구하는 등의 대응을 시작해야 한다. 일이 일어났을 때 당황하지 않도록 학년 초에 대응책을 꼼꼼히 확인해 두는 것이 중요하다.

1) 건강상의 유의점은 노트에 기록한다

학급을 맡았으면 곧장 교무수첩이나 늘 가지고 다니는 수첩 등에 아동일람표를 만들고 항목을 나눠서 빨간펜으로 써놓는다.

① 병의 증상

② 대응 : 보호자가 조사표로 전달한 대응방안이 있으면 그것을 적어놓는다. 뒷날 반드시 보호자와 연락을 취하여 자세하게 이야기를 듣는 것도 잊지 말아야 한다.

③ 연락 : 긴급연락처를 반드시 적어놓는다. 손으로 직접 기록하면 기억에 남기 때문에 의식적으로 그 아이를 대하게 된다. 또한 늘 휴대하는 수첩에 기록함으로써 만일의 대응방법이나 연락방법을 재빨리 찾을 수가 있다.

2) 전 담임, 보호자에게서 정보를 얻는다

반드시 작년 담임과 보호자에게서 정보를 얻어놓는다. 작년에 어떤 일이 있었는지, 일어났을 때 어떻게 대응했는지, 보호자는 아동을 어떻게 보고 있는지 등등. 문제가 일어났을 때 당황하는 일이 없도록 사전에 정보를 수집해 둔다.

3) 학교의 대응책을 확인한다

음식물 알레르기의 경우 급식은 어떻게 해야 하는지, 천식이 심해져서 병원에 가야 하는 경우는 어떠한 연락체계가 있는지, 간질발작이 일어나면 어떻게 대처해야 좋은지 등등 그러한 긴급체계가 학교에 정해져 있을 것이다. 관리교사나 보건교사를 통해 체제를 확인해 둔다.

(5) 부상이나 사고 대응법

많은 아이들이 활동하는 학교이기 때문에 사고의 위험이 언제나 도사리고 있다. 큰 부상이나 사고가 일어났을 때는 어떻게 움직여야 하는지는 학교의 위기관리체제로 정해져 있다. 가장 먼저 학교의 체제를 확인하고 숙지해 둘 필요가 있다.

그러나 예방책을 포함하여 담임이 직접 할 수 있는 것과 해야만 하는 것도 있다.

1) 다쳤을 때 어떻게 대응할지 아동이 스스로 생각하게 한다

찰과상이나 열상 등 작은 상처는 모든 아동에게 일어날 수 있다. 다쳤을 경우에는 ①흐르는 물로 씻는다 ②담임이나 보건교사에게 보고한다 ③주변의 아동이 괜찮은지를 묻는다 등 간단한 대처방법을 생각하게 하면서 가르쳐둔다. 특히 고학년이 되면 사소한 상처는 스스로 판단하여 대처하는 능력을 기르게 하는 것도 중요하다.

2) 아동을 관찰하고, 혼자서 판단하지 않는다

가벼운 찰과상이나 열상인 경우가 대부분이긴 하지만, 다치게 된 경위를 아동에게 자세히 묻고, 다친 곳과 얼굴색을 잘 살핀 다음 조금이라도 망설여지면 즉각 보건교사나 관리직 교사에게 도움을 청하도록 한다. 특히 눈이나 머리, 관절 등을 다친 경우는 혼자서 판단해선 안 된다.

3) 긴급대피로를 반드시 확인한다

학교에는 화재나 지진 등이 일어난 경우의 긴급대피로가 정해져 있고, 학급에는 대피로가 그려진 그림을 교실에 게시하고 있다. 다만 그것만으론 대책이랄 수 없다.

새학년이 되어 교실이 새로 정해지면 반드시 직접 대피경로를 따라 확인한다. 대피훈련을 할 때 처음 확인해선 안 된다. 가능하면 아이들에게도 대피로를 확인하게 한다.

4) 통학로를 확인하고 스스로를 보호할 방법을 생각하게 한다

아이들이 날마다 지나는 길이 어떤 곳인지를 알아두는 것도 중요하다. 담임이 직접 걸어보는 것이 이상적이지만, 그것이 불가능할 때는 아이들에게 보고하게 한다.

통학로에 ① 사람의 눈이 닿지 않는 사각지대는 없는가 ② 교통량은 어떠한가 ③ 위험한 곳은 없는지를 확인한다.

아울러 교통사고를 당하지 않으려면 어떻게 해야 하는지, 수상한 사람을 만나면 어떻게 해야 하는지 등, 자기 자신을 보호하는 방법을 생각하게 한다.

(b) 일이 닥쳤을 때 허둥대지 않도록 준비해 두자

유괴나 성폭행 사건이 학교 안에서도 일어나고 있는 요즘 학교도 이제는 안전한 곳이라고 할 수 없다. 더욱 세심한 위기관리와 안전대책이 요구되는 시점이다.

학교나 등하굣길에 사고나 사건이 일어날 때마다 "학교의 안전대책은 어떻게 되어 있었는가?" "위기관리는 제대로 되고 있었는가?" 등이 화제가 된다.

안전대책이 아무리 잘되어 있어도 사고나 사건은 일어난다. 슬픈 일이지만 분명한 사실이다. 그렇다고 평소의 대책을 소홀히 해도 되는 것은 아니다. 대책을 단단히 강구하여 아동이 사고나 사건에 휘말리지 않도록 해야 한다. 나아가 유감스럽지만 만일의 사고나 사건에 휘말렸을 때를 상정한 대응책을 미리 마련해 둘 필요가 있다.

평소에 준비해 두면 사고나 사건이 일어났을 때에도 당황하지 않고 대응할 수가 있다. 신속하고 정확한 대응이 피해를 최소한으로 줄이는 경우도 많다.

담임은 아동의 안전을 가장 중요하게 생각해야 한다. 큰 사고나 사건에 맞닥뜨릴 확률은 매우 적다. 하지만 막상 일이 닥쳤을 때를 대비하여 준비하고, 사고가 났을 경우 신속하고 정확하게 대응하는 것이 위기관리자로서 담임의 의무이다.

(ㄱ)위기관리에 대해 다시 생각하자

1) 아동의 생명 위기라는 시점에서

위기관리에 대해 생각하기 전에 위기란 무엇인지에 대해 확인해 둘 필요가 있다.

위기에는 주로 다음 네 가지가 있다.

①아동과 아동 사이에서 일어나는 위기

②교사와 아동 사이에서 일어나는 위기

③학부모(보호자)와 아동 사이에서 일어나는 위기

④지역과 아동 사이에서 일어나는 위기

아동과 아동 사이에서 일어나는 위기란 왕따나 집단 괴롭힘, 싸움 등의 폭력행위를 말한다.

교사와 아동 사이에서 일어나는 위기에는 성추행이나 체벌, 교사에 대한 폭력 등이 있다.

학부모(보호자)와 아동 사이에서 일어나는 위기는 학대나 가출 등 가정 내의 충돌을 말한다.

　지역과 아동 사이에서 일어나는 위기는 교통사고나 등하굣길에 수상한 사람이나 범죄자와 마주침으로써 일어나는 사건 사고 등이다.

　나아가 학교의 시설·설비의 결함이나 문제 때문에 일어나는 사고 등도 있는데, 위에서 들었던 네 가지 위기는 '사람과 사람이 얽힌 아동의 생명 위기'를 말한다.

　학교와 교사는 재해가 일어났을 때는 물론이고 맡고 있는 아이들의 생명을 지킬 수 있는 상태에 있는가 하는 시점에서 위기관리를 고려해야 한다.

ㄹ) 위기는 ㅁㅁ퍼센트 이상 피할 수 있다

　그러면 네 가지 위기에 대해 어떤 자세로 임해야 할까?

　아동과 아동 사이에서 일어나는 위기일 때는 담임교사나 교과담당 교사들이 각 아동의 상태와 교내 분위기를 샅샅이 파악하고 정보를 교환해야 한다. 다양한 사람들이 정보를 모으면 아이들의 변화를 전혀 알아채지 못하는 일은 없을 것이다.

　교사와 아동 사이에서 일어나는 위기일 때는 교장을 비롯한 관리직이 직원의 상황에 주의를 기울이는 것이 중요하다. 감시가 아니라 어떤 일이 일어나기 전에 도움의 손길을 내밀 수 있는 자세를 가져야 한다는 이야기이다.

　평소 교사들과 의사소통을 원활히 하면 문제를 일으킬 만한

교사를 미리 알아볼 수 있다. 문제교사로 보는 것이 아니라 잘 못하여 어려움을 겪게 되는 상황을 미리 알아내서 조기에 대처해 주는 것이 중요하다.

학부모(보호자)와 아동 사이에서 일어나는 위기로는 학대 등을 들 수 있는데, 아동의 상태를 잘 살피는 것이 얼마나 중요한지는 말할 필요도 없다. 아이 몸에 멍이나 상처는 없는지, 옷이 더럽거나 찢어진 곳은 없는지 등등 세세한 것까지 살피는 일이 예방의 첫걸음이다.

지역과 아동 사이에서 일어나는 위기란 바꿔 말하면 지역 속에서 아동이 겪을 수 있는 위기라고 할 수 있다.

교통사고가 일어날 만한 곳이라면 가드레일을 설치해 주도록 관청과 교섭한다든지, 지역인사에게 등하굣길의 안전을 도와주도록 요청하는 방법이 있고, 수상한 사람이 나타날 만한 곳이라면 지역의 상황을 꼼꼼히 파악하여 대응책을 강구할 수도 있다.

이상의 네 가지는 어느 정도 모든 학교에서 실시하고 있는 일이라고 생각하지만, '아동의 생명을 지키기 위해서'라는 관점에서 다시 한 번 학교의 위기관리 상황을 점검해 보아야 한다. 그렇게 하면 위기는 90퍼센트 이상 반드시 피할 수 있다.

3) 위기대응의 철칙

위기상황이 닥쳤을 때는 어떻게 해야 하는지에 대해선 철칙이 있다.

그 한 가지는 '그날 안으로'이다. 어떤 위기가 닥쳤건 그날 안으로 움직이지 않으면 의미가 없다. 즉각 대응하면 설명이 되지만, 대응이 더디거나 뒤로 미루었을 경우 똑같은 이야기를 해도 그것은 핑계로밖엔 받아들여지지 않는다. 위기 때는 초기 대응이 특히 중요하다.

다른 한 가지는 '체면을 버리라'는 것이다. 아동의 생명 앞에선 학교의 체면 따위는 사소한 문제다. 아동이 위기에 빠졌을 때 자기 처지를 고려한다면 교육자가 될 자격이 없다. 설령 자신에게 불리한 상황이 된다 해도 아동의 생명을 구하기 위해서 움직이는 그런 교사여야 한다.

교육은 만사가 아동을 중심으로 돌아가야 마땅하다. 학교는 물론이고 행정도 자연재해나 사건·사고를 아동의 생명 위기로 받아들이고, 아동을 우선하는 대응을 해야 한다.

2장

교사의 유형별 숙달법

▶ 교육기술이란

(1) 열심히 공부하는 교사의 실패

당신은 메이저리그 추신수 선수의 타격방법을 흉내 내면 모든 타자가 추신수와 같은 성적을 낼 수 있다고 보는가?

이 질문에 그렇다고 대답할 수 있는 사람은 별로 없을 것이다. 어쩌면 당신은 다음과 같이 말할지도 모른다.

"무엇보다 선수에 따라 타격자세도 다르지만 근육이 발달된 부위 또한 다르다. 그러므로 추신수의 타격법을 완성하기 위한 연습자세까지 정확히 흉내 내기란 아마도 불가능할 테니, 답은 '아니오'이다."

"타격법의 원리원칙은 다른 타자에게도 적용할 수 있겠지만 그 자세 자체를 흉내 내봤자 아무 의미가 없다."

그러면 이 이야기를 교육계로 바꿔놓고 생각해 보자. 교실에선 어떨까? 최고라는 찬사를 받는 교육실천가의 방법을 무턱대로 따라 하고 있지는 않은가?

이를테면 뛰어난 교육자의 책을 읽고 그 책에 씌어진 것을, 그 실천가가 일류로 통한다는 이유만으로 무턱대고 그저 따르는 것이다.

이런 일은 누구나 한 번쯤 경험했으리라 본다. 덮어놓고 그냥 따르기만 하면 어느 부분만 따온 듯한 지도가 되므로 그 교사의 실천 문맥과 맞지 않기 마련이다.

이와 같은 실패는 새내기 교사들, 또는 열심히 공부하는 교사일수록 저지르기 쉽다.

(ㄹ) 밑바탕에 깔린 생각을 알지 못한다

책을 읽거나 세미나에 참여하는 것은 오늘날 교사들에겐 상식이라 해도 과언이 아니게 되었다. 그렇지만 그것으로도 잘되지 않는 것이 현실이다. 많은 책을 읽고, 연구회에 참가하는 교사들 모두가 교실에서 능숙하게 잘해 나가고 있는가 하면 유감스럽게도 아니다. 뭔가가 부족하기 때문이다.

그들에겐 무엇이 부족한 걸까?

어떠한 교육기술을 따르기 위해서는 일류라는 평을 듣는 교육가의 인생론이나 윤리관, 아동관 등을 접하고 그것의 '밑바탕에 깔린 사고'까지 파내려가서 교육기술을 이해해야 한다.

그런데 실패한 사람들은 그 장면에서 왜 이런 방법을 선택하고, 그와 같이 사용했는지를 뒷받침하는, 실천가의 기준이 되는 가치관에 대해 충분히 알지 못하는 것이다.

그들은 마치 교육기술이 모든 교사에게, 모든 아동에게, 어떠한 장면에서든지 유효한 것처럼 믿는 것 같다. 물론 교육실천을 어떻게든 이룩해 내고자 하는 열망은 이해하지만 진정한 능력을 기르기 위해서는 그 밑바탕에 깔린 다양한 선택지를 적절히 골라낼 수 있어야 한다.

다시 말해 교실에서 실제로 볼 수 있는 어느 한 가지의 교육기술은 다양한 요소로부터 선택된 단 한 가지의 선택지일 뿐이다.

그 점에서 '능숙하게 해내지 못하는 교사'는 교실의 실천을 무시하고 자기 계획을 고집하고 있는 것인지도 모른다. 아이들의 실태가 어떠하든, 자기의 유형이 어떻든, 벌어진 장면이 어떤 모습이든지 교사가 계획했던 대로만 지도할 수밖에 없는 것이다.

진정으로 유효한 교육기술이란, 최고라는 평을 듣는 교사의 교육기술이 아니라 어디까지나 아동의 실태에 바짝 다가가서 신중히 선택한 한 가지 방법이다. 그러므로 교사는 많은 교육기술을 익히는 한편 그것의 효과적인 운용을 위한 '밑바탕에 깔린 생각'을 갈고닦지 않으면 안 된다.

▶ 뛰어난 교육기술이란

(1) 뛰어난 교육기술을 좇아서

밑바탕에 깔린 사고방식을 연마하지 않은 교사가 있다. 아니 그는 그러한 밑바탕의 생각이 존재하는 것조차 몰랐다.

젊은 시절에 그는 교육서적을 탐하듯이 읽었다. 정확히 계산하지는 않았지만 아마도 매월 급여의 20퍼센트쯤 책을 사서 읽었다.

　그는 자기 능력이 부족하다는 것을 잘 알고 있었고, 교사로서의 능력을 조금이라도 향상시키고 싶었다. 그리고 그 바람은 꽤나 절실한 것이었다. 학급이 순조롭게 운영되고 있지 않음을 교사 나름대로 의식하고 있었고, 그것을 매우 유감스럽게 느끼고 있었기 때문이다.

　또한 자신이 맡은 학급의 현재상황을 바꿔줄 압도적이고 만능인 교육기술이 어딘가에 반드시 있으리라고 믿기도 했었다.

　그는 다음과 같은 구호에 몹시 매료되어 있었다.

　"이 정도만 알면 충분하다"

　"이것을 모르면 뒤떨어진다"

　"이렇게 하면 아이들은 놀랍도록 달라진다"

　이러한 책 제목이나 구호는 그의 부족한 능력을 보완해 주는 듯한 기분이 들게 하기에 충분했다. 지금 현장에서 고민하는 교사들도 많든 적든 이와 비슷한 마음을 지니고 있을 것이다.

　그 교사는 열심히 책을 읽고, 오로지 책에 씌어 있는 교육기술을 따랐다. 그리하여 그의 교사로서의 업무는 조금쯤은 제대로 되어나가는 것 같았으나 능숙하게 되지 않을 때도 많았다.

　그것은 왜일까? 그 답은 예나 지금이나 다르지 않다. 나 자신이 미숙하다는 점이다. 그가 따라 하여 잘되는 방법은 그가 사용할 수 있는 교육기술에 한정되어 있었다. 그가 읽어서 정확히 이해한 만큼의 기술만이 유용했던 것이다.

물론 그것만으로도 그는 교사로서 어느 단계에 올랐다고 믿었거니와 그렇게 해서 배운 것에는 가치가 있다고 생각했다.

압도적이고 만능인 교육기술은 존재하지만 그것을 사용하는 교사의 역량과 성격 유형, 아동의 실태에 따라 그 효과는 달라진다.

(ㄹ) 따라 하기 성립 요건 세 가지

이것은 훌륭한 소프트웨어가 있어도 그 소프트웨어를 스트레스 없이 사용해 내려면 그에 걸맞은 성능의 하드웨어가 필요하다는 말과 통한다.

그런 의미에서 "이렇게 하면 아이들은 놀랄 정도로 바뀐다"는 구호는 사실은 반은 맞고 반은 틀린다. 정확히는 "이 방법을 당신이 깊이 이해한 다음에 당신의 성격 유형과 아동의 실태가 100퍼센트에 가까운 형태로 일치했을 때 아이들은 놀랄 만큼 변화한다"는 표현이 맞다.

그러나 유감스럽게도 그것은 말처럼 쉽지가 않다. 그러면 어떻게 해야 상황을 호전시킬 수 있을까? 다음의 세 가지 점을 명심하자.

① 되도록 많은 책을 반복해서 읽고, 많은 기술을 도입할 것.

② 그 실천가를 직접 만나서 본인조차도 의식하지 못하는, 교육기술의 밑바탕에 깔린 생각에 근거한 행위를 의식적으로 끄집어내고 그것까지도 따라 할 것.

③교육기술을 기술 자체와 그것을 사용하는 교사의 성격 유형, 그리고 아동의 실태라는 세 가지 점에서 파악할 것.

이 세 가지가 완벽히 이루어지면 교사의 따라 하기 질은 훨씬 향상될 것이다.

①은 핵심기술을 반복해서 접하고, 그 방법을 사용할 때의 유의점까지 포함하여 받아들이라는 것이다. 핵심기술이란 실천가 자신도 의식하고 있는, 두드러진 교육기술을 말한다.

②는 주변기술을 접하라는 것이다. 예를 들면 어떤 지도의 말이 있을 때, 그 말을 어떠한 장면에서 어떠한 표정과 어조와 속도로 말했는가 하는 점이다. 흔히 실천가는 이것을 의식하지 않거나 의식한다 해도 교육기술론으로 도마 위에 올리는 경우는 드물다.

③은 교육기술을 성립시키기 위한 요건이다. 이를테면 일류라는 평을 듣는 어떤 교사가 사용하여 효과를 올린 교육기술 가운데 그 교사의 성격 유형에 힘입은 바, 또는 아동의 실태에 힘입은 바는 어느 정도인지 생각하는 것이 이에 해당한다.

(3) 성격과 교육기술

그러면 이러한 세 가지 요건은 왜 필요할까?

누구에게나 자기 성격 유형에 맞는 교육기술이란 것이 있다. 그러므로 많은 교육기술을 접하고 시도하여 자신에게 걸맞은 것만을 자신의 교육기술로 삼아야 한다.

일류라는 평을 듣는 실천가는 모두 독자적인 방식을 지니고 있다. 물론 그 방식들은 스스로 연마하고 발전시켜 온 것이다. 그러나 그 밑바탕에는 훨씬 많은 노력들이 축적되어 있다.

이렇게 생각해 보면 어떤 교사에게 맞는 훌륭한 교육기술은 일류 실천가가 지닌 '훌륭한 교육기술'과 반드시 똑같지는 않음을 알 수 있다.

뛰어난 교육기술이란 결코 고정적이지 않으며, 교육의 밑바탕에 깔린 가치관, 교육기술, 교사의 성격 유형, 아동의 실태라는 네 가지 요소가 조합되어 비로소 생겨난다.

▶ 지금부터라도 바뀌어야 한다

(1) 교육기술에 필요한 네 가지 요소
네 가지 요소에 대해 간단히 알아보자.

① '교육의 밑바탕에 깔린 가치관'이란 그 교사의 인생관, 윤리관, 교육관, 직업관, 아동관 등을 말한다. 즉 교육기술을 뒷받침하고, 어떤 교육기술을 선택하는 기준이 되는 잣대이다.

② '교육기술'이란 교육목적을 달성하기 위해 강구된, 시대성을 배경으로 한 수단과 방법을 말한다. 교육기술이 시대성에 영향을 끼친다고 하면 의아하게 생각될지도 모른다. 그러나 서당 시절의 교육기술과 컴퓨터를 다루는 교육기술이 다른 것은

너무나 명확하다. 그러므로 교육기술이 보편적이고 고정적이라는 생각이 오히려 부자연스런 사고방식이라고 할 수 있다.

③'성격 유형'이란 교사의 나이, 성별, 교과의 전문성, 지도에 능숙하거나 서툰 분야, 성격, 화법, 몸짓 등 그 교사의 분위기를 만들어내는 요소의 유형을 말한다.

④'아동의 실태'란 그 학교의 입지조건이나 거기서 생겨나는 학교나 학급의 특징, 개별 아동의 특징을 말한다.

그러나 이러한 것들은 앞으로 학급을 어떻게 운영해 나갈 것인가 하는 학년 초에서는 불가능하며, 나는 본디 어떠한 유형의 인간이며, 어떤 교사가 되는 것이 과연 나다운 생활방식인지를 고려하는 것에는 맞지 않는다.

여기서 교사의 성격 유형을 분류해 보자.

(ㄹ) 교사에게도 유형이 있다

지금까지 교사로 일하면서 특별한 학급운영 노하우를 지닌 교사, 독특한 수업을 하는 교사 등등 여러 가지 유형의 교사를 만났을 것이다. 교사들의 다양한 실천을 지금도 가까이서 보고 있을 것이다. 그중에 다음과 같은 교사는 없었는지 모르겠다.

①학급의 규칙과 운영에는 조금 부족한 면이 있지만 어쨌든 수업은 재미있으며 아이들을 매료시켜 떠날 수 없게 만드는 교사.

②수업은 그다지 우수하다고 할 수 없지만 아이들이 원만하

게 성장하고 있고, 따뜻한 분위기의 학급을 만들어가고 있는
교사.

③수업도 학급경영도 어느 한 가지 뛰어난 것이 없지만 쉬는
시간에는 많은 아이들에게 둘러싸여 있고, 아이들이 따르는
교사.

④큰 소리를 내는 것도 아닌데 아이들로 하여금 말을 잘 듣
게 만드는, 몸가짐이 매우 부드러운 교사.

⑤잘못된 행동을 하면 화내고 큰 소리로 야단치면서 지도하
는데도 아이들이 매우 따르는 열혈교사.

이와 똑같지는 않아도 비슷한 유형의 교사들을 만난 적이
반드시 있으리라 생각한다.

①은 '수업력 유형'이라고 할 수 있다. 이런 유형의 교사는 무
엇보다 아이들에게 공부를 가르치는 것을 매우 좋아한다. 약
간 강압적인 면도 있지만 수업 중에 "아, 알았다!" "재미있어
요!" "선생님은 알기 쉽게 가르쳐요!"라는 아이들의 반응을 몹

시 기뻐한다.

②는 '학급경영력 유형'이다. 이 유형의 교사는 수업시간에 아동을 가르치는 것보다 학급집단의 당번이나 부서활동, 행사 등을 통해 아이들을 이끄는 데 뛰어나다. 또한 공부보다는 인간관계 속에서 배우는 것들이 아이들에게는 더욱 중요하다고 믿는다.

③④⑤는 '인간력 유형'의 교사이다. 이런 유형의 교사는 인간적인 매력을 최대 무기로 아이들 앞에 선다. 아니, 그런 자신의 인간성이 지도의 무기가 된다는 것을 깨닫지조차 못하고 아이들 앞에 서는지도 모른다. 이런 교사는 교사로서 행동하려 하지 않아도 그 인간적 매력으로 지도를 성립시켜 나간다. 아이들에게 '저 선생님이 하는 말이라면 어쩔 수 없어. 들어야 해. 듣자'라는 생각을 갖게 한다.

이와 같이 현장에서의 교사 능력을 '학급경영능력' '수업능력' '인간적 능력' 세 가지로 나누고 그에 따라 교사의 성격도 네 가지 유형으로 나누어 생각해 보자.

물론 이들 세 가지 능력이 고르게 높다면 더 말할 나위도 없다. 그런 교사는 '복합유형 교사' '슈퍼교사'라 부르기에 걸맞다.

그러나 복합유형 교사를 지나치게 동경하는 것은 위험하다. 일류 실천가나, 가까이에 있는 동료 교사들과 자신을 비교하고 스스로를 '무능한 교사'로 단정하는 것은 유감스런 일이다.

그런 감정을 가질 필요는 전혀 없다. 그 이유는 앞의 예에서 보았던 ①~⑤의 교사들을 보면 알 수 있다.

이런 교사들은 결코 복합유형의 교사가 아니다. 극단적으로 표현하면 모자란 점이 있는 교사라고 해야 한다. 그럼에도 자신의 결점을 보완하여 어떤 좋은 점을 갖추고 있기 때문에 교사로서 충분한 소임을 다하고 있다고 할 수 있다.

물론 복합유형 교사는 훌륭하다. 그렇지만 교사 전체가 모든 것을 할 수 있는 슈퍼교사가 아니어도 무방하다. 그런 교사에게는 그 교사 나름의 장점이 있고, 그것을 충분히 인식한 뒤에 자신에게 맞는 방법을 선택하면 교사로서 능력을 발휘할 수 있기 때문이다.

(3) 당신에게 맞는 교육기술이 있다

자신의 유형을 알고, 그 유형에 맞게 자신을 연마하는 것은 쉬운 일이 아니거니와 하루아침에 이루어지는 일도 아니다. 그러나 그렇다고 해서 다른 교사와 자신을 비교하고 "나는 교사에 맞지 않는다"고 단정하는 것은 지나치게 성급하다.

당신에게는 당신에게 맞는 훌륭한 교육기술이 있다. 당신이 수많은 직업 가운데서 교사라는 직업, 아니 생활방식을 선택한 것에는 분명 어떤 의미가 있을 터이다.

그러므로 먼저 자신의 유형을 알고, 자신에게 맞는 기술을 갈고닦으며, 부족한 점을 보완함으로써 보다 충실한 교사의 길을 가기를 바란다.

▶ 유형별 단계

공부를 잘하는 아이, 공부는 잘하지 못하지만 집단놀이에서 능력을 발휘하는 아이, 둘 다 못하지만 남에게 친절하고 상냥한 아이 등. 교사의 임무는 그런 아이들의 장점을 이끌어내 아이들을 더욱 성장시키는 것이다.

그러한 광범위한 임무를 온전히 해내려면 학급경영능력, 수업능력, 인간능력의 세 가지가 필요불가결하다.

교사가 현장에서 마주치는 여러 가지 어려운 점을 들고 그 해결책을 찾아보았다.

(1) 어떻게 관찰해야 좋을지 모르겠다

관찰과 기록이 중요하다는 것은 알지만 막상 아이들을 떠올리려 하면 잘되지 않는다. 수업하기에도 바쁘다. 우선은 장면과 시간을 한정하고 관찰하는 것부터 시작해 볼까 한다.

☞ 수업시간에 맨 먼저 손을 든 아이만 기억한다. 어떤 질문을 했을 때 누가 최초로 손을 드는가? 그것이 매번 똑같은 아이라면 당신의 질문 내용이나 방법은 한쪽으로 기울어져 있는지도 모른다.

(2) 아이들의 능력을 모르겠다

아이들을 비교하고 빈정거린다든지, 부정적인 평가를 하는 것은 분명 나쁘다. 그러나 비교함으로써 교사가 인식을 가질 필요는 있다. 비교하지 않으면 학급집단을 평가하기가 어렵기 때문이다.

☞ 어떤 활동을 하게 할 때, "선생님이 전에 맡았던 학급은 ○분에 해냈다"는 이야기를 해본다. 그 '○분'을 넘어설 수 있을 것 같은 시기를 가늠하여 말하는 것이 핵심이다. 기록은 다시 세우기 위해서 존재한다는 자세로.

(3) 어떤 수준으로 지도해야 할지 모르겠다

학급의 초기단계라면 학습지도를 상위층을 중심으로 전개하는 것이 좋다. 학습에 뒤떨어진 아동을 방치한다는 뜻은 아니다. 오히려 상위를 모델 삼아 하위를 끌어올린다는 취지이다.

☞ 학급경영의 초기단계 수업에선 상위집단을 단련하는 것이 중요하다. 발표나 노트필기, 학습태도에 이르기까지 '잘하는 아이'를 지목하고 칭찬하며 전체에 소개하자. 그것이 1년 동안의 학습모델이 된다.

(4) 반발할 것 같아 걱정된다

교사는 일반적으로 성격이 차분하고 온순한 사람이 많아서 아이들의 요청을 거절하면 아이들이 상처를 받거나 반발하지는 않을까 걱정한다. 그러나 반드시 안 된다고 말해야만 하는 순간이 있다. 받아들이기 쉬운 화법을 생각해 보자.

☞ 규칙이나 규율에 대한 질문이나 의견이 나왔을 때는 원칙적으로 교사가 판단을 내린다. 그러나 그것이 왜 그런지는 아이들로 하여금 생각하게 해야 한다. 그렇게 해야 일방적으로 강요당한 느낌을 갖지 않게 되고, 아이들도 이해하기 쉽다.

(5) 즉석에서 판단할 수가 없다

아이들이 반복적으로 내놓는 얼마쯤 무리인 요청을 쉽게 이해시켜 가면서 부정하기는 어렵다. 때로는 그냥 경청하기만 하면 어떨까? 의외로 아이들 자신이 '안 되겠구나' 생각하는 경우도 많다.

☞ 즉석에서 판단할 수 없는 질문이 나왔을 때는 긴 호흡을 하여 평정을 찾고, "어째서?" 하고 물어보자. 그때 비로소 개인적 사정을 말하는 경우도 많다. 판단은 그것을 충분히 들은 뒤에 하면 된다.

(6) 어디를 보아야 할지 모르겠다

아이들의 변화, 평소의 상태와 다른 점을 파악하는 능력은 교사의 경험이 얼마나 풍부한지에 달려 있다. 처음엔 무조건 아이들과 눈을 맞추고, 조금이라도 이상하다는 생각이 들면 일단 말을 붙여보아야 한다.

☞ 교사와 눈을 맞추지 않으려는 아이가 있으면 즉각 관심을 가져야 한다. 쉬는 시간에 조용한 곳으로 불러내 "선생님한

테 무슨 할 말이 있니?" "어려운 점은 없어?" 하고 그 아이에게 맞는 말을 골라서 건네 보기 바란다.

(ㄱ) 무거운 분위기를 견디지 못하겠다

월요일 아침에 분위기가 무겁다는 상상만으로도 발걸음이 잘 떨어지지 않는다면 교사도 즐거워질 만한 방법을 찾아보자. 교사와 아이들이 간단한 내기나 놀이를 하는 것도 좋다.

☞ 월요일 아침엔 시작부터 가위바위보 대회를 열어보자. 보통의 규칙으로 몇 번쯤 시킨 뒤에 '나중에 내기 가위바위보' '나중에 내고 지기 가위바위보' 등 이리저리 바꿔가는 사이에 교실의 분위기는 밝아진다.

(ㅂ) 아이들이 이야기를 듣지 않는다

학급의 아이들이 이야기를 듣지 않아 힘들어하는 교사들이 있디. 이야기하는 기술이나 내용은 경험에 의해 날이 갈수록 연마되는 법이다. 급한 개선은 어렵다. 먼저 이야기하는 방법을 바꿔보면 어떨까? 중요한 것은 이야기를 '보여주는' 것이다.

☞ 강한 힘을 연출할 때는 '주먹으로 가슴을 친다', 걱정하고 있다는 메시지일 때는 '손바닥을 살며시 가슴에 댄다', '어쩌면 좋으니?' 또는 '어떠니?' 하고 물을 때는 '양 손바닥을 위로 향한다'. 이야기할 때는 그 이야기가 보이도록 손도 따라서 움직여주면 좋다.

(⺤) 아이들의 집중력이 오래 지속되지 않는다

아이들의 집중이 지속되지 않는다는 이야기를 자주 듣는다. 처음엔 듣고 있다가도 이내 손장난을 시작한다. 이것은 아이들이라면 어쩔 수 없는 일이다. "집중하거라" 말하기보다는 집중하고 있음을 인정해 주는 것이 중요하다.

☞ 이야기를 시작했을 때 아동이 교사를 주시하고 있었다면 반드시 1초 동안 눈을 마주치고 마음속으로 "고맙다"고 말하자. "고맙다"고 말하면 자연스레 감사의 표정이 된다. 이것은 아이들로 하여금 자신이 받아들여지고 있다는 느낌을 높여준다.

(⺤) 이야기가 매끄럽지 못하고 서투르다

설명하는 방식이나 화법에 서툴러서 아이들이 집중하여 듣지 않는다며 자신 없어하는 교사도 있을지 모른다. 확실히 교사로서 화술을 향상시키는 것은 중요하다. 하지만 기술이 없어도 아이들을 매료시키고 집중하게 할 수가 있다.

☞ "고맙다" "네 덕분이야" "몹시 기쁘구나" "그런 방법을 선생님은 몰랐구나" 등등 아이들에게 깊은 애정을 나타내는 말을 함으로써 그 아이는 물론 주위의 집중력도 높일 수가 있다.

(11) 수업 분위기가 나빠질까봐 못 하겠다

연필을 쥐는 방법, 자세, 말하기와 듣기 등에 대해 지적하고 지도하다 보면 끝이 없다. 모처럼 좋아진 분위기를 망칠까봐 걱정하는 선생님도 많다. 사실은 꾸중하고 야단치는 것은 아이들의 행동개선을 위한 방법의 하나이다. 다른 방법이 있다면 그걸 써도 괜찮다.

☞ 수업시간에 나쁜 자세 등의 사소한 문제행동에는 직접 주의를 주지 말고 이웃 아이를 칭찬하자. 그것으로 행동이 개선되었다면 "어! ○○도 좋아졌구나. 바람직한 행동을 따라하는 것도 아주 가치가 있는 일이란다" 칭찬해 준다.

(12) 잔소리꾼 선생님이 되었다

학급이 엉망이 되기 전에 엄격하게 지도해야 한다고 굳게 마음먹은 나머지 잔소리가 많아지는 선생님. 그런 책임감은 물론 중요하다. 하지만 아이들의 판단을 좀더 믿어주고, 아이들의 힘을 빌려도 괜찮지 않을까?

☞ 학급운영이 중반에 접어들었다면 늘 교사의 판단으로만 지도할 것이 아니라 문제에 대해 사정을 들어본 뒤에 주위의 아이들에게 의견을 물어보는 것도 좋다. 그 의견에 대해선 다시 본인에게 "어떻게 생각하니?" 묻는다.

(13) 같은 아이에게 계속 엄격하게 대하게 된다

늘 같은 아이, 말썽쟁이에 대해 주위 아이들이 거듭 불만을 제기하므로 엄격히 지도해야 한다는 것은 그 아이에게도, 또 교사에게도 스트레스가 된다. 사소한 일은 그 아이에게 말하지 말고 교사가 처리하는 것도 때로는 괜찮다.

☞ 말썽쟁이 아이 문제로 불만이 제기되면 사정을 잘 들어보고 사소한 일일 때는 "선생님이 나중에 알아듣도록 이야기할게. 안됐구나. 기분이 언짢았지?" 하고 대신 사과한다. 그 모습을 말썽쟁이 아이에게 보이기만 해도 충분히 효과를 내는 경우도 있다.

(14) 질문을 받다보면 나도 모르게 너그러워진다

일단 설명한 것이라도 아이들이 다시 질문하면 약해진다. 개별적인 사정을 감안해 규칙을 무너뜨리는 판단을 하게 된다. 이런 고민은 상냥하고 친절한 교사에게 많다. 그러나 의연한 교사를 아이들이 싫어하지는 않는 것 같다.

☞ 전에 설명한 것을 아동이 다시 질문하는 경우가 있다. 그

렇게 해서 원칙을 무너뜨리고자 하는 것이다. 그런 경우엔 "전에 설명했지? 선생님은 일단 말한 것을 바꾸지 않는단다" 하고 의연하게 대응한다.

(15) 성격에 맞지 않는다

엄격하게 야단치지 않는 선생님도 있을 것이다. 또한 그것 때문에 아이들이 만만히 볼 것 같다며 불안해할 수도 있다. 그러나 온화한 성품이라도 '이것만은 용서치 않는다'는 부분이 있으면 아이들은 교사를 인정한다. 중요한 것은 '당근과 채찍'을 구분하여 사용하는 것이다.

☞ 너그럽기만 한 교사에게 아이들은 존경심을 갖지 않지만, 엄격하기만 한 교사 역시 마찬가지다. 엄격함이란 그 교사의 실천 전체 속에서의 상대평가이다. 엄격한 부분을 두드러지게 하고 싶다면 재미있고 밝은 지도가 기본이다.

(16) 칭찬하면 되는 줄 알았다

아이들은 기회가 있을 때마다 칭찬하자. 하지만 거기엔 함정도 있다. 칭찬이 지나치면(칭찬방식에 따라 다르지만) 아이들은 그것을 진지하게 여기지 않고 허풍으로 받아들이거나, 수준이 낮은 방법으로 칭찬하면 오히려 바보 취급을 당했다고 느끼기도 한다.

☞ 높은 수준에 도전하게 하는 것이 효과적이다. 때로는 아

주 턱없이 높은 기준을 설정하는 것도 좋다.

(17) 무심결에 칭찬하게 된다

칭찬하는 것이 습관이 되어 있다면 그것은 아주 좋은 습관이라고 할 수 있다. 그러나 아이들을 성장시킨다는 면에서 생각하면 아이들을 믿고 맡겨보는, 칭찬받지 않아도 자기들끼리 해보는 상황의 설정도 필요하다.

☞ 아이들과 알찬 시간을 보내 활동이 궤도에 오르기 시작하면 슬슬 "오늘 선생님은 참여하고 싶지 않다" "뒤에서 보고 있을 테니" "복도에 있을 테니" 식으로 아이들끼리만 해보도록 지시한다.

(18) 몹시 당황한다

젊은 교사는 특히 이것도 가르치고 싶고, 저것도 알려주고 싶은 마음이 앞서다 보면 결국 빠른 어조로 설명하게 되는 경우가 있다. 경험이 많지 않으므로 그것은 매우 당연한 일이다. 그렇지만 앞으로는 꼭 가르치고 싶은 것을 직접 뽑아내어 수업 시간에 다루도록 하자.

☞ 수업시간에 가르쳐야 할 내용을 대담하게 잘라낼 수 있다면 당황이 원인이 되어 말이 빨라지는 것을 막을 수 있다. 수업 전에 '반드시 가르쳐줘야 하는 세 가지'를 뽑아낸 다음 수업에 임하자.

(1ㄲ) 판서할 게 너무 많다

교사는 미리 예상하고 있는 판서사항 말고도 아이들의 발표 내용도 칠판에 써야 한다. 그렇게 하다 보면 판서내용이 방대해지고, 아무래도 급히 쓰게 된다. 수업 중에 허둥대지 않도록 판서내용을 정밀하게 뽑아놓으면 어떨까?

☞ 판서에 어려움을 느낄 때는 아이들이 직접 판서하게 하거나, 또는 듣고 쓰기로 바꿔보면 어떨까 한다. 아이들은 칠판에 글씨쓰기를 좋아하거니와, 듣고 쓰기는 보고 쓰기와 마찬가지로 아이들이 익혀야 하는 바람직하고 중요한 학습기능이기 때문이다.

(2ㄲ) 할 일이 너무 많다

수업은 잠시도 숨 돌릴 틈이 없는 전쟁이다. 교재와 교구의 준비, 게시, 자료의 배부, 시간관리에 이르기까지. 혼란 없이 원활하게 수업을 진행하는 교사가 마치 초인처럼 보일지도 모른다. 그러나 그런 것들 모두를 반드시 교사가 담당해야 하는 것은 아니다.

☞ 인쇄물을 꺼내오는 담당, 자료를 모으는 담당, 판서를 돕는 담당, 수업종료 3분 전에 알려주는 담당 등 교사가 바쁘게 서두르지 않아도 되도록 학급 시스템을 만들어 놓는다. 그런 것들이 아이들을 성장시키는 기회가 된다.

(리) 먼저 이해를 시켜야 한다는 압박감이 있다

교사로서의 양심과 정의감 때문인지 지시하고 행동하게 할 때는 반드시 충분히 이해시킨 다음이어야 한다고 믿지는 않는가? 그것도 옳다. 그렇지만 결과적으로 그것이 지시 전의 설명을 길게 만들거나, 활동을 지연시키는 원인이 되어 아이들에게 제대로 전달되지 않는 경우도 있다.

☞ 지시를 짧게 하려면 우선 "~하거라" 행동에 대한 지시만을 하자. 그리고 "잘했다. 방금 한 활동은 ○○한 의미가 있단다" 하고 추후 해설을 해주자.

(22) 교실을 어슬렁거린다

아이들을 마주 보고 지시를 내린다든지, 책상 사이를 돌아다니다가 알아낸 것을 교실 뒤쪽에서 지시를 내린다. 30명이 넘는 아이들을 교사 혼자서 대응하려면 어쩔 수 없다. 그렇지만 전원에게 전달해야 할 것은 교실의 중앙에서 전체에게 지시를 내려야 효율적이다.

☞ 교실 앞쪽 중앙의 바닥에 스티커나 펜으로 표시를 해놓는다. 아이들 전체에게 이야기할 때는 반드시 그곳으로 가서 이야기하는 습관을 들이면 좋다. 한 달만 지나면 그 표시는 아마도 불필요해질 것이다.

(23) 잘못을 고치게 하기가 두렵다

교사가 될 정도의 사람이라면 기본적으로 아이들의 마음을 깊이 고려하는 사람이다. 상처주지 않도록, 실수하지 않도록 수업을 진행한다. 그렇지만 그것으론 아이들의 능력이 신장되지 않는다. 잘못은 바로잡고, 잘못된 이유를 설명하게 하는 등 오답을 활용하는 방법도 고려하자.

☞ 오답이 나오면 "○○가 왜 그렇게 생각했는지 ○○의 마음을 알 수 있는 사람?" 하고 말하여 오답의 이유 설명을 주위 아동에게 하게 한다. 이렇게 함으로써 아이들의 실수가 한층 줄어든다.

(24) 아이들이 기다리기 싫어한다

아무 할 일이 없더라도 잠깐의 시간은 남에게 피해를 주지 않으면서 기다릴 수 있어야 한다. "아직 못한 사람을 기다려주는 것도 중요한 공부란다" "기다리는 것은 배려이다"라는 점을 아이들에게 가르치자.

☞ "지금부터 2분 동안만 말하지 말고 기다리거라" 말하고 알람을 맞춘다. 알람이 울릴 때까지의 시간에 더딘 아이를 지도한다. 교사도 아이들도 작지만 성취감을 느낄 수 있다.

(25) 지적만 하게 된다

공책을 확인할 때면 잘못한 것에 대한 지적만 하는 교사가 적지 않다. 공책필기가 서툰 아이의 경우 어디를 칭찬해야 좋을지 모르겠을 때에는 '잘 쓴 공책의 기준'에 적용하기를 그만두고 그 아이의 성장을 함께 확인하고, 함께 기뻐해 주자.

☞ 아이들이 공책을 갖고 나오면 사뿐히 앞 페이지를 열어본다. "여기가 전에 비하면 어떠니?" 하고 묻자. 아이가 "나아졌다고 생각해요" 답하거든 "그렇구나" 동의하면서 동그라미표를 해준다.

(26) 시간과 품이 드는 일은 피하게 된다

무슨 일이 일어날지도 모른다는 생각이 들기는 하지만 어찌어찌 하다 보면 대책을 찾는 일에 게을러지거나, 시간과 품이 들 것 같아서 피하기도 한다. 그런 당신은 아이들과 조금이라도 더 자주 만나고 이야기를 나누어야 한다는 것을 명심하자.

☞ 교사와의 관계가 서먹한 아이가 있으면 그냥 다가가서 머리를 쓰다듬어 주자. 이거라면 쉽게 할 수 있을 것이다. 고학년이 되면 싫어하는 경우도 있지만 저학년이면 날마다 책상 사이를 돌아다니면서 자꾸 가까이하다 보면 마음이 서로 통하여 불의의 사태가 쉽게 일어나지 않게 된다.

(27) 용납하지 않게 된다

몇 번이나 가르쳐주었는데도 똑같은 실수를 하는 아이, 말썽을 일으킨 아이를 끝내 '용납할 수 없다'는 생각이 들기 마련이다. 그러나 주의를 주어도 계속해서 잘못을 되풀이할 때는 그 주의 자체가 어쩌면 잘못된 것인지도 모른다.

☞ 문제를 일으킨 아이를 '나쁜 아이'로 평가하지 않는다. 그 아이가 어떤 이유에서 곤경에 처했기 때문에 저지른 실수라고 생각하고 본인과 주위의 아동에게 물어보자. "어떻게 했더라면 이렇게 되지 않았을까?"

(28) 아이들의 변화를 알아채기가 어렵다

알아채는 능력이란 것도 사람마다 다르므로 아동의 변화를 재빨리 알아채지 못한다고 해서 무능한 교사라고 말할 수는 없다. 그런 교사도 시간을 한정하고 특히 유심히 살핌으로써 아동의 변화를 알아챌 수가 있다.

☞ 새로운 신발, 새 옷에 가방, 새로운 머리모양. 이런 것들은 월요일에 나타나는 경우가 많다. 특히 월요일에는 눈을 크게 뜨고 아이들을 관찰하도록 하자. 새로운 것이 눈에 띄면 자연스럽게 한마디 하자. "잘 어울리는구나."

3장 학과별 수업 만들기

▶ 즐거운 국어과 수업 만들기 Ⅰ
언어활동이 충실한 학습공간의 구축

(1) 국어시간은 여유롭게 보낸다

중학교에 입학한 학생들에게 국어과 수업의 인상을 물으면 '여유로운 시간', '약간 따분한 시간'이라는 대답을 많이 한다. 교육과정의 개정으로 나아지기는 했지만, 대체로 국어과 수업은 아직은 읽기가 중심이고 비교적 한가로운 시간이다. 그것이 따분함으로 이어지기도 한다. 성취감도 별로 없고, '국어는 공부하나마나 똑같다'는 의식을 갖고 있는 학생도 적지 않다.

(2) 언어활동의 충실을 도모한다

국어과 수업의 느리고 한가한 시간의 흐름은 어디서 오는 것일까? 그것은 언어활동이 충실하지 않는 데서 기인하지 않을까? 언어활동이 충실하지 않기 때문에 그냥 책상 앞에 얌전히 앉아 있기만 하면 어떻게든 지나가는, 국어수업은 학생에게 그런 시간이 되어 있는 것은 아닐까?

국어시간을 듣기(주체적·능동적으로 듣기), 말하기, 쓰기, 읽기 활동이 수업 곳곳에 알맞게 배치되어 있고, 학생의 주체적인 학습이 요구되는 충실한 시간으로 바꿀 수는 없을까?

언어활동을 충실하게 하기 위해서는 다음과 같은 노력이 필요하다.

①읽기에 편중되어 있는 국어과 수업을 개혁하고, 듣기와 말하기, 쓰기 학습을 충실하게 한다.

②수업의 틀을 정하고 학생의 언어활동의 장을 마련해 나간다.

③수업노트를 활용하여 언어활동의 장을 일상적이고 지속적으로 확보한다.

④개별학습과 2인 1조 학습, 조별학습을 적절하게 도입한다.

⑤종합적인 학습과 학교행사 등과 연결한 교육과정을 조직하고, 교실에 머무르지 않는 살아 있는 언어활동의 장을 만든다.

⑥자기평가를 중시한 언어활동 평가를 명확히 한다.

(3) 읽기에 편중된 국어수업의 개혁

지금까지 국어과 수업은 읽기 중심으로 이루어져 왔다. 최근 교육과정의 개정으로 음성언어지도와 작문지도가 충실해지고 있기는 하지만 여전히 국어시간의 대부분은 읽기가 차지한다. 이것은 교과서 교재를 앞에서부터 순서대로 가르친다는 발상과 불가분의 관계로 이어져 있고, 국어수업이 교사주도형의 수동적 경향을 띠게 하는 원인이다.

이러한 실태를 바꾸기 위하여 듣기, 말하기, 쓰기 학습을 더욱 충실히 할 필요가 있다. 그러려면 먼저 앞에서 말한 교과서를 순서대로 가르친다는 발상부터 바꿀 필요가 있다. 음성언어와 작문지도에는 교과를 그대로 사용하는 것이 적절치 않은 경우가 많다. 학습자의 실태와 지역의 특수성을 고려한 자주(自主)편성교재의 작성이 요구된다.

학생이 눈을 반짝이며 적극적으로 학습활동에 참여할 수 있는 교재의 개발을 추진하고, 음성언어지도와 작문지도를 충실히 하여 즐거운 국어과 수업을 만들어 나갈 필요가 있다.

(4) 수업의 틀을 정한다

수업의 틀을 정하는 것은 학습자의 언어활동을 수업 안에 명확히 자리잡게 하는 데 매우 중요하다. 그것은 특히 듣기와 말하기의 학습의 장을 빈틈없이 조직하기 위해서도 빼놓을 수 없다.

학생이 저마다 하고 싶은 말을 마음껏 하도록 놔두고, 지명을 받아도 앉은 상태에서 작은 소리로 단어만 중얼거리는 것을 방치하면 수업은 편안하겠지만 언어능력이 길러지지 않는다. 충실한 언어활동의 장이 조직되지 않는 것이다. 다음과 같은 약속을 정하여 수업을 진행한다.

○ 지명을 받으면 자리에서 일어선다.
○ 가장 먼 자리에 앉은 급우 쪽을 향해, 그곳까지 잘 들리는 목소리로 말한다.
○ 높임말을 쓴다.
○ 급우의 발표를 듣고 요점을 기록한다.

이것은 모두 당연한 일들이기는 하다. 그렇지만 당연한 것을 제대로 해냄으로써 언어활동의 장이 보장되고, 수업에 적절한 긴장감이 생겨난다. 그것이 진정한 의미에서의 즐거움으로 이어지는 것이다.

(5) 수업노트의 활용

수업노트는 언어활동의 장을 일상적이고 지속적으로 확보하기 위한 매우 효과적인 방법의 하나이다. 노트에 기록하는 활동을 통하여 쓰기 능력을 높일 뿐만 아니라 의식적으로 듣기 좋은 환경을 만들어 듣기 능력을 단련하는 것이다. 다음과 같은 노트필기 방법을 학생들에게 제시하고 수업에서 철저하게 지도해 나간다.

> ○발표의 요점을 정리하여 수업노트에 발표자의 이름과 함께 기록한다.

학생은 교사가 판서하기를 기다렸다가 그것을 받아 적는 것이 아니라 급우의 발표 요점을 스스로 정리하여 쓴다. 물론 처음엔 한 번만 듣고 정리해 내지 못하는 학생들이 많다. 그럴 때는 학습자 스스로 "다시 한 번 해주십시오" 요청하게 한다. 목소리가 작다든지, 말이 빠른 경우에도 "좀더 큰 소리로 부탁합니다" "천천히 말해 주십시오" 등등 요구토록 한다.

교사가 이해하기 쉽도록 복창해 주는 것은 적극 피해야 한다. 이렇게 함으로써 말하기 능력도 기를 수 있다.

노트를 활용한 이와 같은 학습을 쌓아나감으로써 '듣기가 가능한 학습집단'이 육성된다. 모두가 자기 의견을 진지하게 들어주고 있다는 느낌이 발표자에게 힘을 북돋아주고, 그것이 활발한 발표 동기를 자극한다. 풍부한 언어활동의 장이 확보되고, 그것이 즐거운 국어교실로 이어지는 것이다.

노트에는 듣기와 쓰기만이 아니라 생각이나 감상도 쓰도록한다. 이와 같은 쓰기작업을 계속하다 보면 마침내 무시 못 할능력이 된다.

(ⓑ) 다양한 학습형태

학습형태를 짜내는 것도 언어활동의 장을 확보하고, 국어교실의 활성화에 매우 중요하다. 일제수업 일변도의 지도로는 아무래도 발표하는 학생이 한정되기 쉬우며, 교사주도의 수업 가운데서 대부분의 학습자가 수동적이 되고 만다.

개별학습이나 2인 1조 수업, 조별학습의 장을 적절하게 배치하여 언어활동의 장을 확보할 필요가 있다.

조별학습을 원활하게 진행하기 위해서는 사회(司會) 지도도 중요한 핵심이 된다. 모든 학생이 사회자로서 토론을 진행해 나갈 수 있도록 지도해야 한다.

(ㄱ) 교육과정의 조직

국어과 수업만으로는 생생한 언어활동의 장을 조직하기 어렵다.

예를 들면 인터뷰 능력을 기르기 위해서는 가능하면 급우나 교사 이외의 타인을 대상으로 하고, 긴장감 있는 분위기에서의 언어 주고받음이 요구된다. 발표도 학급 내에서 할 것인가, 전교 학생 앞에서 할 것인가, 또는 가족이나 학교 관계자 이외의 사람들을 대상으로 할 것인가에 따라 얻어지는 학습효과는 크게 다르다.

국어수업에서 습득한 사항을 공개된 장소에서 활용하고, 확실하고도 풍부한 언어능력으로 정착시키기 위해 국어과와 학교행사, 종합적인 학습시간 등을 결합한 교육과정을 조직하여 의욕 넘치는 언어활동의 장을 설정해 보자.

(ㅂ) 자기평가를 중시한 수업

자기평가를 명확히 자리잡게 하는 것도 중요하다. 자기평가를 중시함으로써 국어과 수업의 형태가 바뀌고, 언어활동이 충실해진다.

자기평가가 제 기능을 하게 하려면 학습목표가 뚜렷하고, 학생들이 스스로 깨우칠 수 있는 수업이 요구된다. 그것은 나아가서는 학습자 자신이 목표를 세우고 스스로 공부하는 수업으로 이어진다.

자기평가를 중시한 수업에선 하나의 정답을 요구하지 않으며, 다양한 생각을 인정하는 방향으로 나아간다. 결과뿐만 아니라 과정이 중요해진다. 이와 같은 자기평가 도입을 통한 노력이 국어교실을 언어활동이 충실한, 주체적이고 즐거운 학습의 장으로 바꿀 것이다.

즐거운 국어시간을 만들기 위한 노력은 매력적인 교재의 개발, 수업의 전체적 구조의 수정 등도 중요하다. 또한 구체적인 수업실천의 제시도 요구된다.

▶ 즐거운 국어과 수업 만들기 II
출판학습을 권한다

(1) 즐거움은 왜 필요한가

교사가 아무리 수업을 정성껏 준비해도 학습자인 아동이 시키는 것을 하고 있다는 느낌을 받는 상태에선 나오는 것은 '아둔함'뿐이다. 반대로 학습자인 아동이 즐겁게 느끼면 아동의 지혜는 펑펑 솟아나 교사가 예상치 못했던 능력을 발휘한다.

이것은 아이들에게만 해당되지 않는다. 어른도 그러하다. 똑같은 일이라도 관리직이 시켜서 한다는 생각으로 하면 나오는 것은 한숨과 푸념뿐이다. 관리직의 험담을 하면서 스트레스를 해소하는 것이 고작이다. 그러나 자신에게 온전히 맡겨진 일이라고 느끼면 그 일이 즐겁게 여겨져 희한하게도 기발한 생각들이 샘솟고, 계속해서 창의적인 개발을 하게 된다.

즐거움은 지성의 원동력이다. 그러므로 수업에서 즐거움은 반드시 필요하다.

(ㄹ) 수업의 즐거움이란

그럼 어떤 때에 수업을 즐겁게 느끼는 것일까? 다음과 같은 때이다.

① 자기 흥미와 일치할 때
② 향상을 실감할 수 있을 때
③ 학습활동의 유용성을 느낄 때
④ 문제해결에 도전할 때
⑤ 주위로부터 인정을 받을 때
⑥ 누군가에게 도움이 된다고 느낄 때

아이들이 컴퓨터게임에 열중하는 것은 자기의 흥미와 일치하는 데다 열심히 하면 향상을 피부로 느낄 수 있기 때문이다. 또래에게서 굉장하다는 인정을 받으면 자기존재감도 증가한다. 자기가 만들어낸 공략법을 친구에게 전수해 주면 자기유용성도 높아진다. 그래서 더욱 열심히 하게 되는 것이다.

즐거운 수업을 만들기 위해 교사는 신기한 소재를 곧잘 내어놓거나 한다. 확실히 잠깐은 흥미를 보인다. 그러나 그것뿐이라면 이내 즐거움은 줄어든다. 향상감, 유용감, 도전의식, 자기존재감을 학습활동 속에서 실감하지 못하면 즐거움은 지속되지 않는다.

학습활동 전체가 즐거움을 보장하는 구조로 짜여 있어야만 한다. 코앞의 즐거움에 얽매여선 안 되는 것이다.

(3) 즐거운 출판학습

출판학습은 출판물(책)로 만들어낼 목적으로 편집을 중심에 둔 학습활동이다. 미국 유럽에선 일상적으로 하고 있다. 출판이라고 해서 거창하게 준비할 필요는 없으며, 스스로 한 권의 책으로 정리하는 과정에서 즐거움을 느끼면 충분하다. 그리고 독자도 학부모나 학교의 친구면 된다.

출판학습에는 다음과 같은 장점이 있다.

① 목적이 뚜렷하다.
② 상대의식이 뚜렷하다.
③ 자기선택이 가능하다.
④ 사회적 유용성을 인지할 수 있다.
⑤ 개개의 학습량이 보장된다.
⑥ 학습결과에 대한 반응을 누리고 즐길 수 있다.

(4) 모든 학년에서 출판학습은 가능하다

다양한 출판학습은 어느 학년에서건 전개할 수 있다. 예를 들면 다음과 같다.

아이들에게 여러 시집을 읽게 한 뒤에 좋아하는 시를 모아서 선집을 만들고, 학생들의 자작시도 덧붙인다. 문학교재의 연구 사전을 만든다. 좋아하는 단편만화를 문장화하여 소설책을 출판한다. 자기 학교의 자랑거리를 찾아내어 아동판 학교요람을 만들어 내년도에 입학할 학부모에게 나누어준다.

출판이라는 목적이 있기 때문에 아이들은 의욕적으로 임한다. 그 에너지를 이용하면 효과적인 지도를 기대할 수 있다.

▶ 즐거운 사회과 수업 만들기
토론수업을 하자

아이들이 생각을 하도록 만드는 가장 좋은 방법은 대화에 참여시키는 것이다. 토론수업은 가르치기보다 아는 것을 이끌어 내는 일에 가깝다. 아동은 질문에 대답하면서 스스로 해결책을 찾아가기 때문이다. 아이들에게 '대화'란 곧 '수업이자 교육'이다.

교사가 질문을 잘하려면 먼저 잘 들어야 한다. 그래야 아이들이 한 발짝 나아가 깊이 생각할 거리를 던져줄 수 있다. 일상생활에서도 사회과의 목표에 맞는 토론 주제를 쉽게 찾아볼 수 있다.

여기서 주의해야 할 점은 아이들의 생각이 정확하게 맞지 않더라도 "틀렸다"고 바로 말하지 말라는 것이다. 경청과 인내심의 미덕은 훌륭한 교사뿐만 아니라 좋은 부모가 되기 위해서도 필요하다.

아이의 생각이 다른 사람의 의견과 반드시 같아야 할 이유가 있는가. 나를 포함한 다수의 생각과 다르더라도 아이의 이야기를 끝까지 귀담아들어라. 그러면 아이는 자연스럽게 자신의 생각을 논리적으로 말하는 힘을 기를 수 있다.

토론수업을 통해 아이들은 자신의 의견이 중요하며 진지한 생각이 필요하다는 사실을 깨닫게 된다. 충분히 생각하지 않으면 자신의 의견에 또 다른 질문이 던져질 수 있다는 것도 경험한다. 더불어 다른 사람의 의견을 존중하는 법도 배울 수 있다.

(1) 토론은 누구든지 할 수 있다

토론을 높은 수준의 수업으로 알고 있지만, 공부를 하면 누구든지 할 수 있다.

먼저 토론을 하고 싶다는 강한 바람을 가져야 한다. 바람을 가지면 공부에도 힘이 실린다. 수많은 책을 읽고, 세미나에도 적극적으로 나가게 된다.

물론 처음부터 잘하게 되지는 않는다. 그렇지만 첫걸음을 떼지 않으면 아무것도 시작되지 않는다.

(2) 수준에 맞는 주제를 정한다

중학년에서 교통사고 예방에 관한 수업을 할 때는 반드시 다음 질문을 사용하여 토론을 조직한다.

○교통경찰관과 도로표지판 가운데 교통사고를 막기 위해 더 중요
한 것은 무엇일까?

이 질문에 답은 없다. 아이들이 토론을 전개해 나감으로써 경찰관이 하는 일과, 도로표지판의 기능을 알아가는 것이 목표이다.

이렇게 사회과의 토론에서 중요한 점은 근거가 되는 정보를 아이들에게 충분히 축적시켜 놓는 것이다. 근거가 없으면 토론은 성립하지 않는다. 아이들은 생각을 기록하는 단계에서 멈칫하게 된다.

교통사고를 둘러싼 이 토론의 경우는 최종적으로 다음이 논점이 된다.

○교통경찰관은 법규를 위반한 사람이나 운전자에게 주의를 주거나 체포할 수 있다. 그러므로 교통사고를 막을 수가 있다. 도로표지판은 그렇게 하지 못한다.
○도로표지판은 필요한 곳에 반드시 있다. 그것도 24시간 내내 그 장소에 있다. 그러므로 교통사고를 예방할 수가 있다. 경찰관은 그렇게 하지 못한다.

(3) 관찰에 나선다

도로표지판에 대한 정보의 축적에 대해 알아보자. 교사는 아이들을 데리고 학교 주변을 걷는다. 학교 주위에 있는 도로표지판을 발견하게 하기 위해서이다.

발견한 표지판의 간단한 그림을 공책에 그리게 하고, 교실에서 그것들을 발표하게 한다.

중요한 것은 실제로 걷는 것이다. 아이들은 겨우 몇 백 미터의 거리에 매우 많은 도로표지판이 있음을 깨닫는다. '있지만 보이지 않는 상태'였음을 알게 하는 것이다.

한편 교통경찰관이 하는 일에 대해서는 부교재를 사용하여 미리 학습한다. 왜냐하면 경찰관이 하는 일에 대해선 아이들이 동네에서 직접 보기도 하고, 텔레비전에서도 방영되기 때문이다. 부교재를 사용하여 그것을 상기시키면 된다.

(4) 차례를 중시한다

정보를 충분히 모았다면 토론에 들어간다. 처음엔 모든 아이에게 생각을 갖게 하는 것이 중요하다.

먼저 과제를 제시하고, 노트에 생각을 적게 한다. 경우에 따라서는 "나는 ○○라고 생각합니다. 왜냐하면……" 식으로 생각을 정리하는 방법을 보여줄 필요도 있다.

생각을 쓰게 했으면 노트를 갖고 나오게 한다. 이때 중요한 것은 어떤 생각을 갖고 있는지를 확인하는 게 아니라 생각을

쓰지 못하는 아이에게 조언하는 데 있다.

"답만이라도 쓰거라."

"왜 그렇게 생각하니?"

이렇게 생각을 물어보고 노트에 쓰게 한다.

이어서 생각의 분포를 정리한다. 손을 들게 하여 교통경찰관 O명, 도로표지판 O명으로 확정한다.

이로써 전체 아동이 둘 중 어느 하나의 생각을 갖고 토론에 참가할 수 있게 된다. 주관 없이 적당히 하면 토론 때 딴짓을 하는 아이가 생긴다.

(5) 신이 나서 토론한다

이어 책상을 마주보게 한다. 이것도 매우 중요하다. 앞으로 토론에 들어간다는 분위기를 조성하는 것이다.

먼저 소수파의 의견을 듣는다. 발언에 저항이 있는 학급에선 "노트에 적은 대로 읽거라" 지시한다. 일단 읽게 하는 것이다.

토론 도중에는 아동의 발언을 반복하지 않는 것이 기본이다. .

그러나 목소리가 너무 작은 경우엔 교사가 다시 한 번 말해 줘야 한다.

이때 가장 중요한 것은 교사가 매우 탐탁스런 표정으로 발언을 듣는 것이다. "과연!" "호오, 그래?" "잘 생각해 냈구나" 등 칭찬의 말을 많이 갖고 있어야 한다.

이어서 다수파의 의견을 듣는다.

그 뒤에는 찬성의견, 반대의견 등을 자유롭게 발언하게 한다.

교사는 아동이 의견을 말할 때, 다음과 같이 칠판에 적는다.

교통경찰관 ××××○○
도로표지판 ○○○○××

교통경찰관에 대한 반대의견이 나왔을 때는 ×로 표시하고, 찬성의견이 나온 경우는 ○로 표시하는 것이다. 도로표지판도 마찬가지다. 그러면 어떻게 될까?

나와 같은 생각을 가진 아이가 발언을 하면 자연스레 박수가 나오게 될 것이다. 그에 따라 손을 드는 아이가 차츰 많아진다. 교사는 그 광경을 흐뭇한 표정으로 바라보며 고개를 끄덕인다. 초등학교에서 하는 토론에선 서로의 의견을 즐기는 것이 중요하다. 때문에 분위기 조성이 최우선이다.

그 다음은 생각의 분포를 정리하고, 교통경찰관과 도로표지판의 장단점을 정리한다.

사회과 수업에서는 사회를 바라보는 시각과 사고방식을 배우게 된다. 그것은 다면적이고 복합적일수록 좋다.

사회과는 자료를 바탕으로 학습하는 교과이다. 그러나 아무리 정확한 자료라 해도 그것을 해석하는 방식은 제각각이다. 처지와 가치관에 따라 다르기 때문이다. 이러한 해석 방식을 놓고 서로 부딪는 과정에서 다양한 시각이 길러진다. 그러므로 사회과에서의 토론은 중요하다. 그리고 무엇보다 토론수업은 즐겁다.

▶ 즐거운 수학과 수업 만들기
교과서를 통한 전원습득학습과 역전현상을 낳는 지적인 도전

(1) 즐거운 수학은 자기긍정감을 낳는다
즐거운 일은 날마다 있어도 좋다. 아니, 날마다 있어야 한다. 어떤 특별한 수업만이 즐거워야 하는 것이 아니다. 매시간의 수학이 즐거워야 한다.

◦ 수학을 잘한다.
◦ 수학을 좋아한다.

그러면 즐거움이란 무엇인가? 즐거운 수학의 조건은 아동에게 자기긍정감을 갖게 하는 것이다.

아동이 "수학을 잘한다, 좋아한다"고 말하는 조건을 살펴보자.

(2) 평균 ㅁㅁ점의 의미

첫째로 당연한 일이겠지만 수학을 이해하고, 할 수 있어야 한다. '이해한다, 할 수 있다'의 구체적인 지표는 '시험점수'이다. 시험에서 100점을 받으면 잘한다고 스스로 느낄 수 있다.

학급이라는 집단에서 보았을 때는 '학급 평균점수'이다.

학급 평균 90점이란 지금까지 시험에서 30점, 40점을 받던 아이들이 80점, 90점, 그리고 100점으로 실력이 오르지 않으면 이룰 수 없다.

이것은 굉장한 일이다. 지금까지 수학을 어려워하고, 수학을 싫어하던 아이가 이렇게 될 수 있다.

○수학을 이해할 수 있게 되었다.
○수학을 좋아하게 되었다.

(3) 교과서 진도를 속도감 있게 나간다

교과서는 안정적으로 학습할 수 있는 교본이다. 교과서 진도를 속도감 있게 나아가는 것이 대원칙이다(교과서를 서랍에 집어넣고 다루지 않는 수업이 있다. 교본을 감춰놓고 전원습득은

불가능하다).

교과서의 기본형 문제를 중시한다. 교과서에 명시되어 있지 않은 경우, 또는 이해하기 어려운 경우는 교사가 제시한다. 교사의 실력이 여기에 반영된다.

이어 교과서의 연습문제를 기본형 그대로 공책에 쓰게 한다. 그리고 다 푼 아이부터 들고 나오게 해서 점검한다.

1년 동안 매시간 2~3회는 전체 인원의 공책을 보고 지도한다. 전원학습능력 향상의 열쇠는 여기에 있다. 수업시간마다 보기 때문에 안정적이다.

그리고 마지막으로 계산문제로 정착을 꾀한다. 자기 실력으로 맞춘 2문항, 5문항, 10문항의 과정을 스스로 선택할 수 있다. 모든 아동이 100점을 맞고 "나도 해냈다!"는 만족감과 함께 수업이 끝난다.

(4)시간을 지킨다

수업은 정해진 시간 안에 끝낸다. 수업을 연장하여 쉬는 시간을 잡아먹는 경우는 절대로 없어야 한다.

수학문제 해결학습의 공개수업을 보면 대개 5분에서 10분, 심한 경우는 20분이나 연장하곤 한다. 당연히 아이들은 진저리를 낸다.

수업시간을 연장하는 즐거운 수업은 있을 수 없다.

(5) 두뇌를 완전히 가동시켜서 문제를 푼다

교과서로 수업하는 것이 대원칙이지만, 풀릴 것 같으면서 풀리지 않는 어려운 문제에도 도전해 봐야 한다. 5문제를 내고 1문제만 선택하여 푸는 '어려운 문제 1문제 선택 시스템'은 아이들이 매우 좋아하는 수업이다.

수업을 속도감 있게 진행하면 5분 정도의 시간이 남는 경우가 있다. 이러한 '틈새 시간'에 어려운 문제를 하나 내고 풀게 하면 교실의 모든 아이가 열중한다.

아이들은 자신의 답이 틀렸다는 것을 알면 투지가 불길처럼 타오른다. "답을 가르쳐줄까?" 제안해도 "싫어요!" "제가 풀 거예요!" 하고 점점 의욕을 보인다.

이럴 때 '역전현상'이 가끔 일어나기도 한다. 평소 '잘하는 아이, 눈에 띄는 아이'는 틀리고 '조용하고 눈에 띄지 않는 아이'가 해내는 것이다. 이러한 역전의 사실을 만듦으로써 '잘한다는 사실'에 겸허해지고, '못한다는 사실'을 비하하지 않게 된다. 이와 같은 지적 도전도 즐겁다.

▶ 즐거운 과학과 수업 만들기 I
토론이 있는 과학수업의 매력과 효과

(1) 즐거운 과학의 조건

아이들이 즐거운 과학이라고 느끼려면 첫째, 실험이 있어야 한다. 다만 맹목적으로 실험만 하면 된다는 말은 아니다.

이런저런 의견을 서로 나누고, 토론을 거친 뒤에 이루어지는 실험이 매력적인 과학수업이다. 더 이상적으로는 학급의 소수파가 맞고, 다수파가 틀리는 역전현상이 일어나는 수업이며, 이런 과학수업은 아이들을 매료시킨다.

다음은 실천 예이다.

(2) 지적 갈등이 있는 질문으로 수업을 시작하라

6학년의 '심장' 수업을 시작하면서 교사는 아날로그 체중계 주위에 아이들을 모아놓고 자신의 체중을 잰다.

이어 체중계에서 내려와서 묻는다.

"방금 체중계의 바늘은 멈춰 있었나요?"

아이들은 이구동성으로 대답한다.

"움직이고 있었어요."

이때, 다음과 같이 질문한다.

○체중계의 바늘은 연구하면 멈출 수 있을까? 아니면 멈출 수가 없을까?

멈출 수 있다(27명)와 멈출 수 없다(6명)로 나뉜다.

수업 시작과 함께 단숨에 아이들의 가슴을 설레게 하는 전개이다. 공책에 이유를 쓰고 자유롭게 의견을 나누게 한다.

다수파인 '멈출 수 있다'는 아이들은 말한다.

천천히 올라가면 멈춘다. 가만히 있으면 정지한다. 숨을 멈추면 정지한다.

이에 반해 "몸을 움직이지 않아도 심장 등이 움직이기 때문에 바늘은 멈추지 않는다"고 소수파는 반박했다. 그러나 대세는 변함이 없다.

"그럼 여러분의 말처럼 이것저것 해볼까요?"

체중계에 올라가서 바늘이 멈추는지 움직이는지 시험해 본다. 바늘은 좀처럼 정지하지 않는다.

"선생님! 좀더 가만히 계세요!" "숨을 좀더 길게 참으세요!" "정신통일이 부족해요!"

이런저런 조언을 해댄다. 그때마다 웃음이 피어난다. 그러나 바늘은 도무지 멈출 것 같지가 않다.

"왜 멈추지 않는 걸까요?" 물으니 "심장이 움직이고 있기 때문"이라는 대답이 나왔다. 틈을 두지 않고 테이프를 자르는 '물레방아'를 체중계 위에 거칠게 올려놓았다.

그랬더니 바늘은 멈추는 게 아닌가!

이 사실을 보고 심장의 움직임과 관계가 있는 게 아닐까……
하는 기대가 높아진다.

이번엔 물레방아를 내려놓고, 교사는 체중계로 다시 올라간
다음, 청진기를 꺼내 "선생님의 심장소리를 들어보세요" 알린
다. 천천히 눈을 감고 심박소리에 맞추어 읊조렸다. "하나, 둘,
하나, 둘……" 말하자 "와아~" 경탄의 목소리가 울려 퍼진다.

"하나, 둘" 소리에 맞춰서 체중계의 바늘이 찌릿, 찌릿 움직
이는 것이다. 심장이 움직이고 있기 때문에 체중계의 바늘은
멈추지 않는다는 증거이다. 그야말로 역전현상이 일어난 것이
다. 아울러 손목의 맥박이 뛰는 것과 바늘의 흔들림이 같다는
것을 보여준다.

이 실험에선 청진기로 심장박동을 들으면서 말하도록 했다.
심장의 움직임과 직접 관계가 있음을 보다 알기 쉽게 하기 위
해서이다.

이런 수업이면 아이들은 과학을 즐겁다고 생각한다.

수업의 마무리도 아이들을 매료시키는 체험으로 정리한다.
각자 청진기를 사용하여 자기의 심장소리를 처음으로 들어보
는 일이다.

이상과 같이 지적 갈등이 있는 질문으로 토론을 시작하고,
나아가 변화가 있는 반복을 통해 실험과 체험을 거듭하는 수
업은 아이들을 매료시키는 과학이 된다.

(3) 토론에 의해 달라지는 아이들

한편, 토론이 있는 과학수업은 단순히 과학을 좋아하게 만드는 데 그치지 않는다. 뜨거운 토론이 이루어지면 교사의 예상을 뛰어넘는 아이들의 변모에 교사가 놀라게 된다.

학기 초인 3월에 집중력이 부족하여 멍하니 있던 아이가 2학기쯤 되어 친구의 의견에 대해 즉시 반박하는 모습은 믿기 어려울 정도가 된다.

교사도 기억하지 못하는 것을 과감하게 들이대는 일도 드물지 않다.

"아까 ○○는 ~라고 말했습니다. 이에 저는 반대입니다. 왜냐하면……" 식으로 상대방의 의견을 재현한 다음에 반론을 하게 된다.

토론수업의 경험이 없었다면 이와 같은 변화는 기대할 수 없었을 것이다. 토론은 의견을 서로 발표하고, 서로 비판함으로써 성립한다. 그러려면 상대방이 한 말을 '요약하는 능력'이 필요하다. 토론수업을 여러 차례 경험하는 과정에서 '요약하는 능력'이 자연스럽게 길러지고, 논리적으로 생각하는 능력이 자라는 것이다.

토론수업은 지금까지의 경험과 지식 등을 총동원해야만 가능하다. 더구나 토론수업에는 아동을 집중하게 하는 지적 재미가 있다. 좋아하는 것, 관심 있는 것, 재미있는 것을 할 때는 뇌에서 도파민이 분비되어 시냅스가 활성화하고, 신경회로의 발달이 쉬운 상태가 된다.

두뇌의 좋고 나쁨은 뇌세포의 숫자가 아니다. 신경회로와 개개의 신경세포 발달 정도에 달려 있다. 신경회로의 네트워크를 복잡하게 발달시키는 것이 토론수업이다.

▶ 즐거운 과학과 수업 만들기 II
과학을 좋아하는 아이가 되게 하자

즐거운 과학수업을 만들기 위한 열 가지 방법을 살펴보자.

(1) 재미있어야 좋아한다

초등 과정에서 교과를 좋아하고 싫어하는 것은 재미가 있는가, 없는가로 판가름되는 경우가 많다. 과학이 처음 등장하는 3학년 때는 모든 아이가 재미있어한다.

실험과 관찰, 다양한 활동이 있는 내용을 전개할 수 있다면 아이들은 '과학은 즐겁다'고 느끼기 때문에 '과학을 좋아하게' 된다.

(2) 실험 중심으로 수업한다

아이들은 실험을 매우 좋아한다. 그것은 '푹 빠질 수 있는' 뭔가를 '발견할 수 있기' 때문이다.

과학의 진수는 실험이다. 단원에 따라서는 실험하기 어려운 것도 있지만, 교과서를 읽고 공책에 정리하기만 하는 수업보다 직접 실험하고, 결과를 기록하며, 생각할 수 있는 수업이 아이들에겐 분명 즐거운 수업이 된다.

(3) 자연물의 현상과 만나게 한다

곤충 관찰, 식물 관찰, 구름과 태양 관찰 등등 아이들은 식물과 동물을 기르거나 관찰하기를 매우 좋아한다. 달팽이 한 마리에 시간 가는 줄 모르는 게 아이들이다. 개미 한 마리에 신이 난다. 식물 기르기, 곤충이나 동물 기르기에 열중한다.

그 과정에서 알게 된 것, 의아하게 생각했던 것을 다루어가기만 해도 과학수업은 신나고 즐거운 시간이 된다.

(4) 예상하고 생각하게 한다

아이들이 중심이 되는 수업은 아동의 생각으로 수업이 진행된다. 교사가 던진 질문에 대해 아이들이 나름의 생각을 갖고, 문제를 해결해 나가는 수업이야말로 즐겁다.

비록 예상과 다른 결과가 나오더라도 스스로 생각한 것에 대해 시행착오를 거듭하고, 결과를 이끌어낸 것은 무엇보다 즐겁다.

아이들이 퀴즈를 좋아하는 것은 '생각하기'가 즐겁기 때문이다.

"돌고래는 어떻게 잘까?"

우리 주변엔 신기한 일들이 많다. 지금까지의 지식과 경험으로, 실험결과와 교사의 질문에 답을 예상하고 자기 생각을 가짐으로써 자연스레 그 수업에 대한 의욕이 향상된다.

아이들이 궁금히 여길 것을 예상하고, 다양하게 생각할 수 있는 내용을 수업에서 전개해 나가는 것이 수업을 조직하는 교사의 즐거움이기도 하다.

(5) 많은 체험을 하게 한다

아이들의 지적 호기심을 자극할 만한 발견과 깨달음을 소중히 해야 아이들은 수업에 열중한다. 3학년에서 다루는 자석도 교실의 여러 가지 물건에 대어보고, '붙는다, 붙지 않는다' 등을 기록하기만 해도 아이들은 신이 난다. 평소 알지 못했던 것을 발견하면 기뻐서 교사에게 보고하러 온다.

열중할 수 있는 체험을 많이 하게 하는 것이 과학을 좋아하는 아이의 육성으로 이어진다.

(6) 아이들 나름의 답을 이끌어내게 한다

교사가 결과와 결론을 가르쳐 주면 아이들은 실망한다. 직접 발견하기 때문에 즐거운 것이다.

교사의 친절이 때로는 아이들의 의욕을 빼앗는다. 교사는 되도록 답을 알려주지 말고 아이들의 애를 태우며 스스로 발견할 시간을 충분히 줘야 한다. 그래야 아이들은 열중하여 싫증을 내지 않고, 문제에 바짝 매달린다. 그것이 열중하는 즐거운 수업이다.

(7) 아이들의 교류를 중요시한다

아이들은 사실 자기 의견을 발표하는 것을 매우 좋아한다. 또한 서로의 의견을 듣는 것은 교사의 말을 듣는 것보다 훨씬 즐겁다. 다양한 생각이 있음을 아는 것도 즐겁지만, 자기 의견을 전개하고, 남에게 알리는 것도 무척 좋아한다.

따라서 교사 대 아동의 수업이 아니라 아동끼리 의견 교류의 장을 많이 갖는 수업을 전개해야 한다. 실험에서 모둠의 의견을 서로 나눌 수도 있고, 학급 전체의 토론을 전개할 수도 있다.

(8) 지식을 갖추게 한다

수업이 단순히 '즐거웠다'로 끝나선 안 된다. 기초적이고 기본적인 학습능력을 제대로 익혀야 진정한 즐거움이 된다.

스스로 생각하고, 스스로 과제를 해결하며, 지식을 지니게 될 때 아이들은 과학을 좋아하게 된다.

(9) 주특기 분야로 이끈다

교사에게도 잘하는 분야와 서툰 분야가 있다. 그것은 지극히 자연스런 일이다. 때문에 잘하는 분야를 최대한 살려서 즐거운 수업을 전개하고, 아이들이 과학을 좋아하게 해야 한다.

우주과학에 강점이 있는 교사라면 아이들에게 우주에 관한 최신정보를 제공함으로써 "굉장하다!" "정말!" "몰랐네!" 하는 즐거운 발견을 많이 하게 하여 우주에 대한 관심을 높일 수 있다. 그것이 모든 과학수업에 대한 의욕으로도 이어진다.

(1ㅁ) 웃는 얼굴로 수업한다!

조금 서툰 분야라 해도 웃는 얼굴로 즐거운 듯이 수업한다. 즐거움은 전염된다.

아이들에게 "과학은 감동!"임을 전달하기 위해 교사도 이곳 저곳 찾아다니며 공부하여 수업을 웃으면서 즐겁게 해야 한다!

4장 성공적인 수업을 위한 자료선택법

▶ 매력적인 자료를 사용한다

(1) 지(知)는 정(情)의 노예이다

아무리 노력해도 사람마다 호불호가 있게 마련이다. 기호(嗜好)라는 것이다.

밥보다 빵을 좋아하는 사람이 있는가 하면, 드뷔시보다 라벨이 좋다는 사람도 있다. 그것은 당연한 일이고, 다양한 기호와 다양한 가치관이 있기 때문에 인간세계는 이렇게 풍요롭게 발전해 왔다. 좋고 싫음을 싸잡아서 부정하면 곤란하다.

그러나 때로는 이러한 호불호가 문제를 일으키기도 한다.

"저 사람은 마음에 안 드니까 저 사람이 제안하는 건 모조리 반대다!"

"이 사람은 평소 친하고 좋아하니까 어느 정도의 실수는 너그럽게 눈감아주자!"

이렇게 불공평한 것이 인간사회의 실상이다. "지(知)는 정(情)의 노예이다"라는 말은 곧 그런 뜻이다.

수업의 자료선택도 마찬가지다. 아무리 유명한 작품이고 감명을 주며 교훈적인 것이라 해도 자기 마음에 들지 않으면 적극적으로 써볼 마음이 내키지 않는다.

"이것은 연간지도계획에 있는 것이니 아무 말 말고 그냥 수업하라"는 지침에 따라 마지못해 수업을 전개하지만 그래봐야 아동의 반응도 시원치 않고, 역시 수업의 결과는 실패다.

그러므로 크게 한목소리를 내야 한다.

"매력적인 자료를 사용합시다!"

교사라면 교육에 개인적인 감정을 개입시켜선 안 된다고 생각하겠지만 이것엔 분명한 근거가 있다.

(ㄹ) 교사의 감성으로서의 근거

여기서 잘못 생각하면 곤란한 것이 있다. '교사의 눈에 매력적인' 것은 교사의 가치관을 일방적으로 강요하는 것이 결코 아니란 점이다.

똑같은 자료를 읽더라도 깊이 감동하는 교사도 있겠지만, '그냥 그렇고 그렇다'고 생각하는 교사도 분명 있다. 이런 차이는 어디서 생기는 걸까?

이것을 단순한 기호 문제로 치부해선 안 된다. 교사는 언제나 아이들과 함께 생활한다. 좋고 싫고와 관계없이 자기도 모르는 사이에 늘 아이들 생각이 떠나지 않는 것이다.

'저 두 아이는 오늘 의견이 부딪쳐 말다툼을 했는데 내일은 괜찮을까?'

'민서는 혼자 남아서 학급문고를 정리했는데 그걸 어느 시점에 전체 아이들에게 소개해야 할까?'

그런 생각을 하면서 바라보는 아이들의 활동모습은 그 교사

혼자만의 것이 된다. 그런 생각을 갖고 바라보는 자료 또한 그 교사의 독자적인 수용으로 이어진다.

'이 자료를 꼭 한 번 써야겠다!'고 생각하는 이면에는 아이들의 평소 모습이 있고, 우리 학급 아이들에게 전달했으면 한다, 아이들과 함께 생각해 볼 만한 가치가 충분하다는 교사의 판단이 감춰져 있는 것이다.

그러므로 크게 한목소리를 내야 한다.

"매력적인 자료를 사용합시다!"

(3) 보는 순간 집중되고, 오랫동안 집중할 수 있다

사람이 매력을 느끼는 방식에는 여러 유형이 있다.

"이 사람은 진짜 멋져! 그런데 저 사람도 느낌이 좋아"라며 계속해서 대상이 바뀌는 사람도 있는가 하면, "일단 매력을 느끼면 절대로 바꾸지 않는다"는 사람도 있다.

그리고 오랜 세월 함께하는 사이에 '소중한 존재'임을 깨달아 가는 사람도 있다.

수업의 자료도 마찬가지다. 연구수업을 참관했다가 극적으로 만나는 자료도 있다.

처음엔 별로 마음에 들지 않았던 자료지만 계속해서 읽는 동안에 새록새록 그 자료의 훌륭함이 전달되어 오는 경우도 있다.

그리고 썩 마음에 들지는 않지만 "이것밖에는 다른 대안이 없으니 그냥 해볼까?" 하고 수업을 시도했는데 아이들의 반응이 의외로 좋아서 마음에 드는 자료도 있다.

교사는 자기 직감을 중요시해야 한다. 아이들을 생각하고, 현재 가르치고 있는 아이들에게 최선이라고 판단되는 자료를 선택해야 한다. 그것은 아이들과 늘 시간과 공간을 함께하고 있는 교사만이 할 수 있는 일이기도 하다.

그렇지 않아도 꼬리에 꼬리를 물고 불똥처럼 떨어져 내리는 일에 쫓기는 가운데서 수업자료를 깊이 생각하고 세심하게 조사하기란 쉽지 않다. 그러므로 직관을 중요시하여 "바로 이것!" "흠뻑 빠질만 한 것" 그런 자료를 사용하면 된다.

그러나 매력적인 자료를 선택한 이면에는 버려진 자료, 선택받지 못한 자료가 있다는 것도 잊어선 안 된다. 다른 자료였다면 아이들이 보다 깊이 생각하고, 진지하게 토론할 수 있었을지 모른다. 그런 가능성도 놓치지 말고 다음 기회에 활용하도록 하자.

▶ 아이들의 활발한 반응을 이끌어내는 자료

(1) 많은 이야기를 하지 않는 자료

1장의 사진으로 수업을 전개해 보자. 쓰레기 집하장에 쓰레기가 지저분하게 널려 있는 모습을 찍은 사진이다. 이 수업에서 아이들은 많은 의견을 내놓는다. 첫 번째 질문, "왜 이렇게 되었다고 생각하니?"에 대해서이다. 아이들은 다양한 상상 끝에 의견을 내놓는다.

"고양이가 쓰레기봉투를 찢은 거예요."

"쓰레기봉투를 함부로 던졌기 때문입니다."

"쓰러진 쓰레기봉투를 지나가는 사람이 발로 찼어요."

"입구를 제대로 묶지 않고 봉투를 버렸기 때문에 거기서 흘러나온 쓰레기가 굴러다니고 있어요."

아이들은 나름대로 뭔가를 느끼고 발표하여 차츰 정답에 가까워지려 하고 있다. 즉 '바람직한 생활습관'과 '책임'이라는 정확한 목표지점에 가깝게 발표하고 있는 것이다. 그러나 엿장수 마음대로 그렇게 쉽게 결론이 나는 문제가 아니다.

다음 질문이 기다리고 있다. "이 다음엔 어떻게 될 것 같니?"

이것에도 역시 많은 의견이 나온다. 그리고 실제로 그 현장을 치운 사람이 있었음을 알리고, 마지막 질문 "너희들이 이 사진의 현장에 있었으면 어떻게 하겠니?"라는 말로 반응을 촉구한다. 목표는 '집단생활의 향상'이다.

이와 같이 자료 자체는 많은 것을 말하지 않으면서 아이들에게서 다양한 의견을 이끌어내는 자료가 좋은 자료이다.

(ㄹ) 가치의 갈등이 포함되어 있는 자료

도덕교육의 자료에는 도덕적인 딜레마가 포함되어 있어야 한다. 중심이 되는 장면에는 서로 다른 두 가치가 생겨날 수 있으므로 아이들은 어느 쪽이 보다 나은지 갈등하게 된다. 그 결과, 어느 한쪽으로 정하기 위한 토론이 활발해지는 것이다.

또한 일반적으로는 도덕적 딜레마를 유발하는 자료로서 '개방적 결말'이라는 방법도 있는데 이것엔 약간 문제가 있다고 본다. 도덕수업인 이상 교사는 뚜렷한 목표를 갖고 있어야만 한다. 결과로서 아이들 대부분이 반대방향으로 기울거나, "어느 쪽이든 다 괜찮다"는 결론이 나더라도 "선생님은 이렇게 생각한다"는 것을 반드시 표명해야 한다. 그렇게 하지 않으면 아이들이 불안해할 수 있다.

또한 갈등은 아이들의 내부에서 일어나게 해야지 표면적인 대립양상을 만들어내고 활발한 토론을 일으키는 것은 곤란하다. 내면의 갈등 없이 대립만을 만들어내는 것이 목표라면 자신의 의견을 내놓고, 그에 대한 반론을 이야기하는 토론을 하는 것이 좋다.

(3) 자료 선택과 사용 요령

'왠지 괜찮을 것 같다' '쓸모가 있을지도 몰라' 이렇게 생각되는 자료는 반드시 따로 모아두도록 한다. 수업의 질이 우수한 선배교사나 전문가는 늘 그렇게 하고 있다.

또한 활발한 토론과 수업의 활성화를 꾀하기 위해서는 나름대로의 계획과 장치가 필요하다. 가장 중요한 것은 아동에 대해 상세하게 파악하고 있는 '아동이해'이다. 그 다음이 교사 스스로 자료를 꼼꼼히 읽고 파악해 두는 것이다. 나를 알고 상대방을 알면 백전백승이기 때문이다.

▶ 공통된 체험을 살린 자료

(1) 학교가 주최하는 체험활동

여기서 말하는 체험이란 아동 개개인의 일상생활에서 나온 사소한 체험이 아니다. 학급의 모든 아동이 "아, 그거?" 하고 공통적으로 떠올릴 수 있는 체험, 즉 학교가 계획적으로 시행하는 체험활동이다.

예를 들면 운동회나 소풍 같은 학교행사, 자연체험활동, 근로봉사활동, 집단숙박활동, 전통이나 문화와 관련된 활동, 다양한 사람들과의 교류활동 등이 있다.

학급아동이 공유하고 있는 체험 가운데 공통된 관심사나 문제의식 등을 높여서 학습에 참여토록 하기 위해 기본적으로 체험활동의 내용과 유사한 자료를 골라야 한다. 자료와 체험을 연결하여 수업의 얼개를 짜나가는 것이 중요하다.

(2) 체험이 먼저인가, 수업이 먼저인가

소풍을 가기 전에 공중도덕과 규칙의 존중에 관한 수업을

하는 경우가 있다. 지하철이나 버스 안에서는 큰 소리로 이야기하지 않는다! 주위 사람에게 불편을 주어서는 안 된다! 등등 생활지도를 하게 된다. 그러나 아이들이 다 함께 공유하고 있는 체험을 학습과 연결하여 살려나가는 것이 본질이며 가장 효과가 높다.

우선은 아이들의 체험을 꼼꼼히 파악하고, 그것에 아동의 마음 밭을 갈 수 있는 어떠한 요소가 들어 있는지 생각해 본다. 목표로 삼은 가치와 내용에 비추어 스스로를 돌아보는 활동을 할 때, 일반적으로 체험을 떠올리는 활동이 이루어진다. 아이들은 이때 단순한 상기에서 그치지 않고 그 체험을 통해 의미 있는 무언가를 깨닫게 된다.

▶ 자료제시의 중요사항

(1) 자료제시의 의도

자료제시에 대한 실패 사례들이 있다.

사례 ① : 교사가 자료를 읽기 시작하려 할 때, "선생님, 제가 읽고 싶어요"라고 아동이 자처하기에 그 의욕을 기특하게 여기고 손을 든 아이에게 차례로 읽게 했다.

사례 ② : 아동이 쓴 일기가 수업자료이므로 현실감을 살리려고 담임 학급이 아닌 아동에게 읽게 하여 녹음한 뒤 반 아이들에게 들려주었다.

사례 ③ : 한 사람이 1권씩 부교재를 갖고 있었는데 수업시간에 다른 페이지를 이미 읽어버리는 아동이 있어서 그 자료부분만 복사하여 나눠주고 읽게 하여 자료를 제시했다.

사례 ④ : 사례 ③과 같이 주의력이 다른 방향으로 향하지 않게 하기 위해 자료의 내용을 고려하지 않고, 또 자료를 나눠주지 않고 교사가 읽어 들려주었다.

사례 ⑤ : 대형 텔레비전이 교실에 설치되었으므로 그것을 활용하려는 마음에서 그림의 사진을 찍어 그것을 비춰주고 내용을 읽어 들려주었다.

이런 것들은 학급의 상황에 따라서는 좋은 방법일 수도 있다. 하지만 이것은 과연 무엇을 위한 자료제시일까?

사례 ①과 ②의 경우, 아이들은 열심히 읽지만 자료의 내용이 학급 아동들에게 제대로 전달되지 않는 결과를 초래할 수 있다. 사례 ③과 ④는 자료의 내용을 전달함으로써 아동의 주의력이 다른 곳으로 흩어질까 하는 걱정에만 치우쳤다는 느낌이다. 특히 ③의 경우는 컬러로 인쇄된 부교재가 따로 있는데 왜 복사하는가? 복사는 흑백이어서 사진이나 그림의 내용이 제대로 전달되지 않을 수 있다. 또한 사례 ⑤는 대개 영상자료는 문자자료보다 오래 남지 않으므로 중요한 장면의 인상이 빠짐으로써 수업이 심화되지 않는다.

자료제시는 무엇을 위해 하는가? 그것은 자료를 아동의 마음에 남기기 위해서이다. 다시 말하면 자료 속 등장인물의 삶의 방식이나 존재방식, 그 행위나 마음씨를 아이들로 하여금 알게 하고 생각하게 하기 위해서이다. 그러므로 자료를 제시하는 방법에 대해 깊이 고민할 필요가 있다.

(ㄹ) 자료제시의 핵심
① 자료제시는 기본적으로는 교사가 하자.

우선 자료는 교사가 읽어 들려주어야 한다. 왜냐하면 처음 보고 읽는 아동보다 교사가 여러 번 연습하여 들려주는 것이 이야기의 내용 전달이 확실하기 때문이다.

②자료를 여러 번 읽자.

줄줄 욀 수 있을 정도로 교사는 여러 번 자료를 읽어야 한다. 그렇게 해야 자료를 보는 시각(어떤 의미에선 자료의 분석)이 깊어지고, 수업 목표와 질문의 의도가 명확해진다. 또한 자료를 읽을 때 중요한 단어나 장면을 의식하고 사이를 띄운다든지, 대사에 강약을 주거나 감정을 넣어서 읽을 수 있게 된다. 그럴 경우 아동들에 대한 전달의 효과가 달라진다.

즉 자료전달에서 가장 중요한 것은 교사가 자료의 내용을 전달하고자 하는 마음이다.

(3) 자료제시 방법에 대한 고민

자료를 제시하는 방법에는 여러 가지가 있다.

첫째, 시점을 미리 알려준다. 교사는 '자료 속의 ○○라는 등장인물의 기분을 생각하게 해야겠다'는 의도로 자료를 읽어주지만, 아이들은 다른 등장인물에게 공감한다든지, 등장인물이 많아서 제대로 이해하지 못하는 경우가 생긴다. 그러므로 "오늘의 이야기에는 ○○와 △△라는 인물이 나옵니다" 하고 주요 등장인물을 정리해 준 뒤, "○○의 기분이 어떨지 생각하면서 들어봅시다" 식으로 들을 때의 시점을 미리 제시하도록 한다.

둘째, 복잡한 자료는 인물이나 배경 설명을 곁들인다. 역사 속 인물의 삶이나 특수한 사건을 다룬 자료는 사전에 배경이나 내용의 설명이 필요한 경우가 있다. 시간을 들여야 하는 내용이라면 도입부에서 다루거나, 미리 적당한 시간에 꼼꼼하게 설명해 두면 좋다. 무심코 '그냥 읽기 전에 설명하면 되겠지'라고 방심하다가 전혀 내용이 전달되지 않는 경우도 있으므로 주의해야 한다.

자료를 제시하는 방법에는 여러 가지가 있다.

① 그림연극으로 장면을 제시한다. 기승전결이 뚜렷한 경우 등, 이야기가 단순하여 이해하기 쉽고, 질문할 때 아동이 자료의 문장을 다시 읽지 않아도 되는 경우에는 이야기를 '그림연극'으로 극을 해 보인다든지, '장면그림을 칠판에 게시'하면서 들려주는 방법도 효과적이다.

② 동영상을 활용한다. 교사가 읽어서 들려주는 자료의 제시는 아니지만 영상자료도 훌륭한 것이 있다. 다만 영상자료를 활용하여 제시하는 경우 주의해야 할 점이 있다.

첫째, 영상자료에 따라 다르지만 대개 10분 이상의 작품이 많다. 도입을 짧게 하는 등 시간배분에 주의한다.

둘째, 가능하다면 영상을 장면그림 등으로 대체한다. 영상자료는 나중에 기억을 상기시키려면 다시 한 번 보여주어야 하는 경우가 있다. 중요한 대사를 써놓았다가 질문할 때 다시 들려준다. 화상을 인쇄하여 장면그림으로 활용하는 등의 방법도 가능하다.

어쨌든 사전에 여러 번 되풀이 연습하여 자기 것으로 만든 뒤에 제시해야 한다.

진정한 교육의 회복

만일 교사의 권위와 학교의 기능을 되살리길 바란다면,
만일 칭찬과 회유에도 점점 나빠지는 학생을 되돌리고 싶다면
어떻게 준비하고 실행할 것인가.

1장　학교교육에 대한 진단과 평가

▶ 학교의 교육과정과 관리방식을 진단하고 평가한다

(1) 교육과정, 관리방식의 성과와 과제를 진단한다

학교의 교육과 관리가 적절히 이루어지고 있는가? 그것에 대한 개념과 추진방식은 어떠한가? 특히 어떤 과제가 있으며, 어떤 성과를 얻고 있는가? 이런 것들을 밝히기 위해 진단과 평가라는 발상과 기법이 요구된다.

일반적으로 교육과정과 관리방식의 진단 및 평가에 즈음하

여 다음과 같은 시점을 들 수 있다.

◦학교의 교육목표와 전망, 그의 달성을 도모하는 전체적인 구상(지도)의 존재와 교직원 간의 공유.

◦교육과정의 편성, 지도계획의 작성.

◦수업을 비롯한 교육활동의 실시.

◦인적, 물적, 금전적 조건의 정비.

◦교육과정의 핵심에 협동하는 조직문화 형성.

◦학부모 등의 요구와 의견에 대한 대응과, 제반 활동에 대한 협력과 참가.

◦추진을 위한 조직의 설계와 리더십의 발휘.

아동의 발달단계에 맞는 지도, 교재와 교구의 활용을 비롯한 지도방법의 개선, 관점별 학습상황의 평가와 평정, 교육활동을 뒷받침하는 수업연구 등의 계속적인 실시 등을 중심으로 진단하고 평가하는 것이다.

(ㄹ) 아동의 성장을 파악한다

그중에서도 아동의 변화와 성장을 파악하는 것이야말로 학교가 추진하는 교육실천의 성과와 과제를 확인한다는 의미에서 교육과정 자체의, 또는 그 관리방식의 적합과 부적합을 둘러싼 진단 및 평가의 핵심이 된다 해도 과언이 아니다.

다시 말해서 아동의 변화와 성장에 어디까지 다가갈 수 있는가 하는 실천력이 요구됨과 동시에 자신의 교육활동을 통해 산출하는, 아동의 성장하는 모습을 파악하는 그 학교의 진단과 평가능력이 요구된다.

먼저 아동의 변화와 성장을 파악하는 장치에 주목해야 하며, 학교에 있는 다양한 자료를 활용해야 한다. 학교에는 학습능력조사를 비롯해 운동과 체력에 관한 조사, 나아가서는 학교평가 등 많은 정보들이 있다.

출석부 및 여러 가지 문서를 통해 아동의 변화하는 모습을 파악하는 것도 충분히 가능하다.

그러나 현실적으로는 그런 자료가 그다지 활용되지 못하고 있다. "보석도 묻어두면 썩는다"는 말도 있다시피, 학교는 자료의 보고라 해도 과언이 아닌 환경에 있으면서 그것을 제대로 이용하지 않는 것이 현재의 실태이다.

먼저 가까이 있는 정보환경부터 돌아보고 그것을 어떻게 활용할지 고민해 보자.

(3) 직감을 깨운다

한편 아동의 성장에 대해선 시험이나 조사만으론 측정할 수 없는 측면도 분명히 있다. 이 조사로는 파악하기 힘든, 알아내기 어려운 아동의 변화와 성장의 흔적을 짚어 나가는 진단과 평가능력도 필요하다.

이 점에 대하여 아이들을 일상적으로 접하고, 계속적인 관찰 등을 통해 성장의 발자취를 더듬어갈 수 있는 위치를 활용해야 한다. 전문가로서의 직감을 완전히 깨워서 아동의 변화와 성장을 촉진해야 한다. 실로 오감을 활용한 독해가 무게를 지니게 되는 것이다.

다만 그것이 교직원 각자의 단계에 머무르지 않고 서로 교환하는 단계로까지 끌어올려져야 진단 및 평가에 있어서 전문가의 직감과 주관의 위치가 높아질 수 있다. 다시 말해 교직원 각자가 협동함으로써 아동의 성장 모습을 파악하는 정밀도를 높여나가는 과정에 주목했으면 한다.

(4) 자신의 교육실천을 객관화한다

실제로 자신이 실천해 온 바를 객관화하고 상대화한다는 것은 여러 가지 면에서 어려움이 따른다. 그러나 자신의 교육실천을 좀더 확고한 것이게 하기 위해서는 진단과 평가에 즈음하여 제3자적인 위치일 수 있어야 한다.

즉 자기평가와 학교관계자 평가, 제3자 평가와 결부하여 운용할 필요가 있는데, 예를 들면 학교관계자 평가에 필요한 관계자의 인선에 대한 노력으로서 지역인사와 함께 제3자적 위치에 있는 사람들을 추가하는 것도 시도할 만하다.

▶ 교육과 사회의 관계

(1) 레코드 소리가 훨씬 낫다?

레코드라고 하면 젊은 사람들은 뭔지 모를지도 모른다. 검정 플라스틱 소재에 지름이 30센티미터쯤 되는 데다 한쪽 면을 다 틀어봐야 고작 20여분밖엔 녹음되어 있지 않고, 딱딱하고 두꺼운 종이로 만든 재킷에 소중한 보물이나 되는 듯이 들어 있으며, 바늘 같은 것도 교환해야 하는 그런 게 레코드이다.

어째서 지금 새삼스럽게 레코드 타령인가? 자리도 차지하고 번거로워 CD가 단연코 편리하다. 하지만 가장 중요한 게 소리라고 한다면 레코드 쪽이 압도적으로 좋다.

모두 이렇게 되물을 것이다. "네에? CD소리가 훨씬 낫지 않나요?"

그렇다. 그런 기치 아래 1982년에 CD가 등장했다. 그러나 적어도 레코드의 전성기, 즉 70년대까지 녹음된 음원에 대해선 레코드가 현격하게 소리가 좋다. 이유는 단순하다. 레코드를 상정하고 녹음한 것이기 때문이다. 기재도 기술도 그것에 맞춰 검증한 것이기 때문이다. 그것을 CD로 구워서 다시 만들었으니 아무래도 경박하고 실체감 없는 소리가 되고 만다. 그런 이유로 1980년대 이후에 녹음된 것에 대해선 CD도 그리 나쁘지 않은 것 같기도 하다.

다만 재즈나 록, 클래식의 황금시대는 레코드의 전성기와 정확히 겹치며, 따라서 질 좋은 진정한 음악을 들으려 한다면 아무래도 레코드에 무게가 실린다.

우리나라에선 레코드나 레코드플레이어를 구하기가 어렵다. 하지만 유럽에선 CD의 개발 이후에도 숫자가 줄기는 했어도 레코드는 계속해서 발행되었고, 플레이어와 교환바늘도 생산되어 왔다.

요즘은 레코드의 진가가 재발견되고 있으며 레코드판을 수집하는 사람도 늘고 있다.

(ㄹ) 이런 일도 다 있구나

1982년에 CD가 등장했을 때, 그것은 경이였다. 너무나 당돌하게, 부탁하지도 않았는데 느닷없이 나타나 너도나도 집집마다 장만하게 되었고, 어느새 중요한 위치를 차지하게 되었다.

특별히 아무도 레코드에 불만 같은 것은 갖지 않았었다. 먼지나 정전기가 성가시고, 교환바늘도 턱없이 비쌌지만 그저 그러려니 했다. 때문에 CD가 등장했을 때, 처음엔 농담이 아닐까 고개를 갸웃했었다. 레이저광선을 사용한다기에 '하려고만 하면 이런 것도 다 가능하구나' 하는 느낌이었지 설마하니 레코드를 싹 몰아내리라고는 꿈에도 생각지 않았다.

더구나 최근에는 CD의 수명이 의외로 짧다는 사실도 밝혀졌고, 원료인 폴리카보네이트나 알루미늄 반사막은 기껏해야 30년 간다는 의견도 있다. "무슨 소리, 80년은 끄떡없다"고 큰 소리치는 기술자도 있지만 레코드는 100년 이상 간다는 것이 이미 실증되어 있다.

그리고 이제는 "맞습니다. CD도 슬슬 들어가는 추세이니 음악은 반도체 메모리로 들으십시오" 말하는 기술자가 등장하게 되었다.

(ㄹ)공급이 수요를 창출한다

이런 일은 지금도 어디선가 되풀이 일어나고 있으며, 절대적으로 계속된다. 이유는 분명하다. 새로운 공급에 의해 수요는 창출되며, 경제규모를 확대하는 것이 자본주의의 원리니까.

수요자가 현재 불편을 겪고 있는 것이라든지 강하게 바라기 때문에 공급자가 상품을 개발하는 경우도 있지만, 레코드나 책처럼 수요자는 특별히 불편하거나 어려움에 빠져 있지도 않고 즐겁게 살아가고 있는데 "이런 것도 다 된다니까"라며 공급자가 아예 들이미는 경우가 꽤 많다. 가장 당혹스러운 것은 새로운 대중매체나 양식이 옛것을 대체하게 된 것도 아닌데 눈 깜짝할 사이에 옛것의 공급이 멎어버리는 것이다.

아울러 새로운 기술이 인류를 행복하게 하는지 그렇지 않은지도 생각해 봐야 한다. 예를 들어 지하철 안에서 휴대전화가 뚫린다는 것도 그렇다. 통신사들은 소비자가 지하철 안에서도 휴대전화로 통화하기를 원했다고 선전했지만, 내가 보기엔 수요가 기존에 있었다기보다는 새로운 공급에 의해 새로운 수요를 창출한 자본주의적 원리의 발동을 위한 방편으로밖엔 들리지 않는다.

그래서 지금 우리는 공공장소에서의 떠들썩한 통화 때문에 듣고 싶지 않아도 남의 개인 이야기를 어쩔 수 없이 들어야 한다. 공급자 멋대로의 판단으로 자기들 형편에 따른 공급이 사회를 더욱 복잡하게 만들기만 했으며, 그것은 반드시 인류를 행복하게 하지 않는 것은 물론이고 도리어 일거리를 늘리거나 바쁘게 만들었다. 급기야는 교육계의 과제만 늘려놓은 게 아닐까 생각한다.

여기서 생각나는 말이 있다.

"교육은 사회의 변화에 따라가선 안 된다. 교육이 사회의 변화를 이끌어야 한다."

루소도 페스탈로치도, 듀이도 이와 비슷한 주장을 하고 있다. 미래사회의 주역인 어린이와 학생을 어떻게 기를 것인지가 미래사회의 모습을 결정하며, 그 열쇠는 교육현장에 관여하는 교육계 종사자가 쥐고 있다.

그러한 수업을 만들고, 그러한 학교를 만들어나가기 위해 현장에 있는 교사들이 깊이 고민해 보아야 할 시점이다.

2장 야단쳐서 기르는 교육의 회복

▶ 야단치는 의미와 야단맞는 이유

(1) 순수함을 길러주어야 한다

부정하지 말라, 상처 입히지 말라, 칭찬하라, 격려하라, 야단치지 말라, 화내지 말라는 것이 요즘 교육계의 선전구호이다. 아동을 가장 우선하여 생각하는 아동중심주의자가 이런 말들을 소리 높여 외치고, 깊이 생각하려 하지 않는 사람들이 이런 생각에 공감하고 동조하여 세상에 퍼뜨리고 있다. 경박한 일이다.

인생은 좀처럼 생각대로 되지 않는 법이다. 칭찬 받고 격려 받기만 한다고 인생이 순조롭게 진행된다면 인생 뭐 어려울 것이 있겠는가. 오르막도 내리막도, 설마 하는 벼랑길도 있는 것이 세상이고 인간사이다. 인생의 그러한 실상에 맞부딪쳐 살아갈 능력을 길러주는 것이야말로 참된 교육자가 할 일이며, 진정한 사랑이라 생각한다.

그렇게 성장하게 하려면 게으름을 경계하고, 안이함을 나무라며, 불굴의 의지를 길러나가야 한다. 그러므로 아동의 현재 모습을 부정하고 야단치고, 단련시키는 것도 때로는 필요하다. 더욱 중요한 것은 아이들 스스로가 귀에 거슬리는 그런 충고·질책·쓴소리를, 모두 자신을 사랑하고 아끼기 때문에 주는 감사한 가르침으로 받아들이고 자기 성장의 양식으로 삼는 순수함을 갖는 것이다.

그런 순수함을 기르기 위해서도 귀에 거슬리는 주의나 충고, 질책을 교육현장에서 긍정하고 받아들이지 않으면 안 된다.

요즘 아이들은 집에서나 학교에서도 야단을 맞거나 주의를 듣는 일이 적기 때문에 어쩌다 혼나거나 나무람을 당하면 버럭 하고 반항적인 태도로 나오는 경우가 많다. 이런 반응은 배우는 학생으로서 당연히 바람직하지 않으므로 야단친 교사로서는 좌시하지 못하고 연거푸 나무라게 되기 쉽다. 이것이 아동의 신경을 한층 거슬리게 하는 결과를 초래하여 갈등으로 발전하기도 한다. 부모가 등장하면 사태는 한층 복잡해진다.

교사에게 주의를 들은 것을 마음에 꽁하고 담아둔 학생이 교사에게 공격적이 되는 경우도 있다. 그런 사태에 대해 일부 지식인들은 가끔 "학생을 그런 사태로 몰아넣은 교사에게 잘못이 있다"는 식으로 말한다. 그리하여 칭찬하고 격려하는 것은 바람직하고, 주의를 주거나 혼내는 것은 좋지 않은 방법이라는 속설이 만연해 있다.

이것은 근본적으로 잘못되었다. 본디 야단맞을 만한 잘못을 학생이 저질렀으니까 야단을 맞는 것이다. 학생은 먼저 자기 잘못을 인정하고 질책을 받아들이는 순수함을 길러야 한다. 그렇게 이끄는 것이 교육이지 학생을 거스르지 않는 것이 교육은 아니다.

미숙한 아이들은 앞으로도 계속해서 성장하고 바뀌어 가는 존재이다. 그 원리는 고스란히 어른에게도, 젊은이에게도 적용된다. 상사의 지적과 지시, 교육을 흡수하여 자기 것으로 만들어 나가는 부하가 어엿한 직장인으로 성장하며, 우리는 그런 젊은이를 순수하다고 말한다.

(2) 야단맞는 방법을 가르친다

느닷없이 야단치고 야단맞는 경우는 거의 없다. 그 전 단계로 주의나 지도, 충고 같은 수준의 온건한 말이 먼저 있는 것이 보통이다. 그 단계에서 그것을 받아들이고 자기를 돌아보고 고치면 된다. 그것을 다양한 상황에서 계속해 나가면 그 당사자는 쑥쑥 자라고 성장하게 된다.

그러나 사람은 일단 고쳤더라도 그것을 깜박 잊기도 하고, 본디의 자리로 돌아오기도 한다. 게으른 마음이 그 가르침을 무시하는 결과를 초래하기도 한다. 그것은 신이 아닌 인간의 한계라고도 할 수 있고, 인간의 연약함이라고도 할 수 있다.

그렇게 되면 야단맞고, 혼나고, 질책을 당하게 된다. 여기서 중요한 것은 그럴 때의 대응방법과 자세이다.

아동중심주의 아래서 자라난 아동은 이른바 만능주의가 몸에 배고, 뭐든지 자기 생각대로 하며, 그렇게 되지 않을 때는 불쾌해하고 짜증을 낸다. 그런 아이는 언제나 불평과 불만 속에 있어 마음이 한시도 편안하지가 않다. 순수하지 않은 아동은 불행한 것이다.

양심적인 교사는 그런 아동을 그대로 놔두지 않기 때문에 주의를 주거나 혼내는데, 그렇게 하면 할수록 아동은 더욱 막 나간다. 이런 악순환이 요즘의 학교현장을 덮고 있다고 하면 지나친 말일까?

이런 사태 속에서 요즘 아이들에게는 새삼 '순수한 마음으로 혼나는 방법'을 가르쳐야 한다고 뼈저리게 느끼고, '혼내는 의미, 혼나는 이유'라는 도덕수업을 실천해야 한다고 본다. 초등 1학년에서 중학교 3학년까지 1년에 한 번은 이런 수업을 해야 한다. 아동은 언젠가 청년이 되고 어른이 된다. 어릴 때 올바른 교육을 받으면 미래의 인생이 행복해진다.

다음은 어른인 후배를 가르치고 성장시키는 데에도 통용되는 중요한 내용이다. 가르치는 즐거움, 자라는 기쁨을 구현하기 위해서도 분명 도움이 되리라 생각한다.

①수용

야단을 맞으면 우선 순수하게 질책을 받아들여야 한다. 거부나 거절을 해버리면 아무런 결실도 없다. 반발, 반항 등은 논외이다.

②반성

자신에게 그럴 마음이 없었거나 또는 자신은 알아채지 못했더라도 다른 사람에겐 그렇게 비쳤던 것이다. 자기 자신을 되돌아보는 순수함이 중요하다. 자신을 고쳐나가는 첫걸음이다.

③진정한 사과

상대방에게 불쾌감을 안겨준 것, 미처 생각하지 못한 점이 있음을 순수하게 사과할 필요가 있다. 반성하면 사과의 말이 당연히 나오겠지만, 요즘 아이들은 이 말을 거의 하지 않는다. 배우지 않아서 모르는 것이다. 중요한 지도사항이다.

④ 개선

야단맞는 것을 받아들이고 반성하고 사과했으면, 가르침에 기초하여 스스로를 고치고 행동을 바꿔야 한다. 그렇지 않으면 아무 소용이 없다. 성장의 열쇠이다.

⑤ 감사

따끔하게 야단쳐준 덕분에 성장할 수 있다고 여긴다. 여기까지 할 수 있어야 비로소 진정한 성장을 이룰 수 있다.

▶ 야단치지 말라는 교육은 이제 그만!

요즘 교사는 철학이 빈약한 것 같다. 그것이 문제의 근원이다. 때문에 학부모가 항의할 때마다 축이 흔들린다. 중요한 것은 기술이 아니라 철학을 갖는 것이며, 그를 위해 교사는 '수양'을 쌓아야 한다. 철학을 가지면 자신감이 생긴다. 사랑이 있으니까 꾸짖는다고 당당하게 말할 수 있게 되는 것이다.

정도의 차이는 있지만 어느 학교에서든 말썽꾸러기 아동과 학부모 때문에 애를 먹고 있다. 그리고 꾸짖지 않는 교육이 현장에 만연하는 바람에 교사를 피폐하게 만들고 있다. 이에 반해 학교는 그때그때의 대응에 쫓길 뿐 근본적인 해결로 이어지는 행동은 하지 못하는 것 같다.

아동이 반항하는 것도, 학부모가 따지고 드는 것도 싫다면 아무 일도 하지 않고 가만히 있는 것이 으뜸이다. 그것은 교육의 패배다. 교육이란 바람직하게 바꿔나가는 것이기 때문이다. 본디 자기 자녀의 잘못을 인정하지 않고, 학교에 사과를 요구하는 학부모를 기른 것 자체가 현재 우리나라의 학교교육이다. 지금 가르치고 있는 아동이 장차 그런 학부모가 되지 않도록 교사는 깊이 생각해 보아야 한다.

개성을 중시하고 저마다 자기 뜻대로 행동해도 된다면 아동에게 세상의 규칙을 가르치지 않은 것이 된다. 그들이 성장했을 때 사회에 원만히 적응할 수 있을지 의문이다. 어른들이 자기 비위를 맞춰주어서 아무런 불쾌함을 겪지 않고 자라난 아이들은 세상일이 자기 뜻대로 되지 않는 것에 익숙지 않다. 결과적으로 불만투성이 인생을 살게 되며, 그 아이의 인생을 불행하게 만드는 것은 아닐까.

학생의 미래, 나아가서는 이 나라의 미래를 위해서도 지나친 '야단치지 않는 교육'을 바로잡고, 악순환을 단절할 필요가 있다. 지금이야말로 교사들은 세상의 규칙을 가르치는 꾸지람의 참된 의미를 이해해야 한다. 그리고 시대에 맞게 '야단쳐서 가르치는' 교육을 실천해 나가야 한다.

▶ 아이들은 꾸중과 함께 자란다

(1) 강한 아이로 기른다

꾸짖는 것이 왜 중요한가 하면 그래야 강한 아이로 자라기 때문이다. 요즘은 조금만 야단쳐도 풀이 죽고 의기소침해지는 아동이 많다. 옛날 어린이들이 그러했다시피 꾸지람 들으며 자란 아이는 정신적으로 강해지고 걸려 넘어져도 자기 힘으로 일어선다.

사회에 나가면 당연히 장애물에 부닥친다. 어린 시절에 칭찬만 들으며 자란 아이는 그것을 극복하지 못한다. 장애물을 뛰어넘는 강인한 마음을 기르려면 야단칠 필요가 있다.

어린이에게 야단쳐주는 사람이 있는 것은 매우 중요한 일이다. 어떤 행동을 해선 안 되는지, 허용범위는 어디까지인지는 따끔하게 꾸지람을 들음으로써 마음속에서 깊이 깨닫게 된다.

어린이의 가치를 인정하고, 그 아이다운 방향으로 기르기 위해서도 옆길로 샜을 때는 교사가 야단을 쳐야 한다. 요즘의 교육현장에서는 그것이 충분히 이루어지고 있지 않은 것 같아 걱정스럽다.

(2) 반드시 꾸짖어야 하는 세 가지 경우

새 학년을 맞아 학급 아동에게, "선생님이 여러분을 혼내는 경우는 세 가지입니다. 그 세 가지에 대해선 따끔하게 꾸중합니다" 선언해야 한다.

첫 번째는 생명과 관련된 문제이다. 예를 들면 3층의 교실 창문에서 몸을 밖으로 내밀고 내다보는 아이를 뒤에서 미는 아이가 있다. 떨어지면 생명이 위태롭다. 이런 경우는 눈물이 쏙 빠지도록 따끔하게 야단친다.

두 번째는 인권과 관계된 것이다. 타인을 무시한다든지 괴롭히는 등 인권과 관계된 행동을 했을 때는 나무라야 한다.

세 번째로 똑같은 주의를 세 차례 주었는데도 그만두지 않고 계속한 경우이다. 세 번까지는 용서하지만 그 이상 했을 때는 야단친다.

이 세 가지 경우에는 꾸중한다는 것을 새 학급을 맡았을 때 반드시 선언한다. 그러나 그것 이외엔 함부로 혼내지 않겠다는 것도 말해 둔다. 그러면 아이들은 안심한다. 이 선생님은 이러이러한 때에 야단치고, 그것 이외엔 야단치지 않는다는 것을 알기 때문에 아이들이 다가오기 시작한다.

▶ 규범의식 확립을 위해 따끔하게 야단친다

문제행동을 목격하면서 야단치지 않는다는 것은 가치기준이 확실하지 않기 때문에 일어나는 일이며, 야단치지 못한다는 것은 기준이 있다 해도 벌칙을 어떻게 정하고 실행해야 할지 몰라서 일어나는 일이라고 생각한다. 현재 이 두 가지가 뒤섞인 젊은 교사가 늘고 있는 것 같다.

그러면 어떻게 해야 할까? 우선 야단칠 가치기준의 문제에 대해선 사회규범을 규칙과 예의범절, 그리고 도덕의 3개 층으로 나누어 정리해 생각하는 것이 중요하다. 규칙은 상당히 명확하고, 도덕에 대해서도 비교적 알기 쉽다.

까다로운 것은 예의범절이다. 이것은 지역사회와 문화에 따라 다르기 때문이다. 현대를 사는 사람들이 갖고 있는 상식에도 엇갈림이 있고 뚜렷하지 않기 때문에 어려우리라 생각한다. 하지만 우선은 자기 안에서 분명하게 정리하고, 애매한 부분이 있으면 새 학년 초에 학생들과 꼼꼼히 다루어 정하면 된다.

그렇게 하여 맨 먼저 학급의 규칙과 예의범절, 도덕을 확인해 두면 야단칠 가치기준은 명확해진다.

▶ 진정한 꾸중이 아동을 성장시킨다

꾸중하는 지도는 왜 필요할까? 꾸중과 칭찬의 목적은 아동의 자존심을 높이는 것과, 아동과의 적당한 거리감을 만들어 학급의 질서를 유지하는 것의 두 가지이다.

우선 자존심의 향상에 대해서 이야기해 보자. 자존감정 연구의 일인자인 로젠버그에 따르면 칭찬만 받는 것보다 칭찬도 받고 꾸중도 듣는 아동이 훨씬 자존감이 높았다고 한다. 아이들은 칭찬이나 야단치기 같은 표면적인 수단이 아니라 자기와 접촉하는 어른의 '관심'에 반응하는 것이다.

아동에게 많은 관심이 있어야 칭찬해야 할 때는 칭찬하고, 야단쳐야 할 때는 따끔하게 야단칠 수 있는 것이 아닐까? 칭찬과 꾸중의 균형은 아동에 대한 "너를 관심 있게 지켜보고 있다"라는 신호이기도 하다.

아동을 늘 칭찬하는 것은 자칫 한 발짝만 잘못 디뎌도 형태화할 우려가 있다. 까놓고 말하면, '아이들을 칭찬해야 한다'고 지나치게 믿은 나머지 칭찬의 말이 공허해지는 것이다. 아이들 쪽에서도 익숙해져서 칭찬을 들은 기쁨이 반감될 수도 있다. 반면에 평소 엄격하던 선생님한테 칭찬받으면 기쁨도 두 배가 된다. 칭찬의 효과를 살리기 위해서도 꾸중을 중요시해야 한다.

사람은 누구나 편한 방향으로 향하기 마련이다. 자기가 좋아하는 쪽으로만 행동하면 때로는 남에게 상처를 줄 수도 있다.

신상필벌(信賞必罰), 즉 착한 일을 하면 칭찬받고, 나쁜 짓을 하면 혼난다. 이러한 쾌·불쾌의 자극이 인간으로서 가야 할 방향을 제시하여 바람직한 인간성이 차츰 몸에 배게 한다.

한편 아동과의 거리감 역시 중요한데 지도하는 교사와 받아들이는 아동에겐 일정한 거리가 필요하다. 아동의 마음이 교사와 지나치게 멀어도, 또 너무 가까워도 충분한 교육효과를 거둘 수 없다.

무람없음과 친근감은 다르다. 숙제를 빠뜨린 아동에게, "점심시간에 하거라" 지도했을 때, 반성하기보다는 불만스런 표정을 짓는다면 이미 익숙해져 삼가고 조심하는 것이 없어졌다는 증거이다.

교사는 의연한 태도로 엄격하게 대할 필요가 있다. 따끔하게 야단을 맞으면 아이들은 자기 잘못을 안다. 잘못한 것은 그 자리에서 바로잡는 것이 가장 중요하다. 그대로 두면 아동은 자기 잘못을 좀처럼 깨닫지 못해 점점 더 나쁜 방향으로 향하기 때문에 지도하기가 더욱 어려워진다.

반대로 너무 엄격하게 대하여 아이들이 교사를 경원하는 모습을 보인다면 자주 말을 걸고, 즐거운 행사를 꾸미는 등 거리감을 좁히도록 한다.

중요한 것은, "선생님은 평소엔 무척 재미있지만 엄격할 때는 아주 무섭다"는 인식을 아이들에게 심어주고, 학급에 적당한 긴장감을 유지하는 것이다. 분위기 좋은 학급이란 모든 아동이 자기 멋대로 행동하는 학급이 아니다. 다 함께 결정한 학급의 규칙을 지키고, 서로를 존중함으로써 인간성을 보다 높여나가는 그런 학급이 진정한 의미에서 분위기 좋은 학급이다.

교육의 목적은 아동의 능력을 신장시키는 것이다. 꾸중도 칭찬도 수단에 불과하다. 이탈리아의 마키아벨리는 그의 저서 《군주론》에서 "군주는 사랑받기보다는 공포의 대상이어야 한다. 하지만 미움을 받아선 안 된다"고 쓰고 있다. 교사도 마찬가지라고 생각한다.

3장 중학생을 어떻게 야단칠까

▶ 꾸중은 학생의 마음에 갈등을 일으킨다

(1) 적절한 갈등은 성장의 과정이다

늘 칭찬만 받거나, 어떤 이유로 잘못이 면죄되면 아이들은 "내가 잘못한 걸까?" "상대방에게 상처를 준 것일까?" "나는 늘 이런 행동만 해도 괜찮은 걸까?"와 같은 갈등을 일으키지 않는다.

사람은 적절한 갈등이 없으면 성장하지 않는다. 적당한 칭찬도 필요하지만, 적절하게 야단맞지 않으면 "나는 옳다. 이래도 괜찮다. 잘못한 것은 내가 아니다" 굳게 믿고, 자존심만 키운다.

(2) 갈등을 일으키게 하려면 타협하지 말아야 한다

부정적인 이미지가 강한 스트레스나 불안은 갈등과 마찬가지로 때로는 성장의 발판이 되기도 한다. 갈등이 없으면 아이들은 현상태에 만족하고 성장하지 않지만, 그것들이 적절하게 있을 때는 다음 성장의 발판이 된다.

갈등을 일으키는 것이 목적이므로 때로는 집요하게 추궁하는 일도 있어야 한다. 해당 아이에게 맞추기 위해 따끔한 야단을 포기해서도 안 된다.

"네가 잘못이 없다고 그토록 주장하고 나오니 선생님은 너의 부모님하고 이야기를 나누어야겠다"고 하면 학생은 분명 심하게 반항하겠지만, 그래도 학생과 '대결'하지 않으면 안 된다.

"다시 또 이런 행동을 하면 선생님은 다시 너에게 훈계할 것이다. 그런데도 그치지 않으면 부모님과 상담을 하겠다. 그래도 안 되면 부모님을 아침부터 교실에 계시게 하겠다. 그래도 안 되면 법적으로 대응하겠다."

한 발짝도 물러서지 않는다는 자세를 보여야 비로소 갈등을 일으키는 학생도 있다는 현실을 오늘날의 교사는 알아야 한다.

▶ 야단치는 것은 관심이 있다는 증거

(1) 문제행동은 발열과 같다

감기에 걸리면 열이 난다. 열이 나지 않으면 알아채지 못하고 그냥 내버려두기 때문에 인체는 꽤 잘 만들어져 있는 셈이다. 통증이 드러나지 않는 병은 알고 나면 이미 중증인 경우가 많다.

마음도 어떤 일이 일어나면 문제행동이라는 열을 내는 편리한 메커니즘이 갖추어져 있다. 다만 사람의 마음은 매우 복잡하므로 어떤 일이 일어나도 꿈쩍 않고 있다가 어느 날 갑자기 폭발하는 유형도 있다. 차라리 작은 일로 튀어나오는 편이 알아보기도 쉽고 대응하기도 편하다.

열이 날 때 그냥 내버려두는 사람이 없는 것과 마찬가지로 문제행동에 대해서도 '모른 척'하거나 '어른스런 태도'를 취하거나 '이해심 많은 척'하지 않는 것이 낫다.

(ㄹ) 교사를 시험하는 문제행동

비행이나 문제행동은 대개는 일과성으로 끝난다. 어른의 범죄는 되도록 들키지 않으려고 감추지만, 비행이나 문제행동은 의외로 당당하게 일으킨다.

예를 들면 수업 중에 문을 발로 차고, 교사에게 반항적인 태도를 의도적으로 보이며, 일부러 딴전을 피우고, 길거리에서 담배를 피우는 등…… 이런 것들은 "나는 이런 나쁜 짓을 하고 있는데 선생님은 과연 어떻게 나올까?" 시험하는 것이다. 열이 나는 아이가 부모더러 알아달라고 하소연하는 것과 같다.

그럴 때, 모른 체하거나 불문에 붙여선 안 된다. "무슨 짓이냐!" 따끔하게 야단쳐야 한다. 물론 때와 장소를 구분하여 야단치는 것이 가장 좋지만, 가장 바람직한 꾸중법을 찾기 위해 골몰하느라 때를 놓쳐선 안 된다.

(ㅋ) "나한테 관심을 가져주세요!"

물론 야단을 맞았다 해서 반성하는 것은 아니다. 반성은커녕 폭언으로 맞받아칠지도 모른다. 학생과의 인간관계는 일단 나빠지겠지만, 꾸짖는 것은 학생에 대한 "선생님은 관심을 갖고 있단다"라는 강한 메시지인 것이다.

어린아이가 길에서 벌렁 누워 떼를 쓰는 경우를 이따금 본다. 어떤 엄마는 화를 내며 모른 척 그대로 가버린다. 아이는 엄마의 모습이 보이지 않게 되자 벌떡 일어나서 엄마를 쫓아가 다시 엄마가 보는 앞에서 뒹굴며 떼를 쓴다.

엄마 앞에서 떼를 쓰는 모습이 위의 중학생과 오버랩된다. 보이지 않는 곳에선 떼를 써봤자 의미가 없다. 보이는 곳에서 당당하게 떼를 써서 주목받고 싶은 것이다. 곧 관심을 가져달라는 것과 같다.

사춘기의 아이들이란 몹시 굴절된 표현을 하기 마련이다. 야단을 맞으면 반항하지만, 야단을 치지 않으면 관심이 없다고 여기고 문제행동을 더욱 크게 일으킨다.

(4) 거짓 반성이라도 좋다

문제행동을 되풀이하는 학생은 진정한 반성 따윈 쉽게 하지 않는다. 그게 불가능하기 때문에 문제행동을 반복하는 것이다.

야단칠 때마다 진심어린 반성은 기대하지 말고 거짓이라도 좋으니 반성을 축적하게 하자. 사람의 심리는 복잡해서 진정한 반성도 별로 하지 않지만, 새빨간 거짓 반성도 별로 없기 때문이다.

진정한 반성이라는 담보물을 기대하지 말고, 현재 눈앞에 있는 학생의 "나를 버려두지 마세요"라는 무언의 신호에 응답해야 한다.

▶ 꾸중은 학생의 자기억제력을 기른다

(1) 악을 억제하는 마음은 어떻게 만들어지는가

어린이의 자기억제, 또는 스스로를 통제하는 능력을 기르는 것은 '무서운 사람'을 아동의 마음속에 만드는 것이다. 이것은 유명한 정신분석학자 프로이트가 한 말인데, 자신의 어린 시절을 떠올리면 이해가 될 것이다. 어떤 나쁜 행동을 하려는 순간에, 이런 행동을 했다가 아버지한테 꾸지람을 들었던 경험이 그것을 억제하기도 한다.

물론 그것만으론 단지 혼나니까 하지 않을 뿐, '들키지 않게 하면 된다'는 결과를 낳기도 한다. 프로이트에 따르면 '무서운 사람'이 내면화됨으로써 마음속의 무서운 사람이 행동을 억제한다. 다만, 이 무서운 사람은 존경과 신뢰의 대상이 아니면 내면화되지 않는다.

(2) 학교도 집과 똑같다

자녀를 기를 때, 아버지와 어머니는 각자의 역할을 분담하여 협력하기 마련이다. 그것이 의미하는 바는 엄격함과 사랑이 균형을 이뤄야 한다는 것이다. 아버지와 어머니가 둘 다 말도 못 붙일 정도로 엄하다든지, 반대로 다 받아주기만 하면 아이들을 제대로 기를 수 없다. 이것엔 아무도 다른 의견을 달지 않을 것이다. 앞에서 말한 무서운 사람은 대개는 아버지이다.

마찬가지로 학교에서도 적당한 엄격함과 사랑이 있어야 하지만, 교사는 학급담임과 수업을 병행해야 하므로 혼자서 아버지와 어머니 노릇을 겸해야 한다는 점에 어려움이 있어 대부분 어느 한쪽으로 기운다.

오늘날 학교에선 무서운 사람, 아버지 역할이 사라졌다. 엄격하면 학생과의 대립이 늘고 부모와의 문제로 발전하는 경우도 많지만, 부드럽게 대하면 일단 학생과의 마찰도, 부모로부터의 불만 제기도 적기 때문이다.

(3) 학교에 '무서운 사람'을 어떻게 만들 것인가

가장 단순한 방법은 야단칠 수 있는 사람을 찾는 것이다. 이미 말했듯이 무서운 사람은 단순히 목소리를 높이는 게 아니라 학생의 존경과 신뢰를 받아야 한다.

이어 그런 사람이 한 학년에 몇 명 되지 않는다면 학생지도 체제로 만드는 것이 좋다. 무서운 사람이란 의미는 잘못을 허용하지 않는다는 것이므로 반드시 교사가 아니라도 무방하다.

폭력행위를 반복하는 학생에게는 애당초 무서운 사람이 존재하지 않는다. 교사에 대한 폭력 등이 그 대표적 예이다. "교육은 어디까지나 말로써 이루어져야 한다"는 미사여구에 현혹되어 사실상 방치하면 피해자는 물론 가해자도 지키지 못한다. 그러므로 무서운 사람 대신에 법적 대응으로서 경찰 등의 외부기관에 의뢰해야 한다.

물론 어느 날 갑자기 폭력행위에 휘말리는 일은 없으며, 폭언과 기물파손, 배회 등의 문제행동을 계속하다가 발생하는 것이 보통이므로 이 단계에선 부모와 의논한다, 이 단계에선 교사가 교내순회지도를 한다, 이 단계에선 상담실에서 잘못을 빌 때까지 훈계한다 등, 단계에 맞춰 '무서운 사람'을 설정하면 된다. 그 모든 것을 뛰어넘어 폭력에 이른 경우, 법적 대응을 하게 되지만 대부분의 학생은 법적 대응으로 가기 전에 자기억제력을 발휘한다.

야단친다는 행위에는 부정적 이미지가 따라다니기 마련이지만 이런 적극적 의미도 있음을 알기 바란다.

▶ 야단치는 교사가 되기 위한 조건

(1) 존경하는 교사에게 야단을 맞으면 효과가 있다

자신 있게 야단치기 위한 교사의 조건은 평소 처신이다.

예를 들어 평상시 학생들과 대화도 잘 안 하고 별로 관심도 없던 교사가 야단을 치면 어떻게 될까? 겉으론 반발하지 않을지 모르지만 속으론 받아들이지 않을 것이다.

그러나 존경하는 교사에게 꾸지람을 들으면 효과가 엄청나다. 존경까진 무리라도 애착을 느끼는 정도면 충분하다. 교사에 대해 자기를 미워하지 않는다는 신뢰감을 갖고 있으면 야단을 맞아도 인간관계가 쉽게 무너지지 않는다.

따라서 교사가 만약 평소에 학생의 고민상담을 해주고, 때로는 함께 놀아주고, 서로 장난을 치기도 하고, 학생이 곤경에 처했을 때는 진지하게 대응한다면 '바로 지금'의 순간에 야단을 치면 효과 백배다.

(ㄹ) 꾸짖는 범위를 넘어선 안 된다

꾸짖는 범위를 넘어선 문제는 아무리 야단쳐봐야 문제가 확대되거나 주위에 피해자만 늘어날 수 있다.

이를테면 폭력행위, 기물파손행위와 괴롭힘의 일부 등이 그것이다. 이런 문제는 깊은 반성을 한다 해도 법적인 책임을 물게 하거나, 경우에 따라서는 법적인 처벌도 받아야 한다.

학생이 일으키는 문제에는 야단을 맞아서 극복할 수 있는 것과, 야단만 맞아선 극복 불가능한 것이 있는데 모든 문제를 교사의 꾸지람 하나로 해결할 수 있다고 믿는 것은 오늘날의 학교현장에선 비현실적인 신념이라고 할 수 있다.

▶ '유행성' 교칙위반을 하는 학생

(1) 유행성 교칙위반이란

학교 안에선 갖가지 것들이 유행하기 마련이다. 전에는 치마

길이가 너무 길어서 그것을 짧게 하느라 고생했는데, 요즘은 짧은 치마길이 때문에 여간 곤혹스럽지가 않다.

소지품에도 유행이 있다. 한때는 다마고치 때문에 속을 끓였다. 쉬는 시간이면 여기저기서 삐삐 하는 소리가 났고, 나중엔 수업시간에도 울렸다.

이런 유행은 일시적인 것이 많다. 다마고치는 고작해야 반년에서 1년 만에 끝났다.

똑같은 교칙위반이라도 머리에 파마나 염색을 한다든지, 규정을 벗어난 교복을 입는 것과 달리 말 그대로 유행성 교칙위반은 유행이 지나가면 다시 제자리로 돌아오거나 새로운 유행으로 옮겨간다.

(ㄹ) 유행성 교칙위반은 기본적 매너만 가르친다

일과성의 것이므로 금지하면 교사의 노력에 비해 얻는 바가 거의 없다. 학교의 지도체제로서, 교칙위반으로 다루지 않는 것이 가장 좋다. 가볍게 주의를 주는 정도면 충분하다. 사춘기 때 누구에게나 있는, 멋부리기를 즐기는 행위일 뿐이므로 유행이 지나가기를 기다리면 된다.

요즘은 특히 스마트폰이나 PMP, MP3 등의 개인 음향 및 영상기기가 문제되고 있다. 조회시간에 수거했다가 종례시간에 다시 돌려주는 학교, 전면 금지하는 학교 등 학교마다 방법은 다르지만 골머리를 앓기는 매한가지다. 수업시간에도 전자기기에 몰두하는 학생이 많다. 학교에서 맡아두었다가 돌려주는 방법을 쓸 경우, 요즘처럼 수십 만원을 호가하는 값비싼 제품이 흔한 상황에선 분실했을 때 책임문제가 있어 어려움이 따른다.

그러므로 사용방법의 예절을 가르치는 것이 좋다. 아이들은 아무리 금지해도 새로운 놀이를 생각해 낸다. 위험한 놀이가 아니라면 쉬는 시간에 하는 것은 허용하고, 기본예절을 어기면 몰수하는 등 엄격하게 대응하자. 그렇게 하는 사이에 아마도 다른 것이 다시 유행할 것이다.

▶ 핑계를 내세워 보건실에 가는 학생

(1) 제로 톨레랑스

톨레랑스(tolérance)란 관대, 관용이라는 의미이므로 제로 톨레랑스는 관용이 전혀 없는 엄격한 학생지도가 된다. 그러나 엄격함이란 지도하는 교사에 따라 큰 차이가 난다. 따라서 제로 톨레랑스 방식에는 규율내용이 매우 세밀하게 정해져 있고, 규율위반이 있는 경우에는 변명의 여지가 거의 없이 레벨 1에서 레벨 5까지의 단계에 의해 처벌을 받는다. 레벨 3에서부터는 얼터너티브 스쿨로 보내지기도 하는데 거기서 단기 또는 장기의 교정교육이 이루어진다. 그것으로 교정이 되면 원래 다니던 학교로 돌아갈 수가 있다.

미국의 주나 학교에 따라 규율내용과 처벌단계는 다르지만 기본적인 사고는 같다.

규율내용에는 껌을 씹는 것, 부적절한 옷차림, 지각, 흡연, 담배 소지, 과도한 잡담까지 포함되어 있으므로 괴롭힘이나 폭력, 교사에 대한 폭언 등은 당연히 금지행위에 들어가 있다. 가벼운 규율위반의 경우(사탕이나 껌, 복장, 지각 등)는 레벨 1, 괴롭힘이나 폭력은 레벨 3에서부터 처벌을 받는다.

레벨 1 교사에 의한 주의 또는 부모의 소환

레벨 2 학교장에 의한 주의 또는 별실에서의 수업

레벨 3 토·일요일에도 등교

레벨 4 출석정지(단기, 장기)

레벨 5 얼터너티브 스쿨 행

이러한 제로 톨레랑스 방식은 한국에는 아직 없다. 앞으로 엄격한 학생지도를 위해 도입을 고려해 볼 가치가 있기는 하다.

물론 미국사회에서도 비판 없이 전면적으로 받아들여지고 있지는 않다. 또한 출석정지처분을 둘러싸고 재판으로까지 발전한 경우도 있다. 규칙의 개정도 이루어지고 있다.

그러나 현재 미국의 학교가 1989년의 영화 〈폭력교실〉과는 전혀 비슷하지도 않은 질서정연한 곳임은 틀림없으며, 방법이야 어떠하건 우리나라의 중학교 교사가 부럽게 생각하는 것은 당연하다.

(ㄹ) 보건실에 드나드는 학생

교육현장을 모르는 사람은 '보건실에 가는' 것이 왜 '야단맞을' 대상이 되는지 의아하게 여길 것이다. 중학교에선 '보건실 드나들기'라는 말은 어엿한 학생지도용어이다.

보건실 다니기에는 몇 가지 의미가 있다. 물론 '다닌다'고 한 이상 빈번하게 가는 경우로 분류해 보았다.

① 몸이 아프다고 하고 간다.

② 특정 교과목 시간이 되면 간다.

③ 아침부터 보건실에 있고 싶어한다.

②와 ③은 어떤 메시지를 분명하게 드러내고 있으므로 해결은 어렵지 않으나 먼저 그 메시지를 읽어내지 않으면 "교실로 돌아오라"고 해봤자 돌아오지 않는다. 돌아와도 이내 보건실로 다시 간다.

당연히 부모와도 상담하여 메시지부터 읽도록 한다.

문제는 ①의 경우이다. "배가 아프다" "머리가 아프다"고 하면 진짜인지 의심이 가도 다짜고짜 "가지 마!"라고 할 수가 없다. 그러는 사이에 1명, 2명 늘어나다가 ②와 ③의 이유로 가고 싶어하는 학생도 동참하여 보건실은 학생들의 집합소가 된다. 참다 못해 "보건실에 가면 안 된다"고 해도 "왜 나만 못 가게 하죠?"라며 금지한 교사와 충돌이 일어난다.

이렇게 되면 정말로 보건실에 가야 할 학생은 이용하지 못하거니와 일부 불량학생의 '놀이터'가 되고, 이윽고 거기서도 배회하여 보건실이 '출격기지'화한 학교의 예는 수없이 많다.

(3) 제로 톨레랑스를 선언하여 대응한다

①의 경우는 일찌감치 대응해야 한다. 만약 하루에 여러 차례 "머리가 아프다"며 보건실에 간다면 담임은 의아하게 생각해야 한다. 한 달에 한두 번은 몰라도 그런 날이 계속되면 이런 식으로 진지하게 대응하면 좋다.

"그렇구나. 요즘 자주 머리가 아프다고 하는구나. 병원에 가 보는 게 좋겠다. 어머니께 전화해 놓을 테니 조퇴하거라."

따로 야단칠 필요도 없다.

이 경우에 학생 쪽에서 당황하여 "괜찮아요. 보건실에 가지 않겠어요"라고 하면 "다시 아프거든 말하거라"의 말로 종료된다.

중요한 사실은 "보건실에 가느니 조퇴하고 병원에 가거라" 명확히 하는 것이다.

이 문제엔 관용은 제로여야만 한다. ②나 ③의 학생과 달리 다른 학생과의 인간관계가 그다지 복잡하지 않은 학생이 변덕을 부려 보건실에 가고 싶어하는 것이기 때문이다.

▶ 작은 폭력행위지만 반복될 때

(1) 폭력행위는 '야단칠' 대상을 초월한 문제

여기서 다루는 '폭력행위'는 교내에서 발생한 것에 한하며, 교사에 대한 폭력과 학생 간 폭력이 있다. 교사에 대한 폭력이란 교사의 멱살 잡기, 쿡쿡 찌르거나 밀치기, 가볍게 차기, 닿으면 상처를 입을 만한 물건 던지기 등을 말한다.

이런 폭력행위는 '혼내는' 것으로 극복하려 해도 거의 불가능하단 사실을 먼저 알아야 한다.

학생 간의 폭력도, 교사에 대한 폭력도 모두 있어선 안 되는 일이지만, 교사에 대한 폭력에는 특별히 중대한 의미가 있음을 알아두자.

교사에 대한 폭력이란 각종 문제행동과는 결정적으로 다르며, 무슨 일이 있어도 없애야만 하는 제1차적인 문제행동이다. 예를 들면 흡연이나 수업방해 등을 야단칠 때, 야단맞은 학생이 폭력으로 맞서려 한다면 야단칠 수도 없게 된다. 교사에 대한 폭력에 제때에 제대로 대응하지 못하면 학교가 무법천지가 되는 것은 시간문제다.

(2) 폭력행위에도 사전 조짐이 있다

이러한 폭력행위가 어느 날 갑자기 발생하지는 않는다. 어떤 일로 주의를 주거나 하는 장면에서 야단친 교사에게 "때릴 거예요?" "에이, 씨" 같은 욕설이나 폭력적인 말을 쓰기 시작하다가 가까이에 있는 물건을 집어 던진다든지, 상처가 나지는 않을 정도로 밀치거나 찌르고, 가볍게 차는 등의 아슬아슬한 폭력이 시작된다.

이것이 큰 폭력으로 발전하는 경우가 많다.

(3) 작은 폭력행위가 되풀이될 때의 대응

멱살을 잡는다든지, 밀치고, 차는 등의 작은 폭력행위는 다치거나 상처가 나지는 않기 때문에 어느 선까지 엄격하게 대응해야 할지 교사는 혼란스럽다.

특히 피해자가 교사인 경우에는 학생과의 관계를 악화시키지 않기 위해 너그럽게 보아주는 경우도 생긴다. 또 교사의 서툰 대응을 동료교사가 책망할 것이 두려워서 감추는 일마저 있다.

피해자가 학생인 경우에는 복수가 두려워서 폭력행위 자체가 없었다거나, "별일 아니니까 일을 크게 벌이지 말아달라"고 부탁하는 경우도 있다.

그러나 작아도 되풀이되는 경우에는 이미 말한 것처럼 커다란 폭력으로 발전하는 일이 많으므로 가볍게 보아선 안 된다.

① 먼저 피해자를 보호한다.

피해자를 보호하기 위해 교무실 등으로 옮기고, 부상이나 사실관계를 확인한다. 피해자가 말하는, 폭력을 당한 이유를 듣는다. 필요하다면 경위를 아는 제3자의 학생에게도 확인한다.

② 상담실 등으로 가해자를 데려간다.

이유나 핑계는 듣지만 어떠한 경우라도 인정해선 안 된다. 특히 반복될 때에는 이유와 폭력은 철저하게 구별해야 한다.

③ 부모를 불러 함께 엄격하게 나무란다.

되풀이되는 경우에는 몇 번이든지 부모를 불러야만 하는데, 가능하다면 부모도 함께 꾸중하는 것이 좋다. 부모 중에는 상대방에게 조금이라도 잘못이 있으면 "때릴 만하니까 때렸겠지 이유도 없이 폭력을 휘둘렀을 리 없다"며 사실상 폭력행위를 면죄해 주는 경우가 있으므로 이유를 이해하는 모습은 보여도 괜찮지만 결코 동조해선 안 된다.

④ 폭력은 원칙적으로 법적으로 대응한다.

폭력행위는 엄격하게 대응해야만 한다. 물론 첫 번째 폭력이고 크게 다치지 않았다든지, 전적으로 상대방에게 잘못이 있다든지 하여 엄격하게 대응하기에는 망설여지는 폭력도 있으므로 이런 경우에는 엄밀한 검토가 이루어져야 할 것이다.

그러나 '반복되지만 심한 폭력은 아니다' '반성하고 있다'는 등의 이유로 주저해선 안 된다.

폭력은 원칙적으로 법적 대응이 필요하다. 처벌이 교육적이지 않다고 비판하는 것은 현실을 모르는 사람들이다. 지금도 찬반양론이 있지만, '학교와 경찰의 연계'는 상당히 넓게 존재하고 있으므로 폭력행위를 교내에서만 처리하는 경우는 별로 없다.

이것은 '중간적 집단'을 위해서도 필요하다. 폭력은 어떠한 경우에도 인정하지 않는다는 것을 보여주기 위해 학교와 경찰의 연계는 반드시 있어야 하는 '차단막'이다.

▶ 학생 흡연에 어떻게 대처할 것인가

(1) 흡연방지교육은 효과가 있을까

교사들은 해마다 흡연방지를 위해 비디오를 보여주거나, 기회가 있을 적마다 지도를 한다. 그 방면 전문가의 강연을 들려주기도 한다.

흡연에 대한 지식만 놓고 보면 요즘 아이들은 담배의 피해를 너무나 잘 안다. 한 개비에 5분 30초의 수명이 단축된다는 것, 20만 개비(하루 한 갑씩 약 28년 동안)를 피운 사람의 폐암 사망률이 피우지 않은 사람의 네 배에 이른다는 것, 또 간접흡연의 해로움 등을 잘 알고 있기는 하다.

그런데도 왜 중학생은 담배를 피우는 것일까?

(2) 맛있게 피우는 어른을 보고 배운다

통계를 낸 적은 없지만 흡연을 한 중학생을 오랫동안 지도해온 교사들에 따르면 함께 사는 가족 중에 흡연자가 있으면 흡연율이 압도적으로 높아진다고 한다.

만약 가족 중에 없더라도 친구가 담배를 피우면 흡연율이 매우 높다. 즉 흡연한 학생의 대부분은 가까운 사람 중에 흡연자가 있다는 것이다.

"텔레비전 드라마나 영화 같은 데서 연기자들이 폼 나게 피우잖아요. 조금 피는 정도로는 해롭지 않다는 생각이 들어요."

물론 교사는 "성장기에 피우는 것과 성장기가 끝난 어른이 되어 피우는 것은 전혀 다르다"고 설명하겠지만, 담배를 피우는 친구들이 멀쩡히 살아 있기 때문에 이것도 설득력이 떨어진다.

중학생들을 대상으로 최초의 '흡연동기'를 조사한 통계에 따르면 호기심이 약 40퍼센트, 주위의 권유가 약 40퍼센트를 밑돌았다. 호기심과 주위사람의 권유가 대부분이므로 환경이 얼마나 중요한지를 알 수 있다.

(3) 처음 피운 학생을 꾸중한다

난생처음 피웠는데 발견되었다면 그는 굉장한 행운아다. 대부분 남의 눈에 띄지 않는 곳에서 몰래 피우다가 차츰 남의 눈을 의식하지 않고 피우게 되고, 남이 발견했을 때는 이미 중독인 경우가 대부분이다.

①학교 밖에서 피운 경우

담배의 해로움에 대해 단 한 번이라도 좋으니 가르쳐 둘 필요는 있지만 대개의 학생이 알면서도 피우므로 별 소용이 없다. 흡연한 학생이 "그렇게나 해로운 줄 몰랐다"고 하는 경우는 없다.

끊을 수 있는지 없는지는 본인의 자각과 결의에 따라 결정되는 것이 아니라 '피우지 않는, 피울 수 없는 환경 만들기'가 가능한지의 여부에 달려 있다.

그러므로 본인이 아무리 애원해도 부모를 불러서 상담해야한다. 이때 학생이 "선생님, 다시는 피우지 않을 테니 부모님은 오시지 않게 해주세요" 매달려도 결코 타협해선 안 된다. 환경이 동일하다면 끊기란 100퍼센트 불가능하다.

학교 바깥에서 피운 경우에는 그 장소를 학생부에서 확인해두는 것이 좋다. 피우기 좋은 환경을 건전한 곳으로 바꾸어야한다.

②학교 안에서 피운 경우

학교 안에서 피웠다면 처음은 아니므로 학생의 말에 넘어가선 안 되지만, 학생 본인이 그렇게 주장한다면 더 이상의 추궁은 무의미하다.

발각될 가능성이 높은 교내에서 최초의 흡연을 실행하는 학생은 없다. 교내에서 발견되었을 때는 이미 쉽게 끊지 못하는 단계라고 보아도 좋다. 이 경우 또한 "부모를 부르지 말아달라"고 아무리 애원해도 타협은 곤란하다.

③공표하고 "금연에 협력해 달라"고 당부한다

교내에서 흡연한 경우에는 지금까지 다른 학생이 보았다든지, 발각되어 지도를 받는 장면을 보고 다른 학생들에게 흡연 사실이 알려지는 경우가 생긴다.

어차피 이렇게 된 일, 학급에 공표하는 수밖에 없다. 물론 학부모의 양해를 얻어야 하겠지만, 끊게 하기 위해선 좋은 방법이다. 양해를 구하고 공표한 경우의 흡연방지성공률은 매우 높다. 피우기 힘든 환경을 하나 만들었기 때문이다.

예컨대 성인 흡연자가 금연할 때, "오늘부터 금연합니다" 선언하고 금연의 결의를 오랫동안 지속시키려는 것과 같다.

"다들 아는 것 같은데 A는 그간 담배를 피웠다. 하지만 다시는 피우지 않겠다는 결심을 하고 공표하기로 했다. 만약 A가 담배를 피우는 모습을 보거든 다들 한마디 해주거라. 부모님이나 선생님에게도 연락해 다오. 그렇게 하여 A의 결심에 힘을 보태자꾸나."

끊기 위해서라면 공표해도 좋다는 학생의 경우에 그 결심은 진심이므로 이후로는 대개 피우지 않는다.

감동이 있는 생생한 수업 장면

토끼와 거북으로 공배수를 익힌다
기차놀이, 면적 계산하기?
각도를 사용하여 길이를 잰다
재어보고 체험한다, '길이의 비밀'
수를 나열하여 수의 구조를 이해한다
짝수와 홀수의 규칙을 발견한다
친구가 세운 식을 설명한다
케이크를 사는 순서는?
놀라운 수학마술
외국의 나눗셈에서 배운다
놀이로 생명을 체감한다
지렁이의 움직임을 관찰한다
싹이 트는 수수께끼
물고기가 낳는 알의 수는 왜 다를까?
공기를 색깔로 보여준다
겨울의 밤하늘을 올려다보자
보이지 않는 공기를 본다
협동을 통해 더 빠르게

토끼와 거북으로 공배수를 익힌다

배수를 공부하는 수학수업에 '토끼와 거북'을 제재로 삼았다. 토끼와 거북이 0에서 100까지 눈금이 달린 수직선 위를 달리기 시합한다.

발이 빠른 토끼는 1초에 눈금 8칸을 뛰지만, 느린 거북은 6칸밖엔 뛰지 못했다. 0의 지점에 나란히 서서 동시에 출발했다.

"얼마를 가던 토끼는 마음 푹 놓고 잠이 들었단다." 교사가 말했다.

"에이~" "알람을 설정하면 좋았을 텐데."

교사는 아이들에게 눈을 감게 하고, 수직선의 중간부분을 검은 천으로 덮었다.

"잠에서 깬 토끼는 깜짝 놀랐어. 그곳에 거북이 와 있었거든. 그럼 토끼와 거북이 함께 있던 자리는 어디일까?"

아이들은 "한가운데일까?" "80" 하고 저마다 한마디씩 예상해 가며 생각을 공책에 적었다.

이번엔 다 함께 생각해 보는 시간이다.

칠판 앞으로 나온 남학생이 수직선의 눈금 위에 8, 16, 24 하고 토끼가 뛴 자리를 표시하고, 아래쪽에는 6, 12, 18, 24로 거북이 달려가는 지점을 표시했다.

"토끼와 거북 둘이서 동시에 있었던 곳은 24네요." 그가 교사를 쳐다보며 확인을 요청하자, "한 군데 더 있어!"라는 다른 목소리가 나왔다. 몇몇 아이들이 손을 든다.

다른 아이가 곱셈 구구단을 사용하여 설명했다.

$8 \times 3 = 24$

$6 \times 4 = 24$

$8 \times 6 = 48$

$6 \times 8 = 48$

8단과 6단의 답이 똑같아지는 곳, 24와 48이 동시에 있을지도 모르는 장소다. 이것을 표로 설명한 아동도 있었다.

"토끼 8, 16, 24, 32, 40, 48." "거북 6, 12, 18, 24, 30, 36, 42, 48."

교사는 공통된 숫자 24와 48을 동그라미로 씌웠다. '72'라는 숫자를 예상하는 아동도 있었다.

"그럼 사실은 어디에 있었을까? 짜잔!" 검은 천을 벗기자 72의 숫자에 있었다.

"와아!" "진짜네."

"96에 있을지도 모릅니다." 한 남학생이 말했다.

"24를 2배, 3배, 4배한 숫자에 있구나."

아이들은 자기 힘으로 6과 8의 공배수를 발견했다.

마지막으로 교사가 설명하며 마무리했다.

"8단의 답을 8의 배수, 6단의 답을 6의 배수라고 한다."
"24, 48, 72, 96처럼 답이 같아지는 곳, 공통된 배수를 공배수라고 해.”

아이들은 '수학일기'를 쓰고 있다.

“검은 천으로 가려놓고 있어서 어디 있을지 몰랐는데 친구들의 발표로 뜻을 알게 되었습니다” “함께 있을지도 모르는 곳이 많아서 깜짝 놀랐어요” 하는 놀라움이 이어졌다.

기차놀이, 면적 계산하기?

“오늘 수업은 이걸 사용하여 공부한다.”

교사가 꺼낸 것은 기다란 로프. 4학년 1반 아동 41명은 신이 났다. 둥글게 이어서 기차놀이를 시작한다.

아이들은 로프 속으로 들어가 한 줄로 나란히 선다. 11명 째가 된 지점에서 아우성을 친다. “꽉 찼어요. 좁아요!” “이제 안돼!”

교사는 “어떻게 하면 더 들어갈 수 있을까?” 묻는다.

“두 줄로 들어가면 되지 않을까요?” 여학생의 생각이다.

서둘러 줄을 다시 서보니 어라? 신기하다.

“와아, 넓어졌다!”

“두 줄로 길게 섰더니 뭐가 달라졌지? 오늘은 그걸 고민해보자꾸나.” 교사의 말이다.

“로프의 길이는 20미터, 처음에 만든 로프는 길이가 1미터였단다. 이것의 세로 길이를 바꾸면 면적은 어떻게 될까?"

모두 추측해 보았다.

면적이 바뀐다는 파와 바뀌지 않는다는 파, 제각기 의견을 발표하기로 했다.

'바뀌지 않는다는 파'의 여학생은 "로프의 길이는 바뀌지 않기 때문에 면적도 바뀌지 않습니다."

다른 아동도, "고무줄처럼 늘어나는 것이 아니기 때문에 바뀌는 게 이상하죠" 하고 말했다.

이와는 반대로 '바뀐다는 파' 남학생은 "면적은 가로 곱하기 세로로 구하는 것이므로 곱하는 수가 조금만 바뀌어도 답이 달라집니다. 면적은 바뀐다고 생각합니다" 하고 맞섰다.

세어보니 '바뀐다는 파'는 15명, '바뀌지 않는다는 파'는 26명이다. 이 시점에선 '바뀌지 않는다는 파'가 우세하다.

그러면 실제로 계산해 본다. 그림으로 그리면서 세로 1미터일 때의 가로 길이를 구하는 방법을 생각한다.

$$20 \div 2 = 10 \qquad 20 - 2 = 18$$
$$10 - 1 = 9 \qquad 18 \div 2 = 9$$

2가지 식이 나왔다. "목적지는 같지만 방법은 여러 가지가 있구나." 교사의 말이다.

이번엔 세로와 가로의 길이 변화를 표로 나타내어 본다.

"규칙이 있네?"

"세로 길이가 1씩 늘어나면 가로 길이가 1씩 줄어듭니다.""세로와 가로의 합계가 똑같아요. 주사위의 앞면과 뒷면 같아요."

아이들의 발견이 속속 이어진다.

세로를 ○, 가로를 □라 하고 식을 세우면 ○+□=10이 된다.

"이 식은 가로세로의 길이 변화를 나타내고 있단다. 그럼 면적은 어떻게 될까?"

아이들은 저마다 면적을 표에 적어나가면서 다시 새로운 규칙을 발견한다.

세로	1	2	3	4	5	6	7	8	9
가로	9	8	7	6	5	4	3	2	1
면적	9	16	21	24	25	24	21	16	9

"표의 가운데를 중심으로 세로와 가로의 길이가 양쪽으로 똑같아요." "곱해지는 수와 곱하는 수가 반대가 되어도 면적은 똑같아요!"

새로운 발견의 목소리가 계속된다.

"모두들 훌륭한 발견을 해냈어. 중간단계에서 혹시 틀리더라도 여러 가지로 생각해 보는 것이 중요하단다."

이번 수업에서 도입부에 기차놀이를 넣어 "우아" 하고 놀래킨 다음에 아이들이 "다음엔 어떻게 될까" 하고 흥미를 갖게 만들었다.

수업의 핵심은 우선 가로와 세로의 합이 일정하다는 것을 알고 식을 세우는 것이다. 나아가 여러 가지 규칙을 하나씩 발견하면서, "면적이 최대가 되는 것은 어떤 사각형일까?"로 확대해 나간다. 이것도 식으로 만들면 좋다.

각도를 사용하여 길이를 잰다

"옛날 옛날, 인도의 깊은 산속에……."

오늘의 수학수업은 선생님이 지은 이야기를 다 함께 이어서 읽어나가는 것으로 시작되었다. 무대는 깊은 골짜기를 사이에 두고 마주 보고 있는 훈트마을과 혼트마을. 골짜기에는 강이 흐르고 있고, 이곳에 다리를 놓기로 했다.

4학년 1반은 삼각자와 각도기로 재는 방법 등, 각도에 대해 공부해 왔다. 학급의 전체 아동은 마을 사람들과 함께 강의 폭을 잴 가장 좋은 방법을 찾아보기로 했다.

"나무에 매어놓은 밧줄을 맞은편 마을로 던집니다." "기다란 대나무를 잇고 거기에 눈금을 표시하면 어떨까요?" "긴 줄자를 연에 매달아서 날립니다."

갖가지 아이디어가 나왔을 즈음, 이야기는 다음 장면으로 넘어간다. 다 함께 등장인물의 역할을 나눠 맡고 대사를 읽어나간다.

맞은편 마을로 밧줄을 던지려 했던 사람들은 실패했고, 밧줄을 들고 강을 헤엄치던 사람들은 급류에 휘말려 떠내려갔다. 그러던 어느 날, 분도기를 든 도령이 마을에 나타났다. 그러더니 다리를 놓는 것은 아주 쉽다고 여유로운 표정을 지었다.

이때, 교사는 책상을 좌우로 떼어놓아 교실 한가운데에 공간을 만든 다음, 비닐테이프를 흩어놓아 강처럼 꾸몄다. 갑작스런 강의 등장에 다들 손뼉을 치며 좋아한다. 양쪽 기슭은 혼트마을과 훈트마을이라고 했다. 이야기와 마찬가지로 혼트마을의 벼랑에 빨간 깃발을, 훈트마을의 벼랑에 하얀 깃발을 세우고 양쪽 깃발을 이은 직선이 벼랑과 수직이 되게 했다.

이어 교사는 훈트마을의 하얀 깃발에서 강기슭을 따라 걸어나가 맞은편 혼트마을의 빨간 깃발로 향하는 직선이 각도기의 45도와 겹치는 지점에 빨간 깃발을 세웠다.

"걸어간 거리는 45미터라고 하자."

여기서 45도와 90도의 각을 가진 커다란 삼각자를 꺼내고 말한다. "이것이 다리의 길이를 아는 열쇠가 된다. 모두 자기의 삼각자를 살펴보고 아이디어를 말해 보자."

고민하는 아이들에게 정사각형 도화지를 사용하여 설명한다. 대각선으로 접어서 삼각형을 만들고, 변의 길이에 주목하게 했다.

한참을 생각한 뒤, 여학생이 발표했다.

"삼각자에도 직선이 있습니다. 직각에서 뻗어나간 2개의 변은 길이가 같으니까 하얀 깃발에서 빨간 깃발까지의 길이는 모두 똑같습니다."

즉 강의 폭도 45미터가 된다는 것이다.

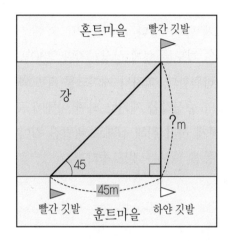

교사가 3개의 깃발에 비닐테이프를 두르자 직각이등변삼각형의 자와 모양이 똑같아졌고, 여학생의 의견이 이를 뒷받침했다.

"옛날 사람들은 실제로 재기가 힘든 강의 폭을 각도와 삼각형의 성질을 사용하여 쟀단다." 교사가 "각도를 무엇 때문에 공부할까 하고 생각했던 사람이 있었니?" 묻자 몇몇 아동이 손을 들었다.

"삼각자나 각도기로 각도를 재는 것은 귀찮지? 하지만 각도를 사용하면 잴 수 없는 미지의 길이를 잴 수 있게 돼. 거기에 의미가 있는 것이란다."

수학의 이야기를 만들어 보자. 삼각자나 각도기에 저항감을 갖는 아동도 많으므로 강폭을 재는 모의실험을 하게 하여 각도를 사용하면 생활에 어떤 도움이 되는지에 초점을 맞춘다.

예로부터 사용하던 삼각측량을 배움으로써 삼각자의 각도가 갖는 의미를 알게 할 수 있다.

아이들은 좁은 각도는 쉽게 상상하지만, 180도를 넘는 각도는 이해하기 어려워한다. 피자나 케이크를 60도와 300도로 나눈다든지, 연잎의 중심각을 재거나 하면 이해에 도움이 된다.

각도를 체험하게 하기 위해 실제로 비탈진 길이나 계단의 기울기를 재는 활동을 해보는 것도 좋다.

재어보고 체험한다. '길이의 비밀'

"길이는 '몇 개'라고 개수를 센다든지 비교할 수 있을까?"

1학년 수학수업에서 교사는 이런 질문을 했다.

1개라든지 1마리처럼 따로따로 떨어져 있는 양은 쉽게 이해하지만 길이처럼 연속된 양을 이해하기란 1학년에겐 버겁다. 그러므로 길이를 체험하게 하는 활동이 중요하다.

아이들은 우선 테이프의 길이를 비교하는 놀이에서 '길이의 비밀'을 탐구하기로 했다.

각자 1미터 길이의 테이프를 길이가 서로 다르게 4개로 자르고, 그것을 손에 들고 하나씩 내놓아 다른 친구와 길이를 겨루는 것이다. 규칙은 테이프 길이가 긴 사람이 짧은 사람의 것을 가져가는 것으로, 약 5분 동안 계속한다.

1등을 한 아동 A는 7개의 테이프를 가져갔다. 2등의 아동 B는 5개. 하지만 둘의 테이프에는 짧은 것도, 긴 것도 있다. 이으면 어느 쪽이 길까?

"가장 많이 가진 A의 것이 길어요." 25명 가운데 22명이 7개를 가진 아이 것이 길다고 예상했다.

어느 아동은 "테이프의 수는 A가 많지만, B는 긴 테이프를 가졌어요. 모두 이으면 B가 이길지도 모릅니다" 하고 반대 의견을 내놓았다.

여기서 교사가 조사방법을 물었다.

"끝을 서로 이어서 쭉 폅니다" 하고 말한 아동이 A와 B의 테이프를 이어서 칠판에 붙이자, "와!" "어라?" 5개의 테이프를 이은 것이 7개보다 더 길다.

교사는 "길이는 개수로 비교할 수 있을까?" 묻는다.

"비교할 수 있어요"라고 대답한 것은 겨우 3명.

"긴 테이프와 짧은 테이프가 있다면 몇 개라고 비교할 수는 없어요." "음악교실과 우리 교실의 세로 길이는 도화지의 장수로 비교할 수 있었어요." 여러 의견이 나왔다.

"길이는 같은 물건을 사용하면 비교할 수 있단다." 교사의 말이다.

1학년은 '센티미터'를 배우기 전에 물건을 늘어놓고 직접 비교한다든지, 매개가 되는 물건을 사용하여 센다든지 하여 길이의 개념을 이끌어내는 것이 좋다.

이번엔 실제로 여러 가지 사물을 이용하여 두 사람의 테이프 길이를 비교하기로 했다.

B의 테이프는 A의 것보다 4.5센티미터 길다.

도화지를 사용하여 쟀더니 둘 다, 1장이 조금 넘었다.

짧은 연필을 사용했더니 '5자루' 분량인 것과, '6자루' 분량인 것으로 차이가 분명했다.

"작은 물건으로 재는 편이 비교하기 쉽구나." 교사는 보다 가느다란 물건을 늘어놓고 세는 편이 정확하게 잴 수 있음을 설명했다.

개중에는 손을 넓게 펴거나 주먹으로 재는 아이도 있다. 교사는 두 손을 들고, "옛날 사람들은 손을 사용하여 쟀단다. 여러분과 똑같은 방법이었어. 훌륭하구나."

마지막으로 '나의 자'를 사용했다.

연필뚜껑이나 지우개 등 좋아하는 물건을 하나 골라서 1개를 한 단위로 간주하여 약 25센티미터의 길고 두꺼운 종이 위에 한 줄로 늘어놓게 했다. 아이들은 진짜 자로 재어 속속 발표했다.

텔레비전의 가로 길이는 '사슬 34개', 책은 '연필뚜껑 4개', 공책은 '지우개 6개', 친구의 얼굴은 '클립 9개'.

"자기 자를 집으로 가져가서 여러 가지 물건들을 재어보자."

교사가 말하자 다들 신이 났다. 한 아이는 "동생의 키를 재고 싶어요" 하고 말한다.

아이들에게 '나만의 자'를 만들게 한 것은 길이를 '몇 개'라는 숫자로 표시할 수 있다는 것을 실감하게 하고 싶어서다. 하지만 같은 길이의 사물을 재어도 클립 12개나 연필뚜껑 5개 등으로 부르는 방법이 제각기 다르면 불편하다.

그러므로 모눈종이로 공통된 자를 만들어 '센티미터'의 개념으로 유도했으면 한다.

학교와 가정의 텔레비전 등 떨어진 장소에 있는 사물의 길이를 비교하는 방법을 생각해 보게 하는 것도 재미있다.

다양한 방법으로 길이를 피부로 느끼게 하면서 길고 짧음, 멀고 가까움, 굵고 가느다람, 깊고 얕음, 높고 낮음 등의 개념도 실감하게 만들자.

수를 나열하여 수의 구조를 이해한다

이번 수학시간에는 숫자카드를 사용한다.

3학년 1반 33명은 남자 대 여자로 0~9까지의 수가 적힌 10장의 카드에서 5장씩 뽑아서 어느 팀이 큰 수를 만드는지를 겨루었다.

아이들은 1억까지의 숫자는 이미 배웠다. 교사가 "5장이면 몇 자리까지 만들 수 있지?" 하고 확인하자, "만 자리"라는 대답이 돌아왔다.

뽑은 카드를 뒤집어놓은 채로 칠판에 늘어놓고, 교사가 만의 자리 카드부터 순서대로 뒤집는다. 남학생의 첫 번째 카드에 9가 나온 순간, "에이." "왜 에이야?" 하고 교사가 묻자, "가장 높은 자리의 수가 큰 팀이 이기니까요" 대답한다.

결과는 남학생 "96808", 여학생 "42703."

다음엔 뽑은 카드를 높은 자리에 큰 수가 오도록 자리를 바꾸어 남학생은 "98860", 여학생은 "74320"으로 더 큰 수를 만들었다.

"더 큰 수로 하자꾸나." 교사는 이렇게 말하고 20장이 한 세트인 새로운 카드를 2인 1조에게 나눠주었다.

카드는 교사가 고안한 것이다. 10장에는 왼쪽 위에 0에서 9까지의 한 자리 수와 오른쪽 아래에 0이 하나 쓰여 있다. 나머지 10장은 왼쪽 위에 55 등 두 자리 수가, 오른쪽 아래에는 00이라고 쓰여 있다. 이 가운데서 여러 장을 뽑아서 트럼프를 펼치듯이 부채꼴 모양으로 들고 왼쪽 위의 숫자를 "79322"등과 이어서 읽는다.

카드의 위와 아래를 회전시키면 0이나 00을 넣은 숫자를 늘리므로 종류도 많아진다. 중간에 0이 들어 있는 큰 수를 읽기 힘들어하는 아동도 많으므로 교사는 카드에 일부러 0이나 00

을 많이 넣었다.

　0을 넣어서 자릿수를 늘리는 것이라든지 순서를 바꿔서 숫자를 작게 하는 등, 0을 활용하는 것에 익숙해지게 하려는 목적이 있다.

　두 아동이 뒤집어놓은 카드 가운데서 5장씩을 뽑아서 수의 크기를 겨룬다.

　교실 여기저기에서 "일, 십, 백……" 하고 자릿수를 세는 힘찬 목소리가 울려 퍼진다.

　"진 줄 알았는데 신기한 일이 벌어졌어요!"

　놀라운 목소리가 터져나온 모둠으로 교사가 가서 이야기를 듣고 숫자를 칠판에 썼다.

　　예슬 → 99986644

　　민준 → 8877553322

　"누가 이겼을까?" 교사가 말한다.

　"예슬이?"

　맨 앞의 숫자를 보고 그런 의견도 때때로 들려왔다.

　"그럼 마법의 줄을 그어볼까?"

　4자리마다 구분하는 줄을 '마법의 줄'이라고 부른다. '만'과 '억'으로 자리가 바뀌는 구분선을 넣으면 읽기가 수월해진다.

　　9998 | 6644

　88 | 7755 | 3322

　　　∟ 마법의 줄

"민준이가 자릿수가 더 크니까 이겼다!"

마지막으로, "가장 높은 자리에 큰 수를 놓는다" "자릿수가 더 많은 사람이 이긴다"고 요점을 정리했다.

아이들은 수업이 끝난 뒤의 감상으로, "나도 민준이처럼 처음에 나온 수가 작아서 졌다고만 생각했는데 내 것이 자릿수가 더 많아서 이겼다" "큰 수의 짜임을 여러모로 알게 되어 재미있었다" 등의 발견이 이어졌다.

이와 같이 카드를 활용하면 숫자감각을 즐겁게 배울 수 있고, 자연히 계산능력도 생긴다.

3학년에게 '10만'이나 '1억' 같은 큰 수는 수량으로선 좀처럼 실감하기 어렵다. 그러므로 신문에 실려 있는 큰 수나 도시의 인구, 견학을 갔던 공장의 페트병 출하 수 등 가까운 것에서 이해할 수 있도록 늘 안테나를 펼치고 있어야 한다.

짝수와 홀수의 규칙을 발견한다

A선생님의 수학시간에는 부닥친 '난관'에 대해 철저하게 파헤친다. 5학년 아이들의 골머리를 싸매게 만든 난관이란 대체 무엇일까?

수업 첫머리에 교사는 "내 차의 번호는 4833인데, 4812나 4832였으면 좋겠다는 생각을 한단다. 왜 그런지 아니" 하고 물었다.

두 아동이, "4+8=12니까 4812가 좋을 것 같아요." "4×8=32니까 4832가 좋겠어요."

교사는 단순한 수의 나열로만 볼 것이 아니라 더하기(+)나 곱하기(×) 등의 기호를 넣어서 답을 구하는 단계로 이어나가고 싶었던 것이다.

이날은 짝수와 홀수의 규칙을 하나씩 찾아보면서 숫자의 개성에 대해 배웠다.

우선 1부터 4까지 숫자가 적힌 카드가 있다 치고, 4장 전부를 한 번씩 사용하여 '+'나 '-'를 넣어서 1~9의 숫자를 만들기로 했다.

교사는 1~9의 숫자를 모든 아동에게 1장씩 나눠주었다. 각 아동은 저마다 식의 조합을 궁리하기 시작했다.

공책에 숫자를 아무렇게나 늘어놓고 있던 아동에게는, "어떤 규칙을 발견했니?"

"4-3-2-1"로는 풀 수 없다며 고민하는 아동에게는, "어딘가를 +로 해보면 어떨까?" 하고 도움말을 주었다.

"이건 안 되지 않나?" "홀수의 답이 나오질 않아!" 교실 여기저기서 혼잣말이 들려온다. 지명된 아동이 칠판의 1~9 숫자 아래에 식을 썼다.

여러 가지 식이 나왔지만 도무지 이상하기만 하다. 1, 3, 5, 7, 9의 홀수의 답을 구하는 식이 나오질 않는다.

"똑같은 수를 두 번 사용하면 되기는 하는데." "3이 나오게 하고 싶은데 2나 4가 되고 말아요."

$$2=3+2+1-4$$
$$4=4+3-2-1$$
$$6=1+4-2+3$$
(……)

아이들은 모두 왜 홀수가 나오지 않는지 토론을 벌였다. 교사는 아이들의 혼잣말이나 의견을 흘려버리지 않고 효과적으로 살리고자 할 때마다 토론의 장을 벌인다.

"카드를 1장씩 줄이면 어떻게 될까?" 하는 의견이 나왔다.

"하지만 예를 들어 4를 빼도 1+2+3=6이야. 홀수가 나오질 않는걸" 하는 반론이 나왔다.

그래서 교사는 "카드의 매수와 관계가 있나?" 하고 유도한다.

잠깐 궁리하던 한 아동이 설명했다.

짝수 2장 + 홀수 2장 = 짝수
짝수 2장 + 홀수 1장 = 홀수

"짝수는 몇 장을 더해도 짝수지만, 홀수는 장수에 따라 다릅니다. 홀수가 홀수 장만큼 있을 때는 더하면 홀수가 됩니다."

이어 다른 아동이 이렇게 덧붙였다.

$$1+2+3+4=10$$
$$1+2+3+4+5=15$$

"카드의 매수를 모두 더한 수가 짝수라면 그것들을 더하거나 빼도 짝수밖엔 나오지 않는다. 매수를 모두 세었을 때 홀수라면 답은 홀수만 나온다고 생각한다"는 추측이다. 6~9의 숫자로도 1~4의 경우와 마찬가지로 계산하여 홀수가 나오지 않는다는 것을 발견한 아동도 있었다.

수업 후의 감상에선 "1~99까지 사용하면 홀수가 나올 거라고 생각한다" "왜 홀수가 될 수 없는지는 아직 애매모호해서 잘 모르겠다" 등 추측과 의문도 일었다.

다음 수업시간에는 1~5의 카드를 사용하여 살펴보고, 어떤 법칙이 있는지 더욱 깊이 알아보기로 했다.

이렇게 1~5의 숫자를 사용하여 식을 만들어보자.

숫자에도 개성이 있다는 것을 아동이 알았으면 한다. 앞으로 배우게 될 배수나 약수의 학습에도 도움이 되는 숫자감각을 익히는 것이다.

1~4의 카드로 계산하여 왜 홀수가 될 수 없는지 아동 나름의 언어로 설명하고 있다. "카드의 장수를 줄이면" 하고 말한 아동이 있었는데, 카드를 2장으로 단순화하면 이해하기 쉽다. 짝수+짝수, 홀수+홀수는 모두 짝수, 짝수+홀수는 홀수가 된다.

"짝수는 몇 장의 카드를 더해도 계속해서 짝수. 홀수의 매수가 중요하다"고 설명한 아동도 있었다. 예를 들면 짝수를 2인조, 홀수를 외따로 있는 아동으로 상상하게 하면 이해하기 쉽다.

다음은 그런 구체적인 상상을 더욱 확대시키면서 1~5의 카

드를 한 번씩 사용하여 식을 만들게 한다. 이번엔 홀수의 답밖
엔 나오지 않는다. 생각이 더욱 깊어질 것이다.

수업에선 여기저기에 '난관'을 설치해야 한다. 토론을 통해
밝혀나가는 동안에 수학의 본질에 대해 더욱 깊이 알게 된다.
자기 나름의 상상으로 설명하고, 그림이나 도표나 식 등으로
표현하는 능력을 길러나갔으면 한다.

친구가 세운 식을 설명한다

"밭의 면적을 구하시오."

교사가 4학년 2반의 칠판에 밭 그림을 그리기 시작했다. '식
과 계산' 단원의 마지막 수업이다.

교사가 먼저 제시한 것은 4가지의 식이다.

$3 \times 12 = 36$

$12 - 5 = 7$

$6 \times 7 = 42$

$36 + 42 = 78$

아이들은 "식이 너무 많아요" "귀찮아" 하고 불만을 토로한
다. 잘만 생각하면 좀더 간단히 만들 수 있을 것 같다는 사실
을 알아챈 듯하다.

"이렇게 한쪽이 쑥 들어간 모양의 면적을 이 식에선 어떻게

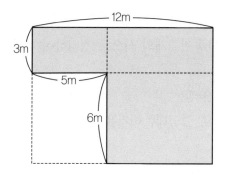

생각한 걸까? 그림으로 나타낼 수 있는 사람?"

맨 먼저 지명된 아동이 앞에 나와서 밭 그림 속에 가로선을 그었다. 위아래 2개의 사각형으로 나눈 것이다.

"각각의 식이 무엇을 구하는지 말할 수 있니?"

교사가 전체 아동에게 물었다.

"3×12는 위쪽 사각형의 면적입니다." 한 아동이 말한다.

자기 생각을 자기가 직접 설명하는 것이 아니라 다른 사람이 이어받아서 설명하는 것이다. 전체 아동을 수업에 참가시키기 위한 교사의 아이디어다.

"그럼 12-5는 뭘까?"

"아래쪽 네모의 가로 길이입니다."

"6×7은 아랫부분의 면적입니다."

아이들이 속속 손을 든다.

"위아래 네모꼴의 면적을 더하면 전체 면적이 되는구나." 교사가 이렇게 정리했다.

그래도 좀더 간단한 식은 없을까?

재빨리 한 아동이 2개의 식으로 정리하여 대답했다.

$12-5=7$

$3×12+7×6=78$

"갑자기 2개로 줄었네? 이것을 더욱 줄여서 하나로 만들 수 있는 사람?"

이번엔 다른 아동이 도전한다.

$3×12+(12-5)×6=78$

"어엉!"

놀라는 목소리가 여기저기서 일었다.

"3×12는 위의 네모꼴 면적이고, (12-5)×6은 아래 것의 면적이다. 가로의 길이를 괄호 안에 넣었구나." 교사의 설명에 다들 이해한 표정이다.

그 밖에도 다른 방법이 더 있을까? 밭을 그려놓은 프린트에 가로와 세로 선을 그으면서 생각한다.

한참 씨름하던 끝에 한 아동이 대답한 식은,

$3×5+(12-5)×(3+6)=78$

발표의 폭이 조금씩 넓어지고 있다.

이어서 다른 아동이 자신만만하게 쓴 식은,

$(3+6)×12-5×6=78$

꽤 단순화시킨 식이다.

"이 식을 어떻게 생각해 냈는지 그림으로 나타낼 수 있겠니?"

지명을 받은 아동이 전체를 하나의 커다란 네모꼴로 보고, 빠져 있는 부분을 빨간분필로 에워쌌다.

"큰 네모에서 쑥 들어간 부분의 면적을 뺐습니다" 하고 설명한 것은 다른 아동이다.

"바로 여기에 비밀의 방이 감춰져 있었구나." 교사도 대만족이다.

마지막으로 교사가 칠판에 오늘 수업의 주제를 쓰기 시작했다.

"하나의 식과 괄호( )로 깔끔하게!"

이렇게 괄호를 사용한 식처럼 같은 종류의 물건을 모아서 사는 등, 일상생활에서도 '정리정돈'을 의식하는 것은 필수다.

수학을 피부로 느끼게 하기 위해 교내의 각 곳에 "계단 하나의 높이는 얼마일까?" "복도의 길이는?" 등의 퀴즈를 붙여놓고 있다. 손바닥이나 팔의 길이 등, 신체 일부분을 자로 이용하여 재게 한다.

면적 수업에선 1제곱미터의 타일을 교실에 몇 장 깔 수 있는지 생각해 보게 한다. 이 타일 56장만큼이 56평방미터라는 것을 실감하게 할 수 있다. 또한 지역이나 관공서의 지도를 통해 1제곱킬로미터의 구획을 긋고, 생활 속에서 면적의 이미지 갖게 하는 것도 좋다.

판서에도 나름의 궁리를 해야 한다. 우선 '문제', 그리고 '목표', 마지막으로 '정리'를 써서 생각의 흐름을 확인하게 한다.

수업의 흐름을 이해하도록 판서는 도중에 지우지 않는다. 아

동의 속도에 맞추어 천천히 써서 다음엔 뭐가 나올까 하고 상
상하게 해야 한다.

케이크를 사는 순서는?

"자. 오른손은 4박자, 왼손은 3박자! 1, 2, 3, 4, 5……."

교사의 구령에 아이들은 두 팔을 지휘자처럼 움직인다. 좌우
의 움직임이 다른데도 멋지다.

교사는 12까지 세더니 무슨 까닭인지 1로 되돌아와 24까지
세었다.

"이제, 그만. 그러면 3과 4의 최소공배수는?"

"12입니다!"

"공배수를 작은 것부터 3개를 말해 보자."

"12, 24, 36!"

음악도 체육시간도 아니다. 6학년 1반의 수학시간은 수와 몸
의 훈련으로 시작되었다.

지난 시간에 배운 내용부터 확인한다.

"자장과 짬뽕을 좋아하는 순서대로 나열할 경우, 나열하는
방법은 몇 가지를 만들 수 있을까?"

"2가지요!"

"그럼 치즈케이크와 초코케이크, 샌드위치의 3종류인 경우

는?"

"6가지입니다!"

"나열하는 방법을 순서대로 말해 보자."

치즈케이크→초코케이크→샌드위치, 치즈케이크→샌드위치
→초코케이크…….

나열하는 방법을 칠판에 나무 모양 그림으로 나타내면서 "발
음도 중요하다. 샌드위치." 선생님의 과장된 영어발음에 아이들
은 크게 웃는다. 웃으면서도 영어 발음을 따라한다.

교실 분위기를 화기애애하게, 편안하게 만든 뒤에 수업을 진
행하면 발표가 부쩍 활발해진다. 교사의 의도적인 작업이다.

"더욱 늘려서 4종류인 경우의 답과 이유를 말해볼 사람?"

몇몇 아동이 손을 들었다.

"4종류가 있으므로 6×4는 24, 24가지입니다."

여기서 본론으로 들어가서 5종류로 늘린다.

"좋아하는 케이크를 말해 보자."

슈크림, 치즈케이크, 라즈베리케이크, 블루베리케이크…….
교사는 미리 준비한 봉투 속을 들여다보며 주문이 들어오는
케이크의 그림을 꺼내어 칠판에 붙인다. 그리고 좋아하는 순서
대로 공책에 쓰게 한 뒤, 이번엔 교실 전체를 다니며 똑같은 순
서로 쓴 친구를 찾게 했다.

"순서가 똑같은 친구가 있는 사람?"

교사의 예상과는 달리 9쌍의 18명이다.

"2종류인 경우는 2가지. 3종류인 경우는 6가지. 4종류의 경우는 24가지. 그럼 5종류는?"

여기서 5분 동안 각자의 노트에 답과 그렇게 생각한 이유를 쓰게 한다.

"학원에 다녀서 미리 배운 사람은 답이 금세 나왔을 거야. 하지만 중요한 것은 답을 이끌어내는 과정이란다. 써가면서 머릿속을 정리하는 사람도 있고, 곰곰 생각하는 사람도 있으므로 이 부분만큼은 충분한 시간을 줄게."

이어 발표할 순서다.

"하나 이전의 답에 종류의 수를 곱하면 답이 됩니다.""먼저의 가짓수×종류입니다.""예를 들면 4가지인 경우는, 3가지를 4배한 것이 됩니다. 3가지가 2×3으로 6이니까, 4가지는 2×3×4, 5가지라면 2×3×4×5입니다."

교사는 "잘했어요. 그럼 6가지일 때는?" 묻는다.

"720!"

끝으로 연필을 내려놓고 10종류인 경우를 예상하게 했다.

2천에서 3천이 대부분이다. 1만이 3명. 10만 이상이 1명. 검산을 하게 했더니 "어어, 어마어마하잖아!" 외치기 시작한다.

답은 무려 362만 8800가지!

"케이크 가게에서 10개의 케이크를 똑같은 순서로 살 확률은 거의 없다는 거로구나."

수학을 일상생활로 되돌린 뒤 끝낸다.

이와 같이 경우의 수를 사용하여 여러 가지 수식을 이끌어 낸다.

'경우의 수' 단원은 공식에 수를 대입하는 것이 아니라 규칙을 찾아내 수식을 이끌어내는 데는 아주 그만인 재료이다.

그 밖에 5종류인 경우의 답 "5×4×3×2×1"은 "5!(5의 계승 또는 5팩토리얼)"라는 간단한 기호로 나타낼 수 있다는 것도 소개한다. 기호를 알면 수가 즐거워진다.

요즘은 귀찮은 것이라면 질색하는 아이들이 늘고 있는데 급할수록 돌아가라는 말이 있다. 그림이나 표로 나타내어 수식의 원리를 생각한 뒤에 비로소 효율적으로 계산하는 노력을 했으면 한다.

놀라운 수학마술

6학년 1반에서 '수학마술'이 시작되었다. 3명을 앞으로 불러서 종이로 만든 1만 원 권 지폐를 1장씩 건넨다.

"세 사람은 아주 우애가 깊은 자매란다. 어버이날 선물로 꽃가게에서 3만 원짜리 꽃다발을 사기로 했어."

교사는 점원이 되어 만 원짜리를 받았다.

"그런데 이날은 2만 5천 원으로 깎아줬어. 5천원 권 지폐를 내어주면 서로 싸울 것 같아 점원은 걱정이 이만저만이 아니었지. 왜일까?"

"나눌 수가 없어요."

모두가 즉각 대답한다.

교사는 3명에게 천 원짜리 지폐를 하나씩 나눠주고 2천 원은 자기 호주머니에 넣는다.

"그럼 한 사람이 지불한 돈은 얼마일까요?"

"10000-1000이니까 9000원입니다."

"그럼 세 사람이 지불한 합계는?"

"9000×3으로 27000원입니다."

교사는 호주머니에서 2천원을 다시 꺼내, "어? 여기 있는 2천 원을 더해 보아도 29000원밖엔 되지 않는데" 하고 놀라는 모습을 보인다.

"뭔가 이상하다고 생각하는 사람?"

거의 모든 아동이 손을 든다. 교사는 "속임수에 걸려들었구나" 하고 빙긋 웃는다.

꽃다발 값 25000원+3명이 받은 거스름돈 3000원+호주머니에 든 2000원 = 30000원.

틀림이 없다. 호주머니의 2000원은 27000원에서 빼야 하는 수이다.

교사는 다양한 수학의 기법을 계속해서 연구하고 있다. 마술도 그의 하나이다.

"비밀을 모르기 때문에 놀라움이 생기는 거야. 놀라움이 탐구심을 일으키지."

다음은 공책에 각자 자기가 원하는 3자리의 수를 쓴다.

"그 3자리의 수에 곱하기 13, 곱하기 7, 곱하기 11을 하면 어떻게 될까?"

"우아!" "이게 뭐지?" "대~박!"

교실 전체가 탄성의 목소리다.

775를 쓴 아동은 답이 775775로. 반복되는 수로 변신했다.

"전체가 깜짝 놀라다니 굉장하지 않니?"

교사의 목소리가 자신만만하다.

"그럼 다시 한 번 해볼까?"

"먼저 3자리 수를 정한 다음, 그 수에 곱하기 7, 곱하기 13, 곱하기 11."

"한 번 더 하자. 곱하기 11, 곱하기 7, 곱하기 13."

여기저기서 "아, 알겠다!" 말한다.

알아낸 것을 공책에 쓰게 하고 묻는다. "그럼, 곱하기 7, 곱하기 11, 곱하기 13을 하면 몇?"

전체 아동이 일제히 대답한다. "1001이요!"

"비밀을 알아낸 사람?"

"1001을 1000과 1로 쪼갭니다. □×1001=□×1000+□×1이니" 하고 대답하는 아이가 있다.

"분배법칙이로구나."

아이들이 더욱 발전시켜서 토론을 시작했다.

"4자리로도 가능하지 않을까?"

"어? 중복되는데?"

"곱하기 10001이라면 가능해"

교사는 3자리의 수를 ○□△로 표시하고 칠판에 '비밀 캐기'를 시작한다.

"그럼 7×11×13에 곱하기 3, 곱하기 37을 하면?"

답은 111111.

"3, 7, 11, 13, 37의 숫자에 공통점이 있지 않니?"

"모두 소수(素數)입니다!"

"더 간단히 말하면?"

"자기 자신 또는 1로만 나눌 수 있는 수입니다."

중학교에서 배우는 내용이다.

사이를 두지 않고 "1001은 소수이다. 맞다고 생각하는 사람? 아니라고 생각하는 사람?" 대부분 걸려들어서 맞다고 대답한다.

"무슨 소리야. 아까 곱하기 7을 했잖아!"

교사는 크게 웃는다.

마지막으로 1001에 가장 가까운, 크고 작은 소수를 찾아보게 했다.

"작은 것은 다 같이!"

"997!"

"큰 것은?"

"1009!"

수업은 교사의 "고맙다!"로 끝났다.

이것은 수학놀이로 계산의 구조를 생각하는 수업이다.

수학마법은 답이 먼저 나와 있고, 거기에 이르기까지의 수수께끼를 풀어나가는 '문제해결학습'이 아닌 '문제가 해결된 수업'이다.

계산해 보고 '왜 그렇게 될까' 생각한다.

이 밖에도 수학놀이를 즐길 수 있다. 0에서 9까지의 숫자 카드를 1장씩 만들고, $8 \times 9 = 7\ 2$ 등 곱셈의 답에 해당하는 숫자카드 7과 2를 집는다. 5번의 곱셈으로 0에서 9까지의 모든 카드를 집을 수 있게 한다.

사실 곱셈의 조합은 4가지밖엔 없다. 그것이 왜 그런지도 생각하게 한다.

답만 구하는 것이 아니라 답에서 수학의 구조를 생각한다. 수학은 어렵다는 아이도 '그게 뭔지 알고 싶다'는 생각이 들게 했으면 한다.

외국의 나눗셈에서 배운다

"어!" "저게 뭐지?" "무슨 뜻인지 모르겠다."

교사가 캐나다, 독일, 인도, 영국의 나눗셈 계산과정을 쓴

종이를 칠판에 붙이자 4학년 3반 교실이 술렁이기 시작했다.

캐나다	독일
48) 9 45 5 — 3	48 : 9 = 5 45 — 3
인도	영국
9) 48 (5 45 — 3	5 r 3 9) 48 9×5=45 45 — 3

아이들은 처음 보는 나눗셈 형태에 흥미진진한 표정이 가득하다. 먼저 우리나라 방식으로 48÷9를 푼다. 그런 다음 교사는 각국의 필산에 대해 묻는다. "어떻게 푸는지 방법을 아는 사람?"

캐나다, 독일, 인도는 대부분이 손을 들었지만 영국은 4명뿐이다.

교사는 우선 독일의 필산 방법에 대해 물었다.

어떤 아동은 "나눗셈 기호는 : 로군요. 줄을 하나 추가하면 ÷으로 보여요"라고 하여 기호의 차이를 발견했다.

다른 아동이 "우리나라의 필산은 세로로 하는데, 독일은 48 나누기 9를 가로로 쓰는 점이 다릅니다" 설명하자, 교사는 "우리나라 방식과 비교해서 설명했구나. 잘했어" 하고 칭찬했다.

교사는 몇몇 아동에게 똑같은 질문을 하여 다양한 의견을 이끌어낸다.

수학의 추상적인 사항을 설명하는 것은 아동으로선 어렵지만, 발표할 기회를 늘리고 설명하는 능력을 길렀으면 하는 마음에서이다.

다음은 캐나다. 주에 따라 필산 방법이 다르므로 일부를 소개하면 이렇다.

"나눗셈 표시(⌐)가 거꾸로 되어 있어요!"

"나눗셈 표시의 위치가 달라요. 우리나라에선 나머지를 내는 뺄셈도 함께 세로로 쓰는데, 캐나다는 왼쪽으로 나누네요."

계속해서 다른 점을 찾아냈다.

어떤 아동은 신기하게도, "왜 나눗셈 표시(⌐)가 거꾸로 되어 있어요?" 하고 질문했다.

교사는 웃으면서 대답했다. "반대로 캐나다 사람이 우리나라의 필산과정을 보면 이상하다고 생각할 거야." 차이점을 이해하는 것의 중요성도 가르쳤다.

교사는 "캐나다도 독일도 똑같다는 의견이 나오고 있는데 뭐가 똑같지?" 하고 물었다. 몇몇 아동이 연필과 필통을 책상에 세워놓고 고민하는 친구에게 힌트를 주었다. 그것을 깨닫고, "(몫을) 쓰고, 곱하고, 빼고, 나머지가 있어요!".

이어 영국 차례다. "나누기(⌐) 모양이 우리나라하고 똑같다"는 의견도 있다. "48 나누기 9는 5 나머지 3이므로 r은 나머지를 나타낸다"고 여학생이 말했다. r은 remainder(나머지)의 약자다.

"재미있구나. 이것이 나머지인 줄을 알면 나눗셈 방식을 알겠구나." 아이들은 "영국도 쓰고, 곱하고, 빼고, 나머지가 있어요."

나라가 달라도 필산의 짜임과 방법은 똑같다는 중요한 사실을 깨달았다.

인도의 방법에 대해선 각자 공책에 생각을 정리했다.

아이들은 수학을 통해 지금까지보다 외국에 대해 훨씬 흥미를 갖는 모습이다.

수업의 감상에선 다음과 같은 의견이 이어졌다. "수학은 숫자를 쓰는 건데 영국에선 왜 영어의 r을 쓰나요?" "외국에도 몫을 쓰고, 곱하고, 빼고, 나머지를 쓴다는 것에 깜짝 놀랐어요. 외국의 나눗셈에 대해 더 많이 알고 싶어요."

각국의 나눗셈 방법을 비교해 봄으로써 계산의 짜임과 방법을 즐겁게 배울 수 있다. 수업에선 기호나 표시하는 방법만 다를 뿐, 똑같은 방법을 사용하여 계산한다는 것을 알았으면 하는 것이 교사의 의도이다.

다른 것과 비교해 가면서 똑같은 요소를 찾아내는 방법은 사물을 추상화해 나가는 수학에선 매우 중요하다.

나눗셈에선 자릿수가 많아지면 어느 자릿수를 내려야 할지 몰라 헤매는 아동, 도중에 곱셈인지 나눗셈인지 무슨 계산을 하고 있었는지 까먹는 아동 등 걸림돌이 많다.

나눗셈의 필산 도입에선 색종이를 자릿수별로 묶음으로 만들어 생각해 보는 방법도 있다. 예를 들어 536÷4라면, 536은 100의 색종이가 5묶음, 10이 3묶음, 1이 6묶음이다. 100의 5묶음을 4로 나누면 1묶음이 남는다. 이것은 10의 색종이 10묶음과 같으므로 3묶음과 합쳐서 10의 색종이는 13묶음의 식으로 색종이를 분류하는 방식과 계산방식을 서로 대응시켜 가르칠 수 있다.

구체적인 조작을 함으로써 계산의 의미를 생각하게 한다.

다른 나라의 나눗셈이나 곱셈을 배워서 문화나 국제이해의 바탕으로 이어나갈 수도 있다.

놀이로 생명을 체감한다

도넛 모양으로 이중의 원이 그려진 B4 크기의 종이. 그 주위를 나무젓가락을 든 아이들이 에워싸고 있다. 가운데의 작은 원에 나무젓가락을 올리더니,

"준비, 땅!"

교사의 구령에 달리기 시작한 것은 쥐며느리였다.

누구의 쥐며느리가 가장 빨리 큰 원의 밖으로 나가는지를 경주하는 '쥐며느리 달리기시합'이다.

"네 것은 너무 느려. 지겠다!"

느려터진 쥐며느리를 한 아동이 젓가락으로 툭툭 치자 몸을 동글게 만다.

"안 돼!" 다른 아동이 쥐며느리의 갈 길을 젓가락으로 가로막자 이쪽도 몸을 똘똘 말았다.

시작부터 꼼짝도 않던 쥐며느리를 붙잡으려 했더니 역시 콩처럼 돌돌 만다.

"에이, 누가 콩벌레 아니랄까봐. 그렇게 돌돌 말지 말라니까!"

여기저기서 탄식이 터져나온다.

교사는 칠판에 썼다.

"쥐며느리가 몸을 동글게 말 때는 어느 때일까?"

아이들의 반응이 가장 재미난 것은 역시 과학수업이다.

어려운 것은 쉽게, 쉬운 것은 즐겁게, 즐거운 것은 깊게 가르치자. 그리고 생명에 대해서도 알게 했으면 한다.

쥐며느리는 언제 동글게 마는지를 물어보았더니, "건드렸을 때" "흔들었을 때" "물에 닿았을 때" 등으로 예측한다.

교사는 교실 앞에 뭔가를 늘어놓기 시작했다. 드라이어, 선풍기, 손전등, 물뿌리개, 침향, 두루마리 화장지의 심……

"어느 도구를 사용해도 괜찮으니 어느 때에 동글게 마는지 조사해 보자."

한 아동은 쥐며느리에게 드라이어의 시원한 바람을 쐬게 했다.

"별로 몸을 동글게 말지 않는데요."

침향의 연기를 손으로 부채질하고는, "연기는 관계가 없는 것 같다"는 결론을 내린다.

컵에 넣어서 흔드는 아이, 위에서 떨어뜨려보는 아이도 있다.

각자 기록한 노트에는 ○×가 잔뜩 표시되어 있다.

결과는 결과니까 아동에 따라 ○×가 얼마쯤 다르더라도 유도하지는 않는다. 직접 해본다는 것이 중요하기 때문이다.

발표가 끝난 뒤, 동글게 마는 것은 "위험할 때"라는 결론에 이르렀다.

다음엔 "우리가 좀 괴롭힌 측면이 있으니 이번엔 쥐며느리가 좋아하는 장소를 설계하자"고 공책에 설계도를 그리게 했다.

완성된 설계도는 2가지 유형으로 나뉘었다.

그네·미끄럼틀·미로 등등의 놀이터파가 있고, "나뭇잎을 많이 모은다" "나무뿌리에 꽃병을 기울여 놓는다" "흙을 적셔서 그곳에 넣는다" 등의 자연파가 있다.

"어느 것을 정말로 좋아할까?" 교사는 의문을 던진다.

"그네나 관람차는 흔들려서 동글게 말기 때문에 좋지 않다. 전에 있었던 장소가 좋다"는 아이들. "놀이터는 필요 없지만 전에 있었던 자연에는 적이 있다. 적이 없는 곳이어야 한다"는 아이들도 나왔다.

"개미가 먹을 벌레가 줄어들면 곤란해" "쥐며느리 천지가 되고 말 거야" 등등.

교사는 토론을 줄곧 지켜본다. 그러자 한 아이가 "자연은 쥐며느리의 것만이 아니야!"라는 말을 했다.

생각지 않던 발전이다. 6학년에서 배울 '먹이사슬'과 '자연환경'에서도 다룰 수 있을 것 같다.

요즘 아이들은 가까이에 자연환경이 부족하고, 자연과 어울릴 시간도 많지 않다. 그러므로 "자연은 멋지다!"는 감동을 되도록 가까이에서 느끼게 하면 좋다.

한 가지 방법으로 '계절의 특징을 알아맞히는 빙고' 놀이가 있다. 3×3의 9칸에 각각 '노랗게 피는 꽃' '새가 지저귀는 소리' '새싹' '흙에서 나오는 동물' 등의 과제를 써놓는다. 그 네모칸의 과제를 가까운 자연 속에서 찾아내 네모칸 안에 스케치하고, 이름도 조사하여 쓴다. 그것이 빙고처럼 가로, 세로, 대각선의 어느 한 줄이 되면 교사에게 제출하는 방식이다.

마찬가지로 여름엔 '제비집' '박넝쿨' '씨가 있는 풀' 등으로 각 네모칸에 써놓는다. 계절감이 있는 과제를 선택하면 아이들은 놀이하는 느낌으로 자연에 눈을 돌리게 되고, 또 계절을 느끼게 된다. 학교 수업만이 아니라 집에서 부모와 함께 해보아도 재미있다.

지렁이의 움직임을 관찰한다

6학년 6반 아이들은 모두 쥐며느리 박사다. 선생님의 방침에 따라 모든 아동이 쥐며느리를 길러서 흙속의 작은 생물과 자연계의 연계를 배우고 있기 때문이다.

과학시간이다. "쥐며느리의 똥은 자연 속에서 어떻게 될까?" 하고 교사가 물었다.

아이들의 채집통이나 병 바닥에는 직사각형의 검고 작은 똥이 쌓여 있다.

"흙에 섞여요." "물에 녹아버립니다." "새나 지렁이에게 먹힙니다."

다양한 예상을 해보면서 학급의 모든 아동은 밖으로 나갔다.

화단 주위에서 흙속의 작은 생물을 모으기로 한다. 다들 배수구나 낙엽 밑 등 축축한 곳을 찾아보았다.

"진짜 굵은 지렁이를 발견했어요"라며 자기가 잡은 몇 마리의 지렁이를 보여주는 남자아이.

배가 노랗고 불룩한 1센티미터 정도의 쥐며느리를 찾아낸 아이는, "새끼를 잔뜩 품고 있어요" 말한다.

"모양이 다르게 생긴 쥐며느리가 있어요" 하고 손바닥에 올려놓은 여자아이에게, "등이 검은 것은 수컷, 노란 것은 암컷이란다" 하고 교사가 말한다. 쥐며느리가 탈피한 하얀 껍질을 발견한 아이도 있었다.

이 밖에도 지렁이, 거미, 지네, 집게벌레, 민달팽이, 투구벌레, 개미 등등.

교실로 돌아와서 관찰 결과를 기록한다.

"쥐며느리는 그늘지고 축축한 곳, 썩은 낙엽이 있는 곳에 있다.”"쥐며느리나 지렁이가 있는 흙은 황토색이 아니라 짙은 갈색이었다.”

상당히 예리한 관찰력이다. "지렁이가 많이 있는 곳의 썩은 낙엽은 매우 얇았다"고 쓴 남학생도 있었다.

다음은 흙속에서 어떤 작용을 하는지 생각해 보기로 했다. 모아온 생물들을 낙엽이나 흙을 담은 그릇에 넣고, 흙의 표면을 컴퓨터 화면으로 클로즈업했더니 지렁이가 흙속으로 파고드는 모습이 보였다.

"지렁이가 흙속을 들어갔다가 나왔다가 하면 뭐가 생길까?”
"터널이요!”
"맞아. 터널 속에 공기가 드나들면 흙은 어떻게 되지?”
"여기저기에 구멍이 뚫려요.”

교사는 "지렁이가 1만 마리 있다고 상상해 보자. 흙속으로 들어갔다가 나왔다가 하면 흙이 파이겠지? 지렁이에게 흙을 갈게 해서 밭을 기름지게 하는 사람도 있어" 하고 소개했다.

마지막으로 교사가 "벌레의 똥을 찾은 사람 있나?" 확인했더니 이구동성 없었다고 한다.

"흙속의 낙엽은 얇았는데 그건 누가 얇게 했을까?”
"지렁이랑 투구벌레"라는 대답에 교사가 "그것뿐일까?" 묻는다.

"우리의 한쪽 발밑에는 1천 마리, 선생님의 두 발 밑에는 2천 마리의 생물이 있다고 해.”

이 설명에 다들 눈이 휘둥그레지면서, "와아" 탄성을 질렀다.

"그런 생물은 쥐며느리의 똥을 어떻게 하고 있을까?"

"흙으로 만들고 있어요!" 힘찬 대답이 돌아왔다.

흙속의 수많은 생물에게 흥미를 가진 아이들. 희망자는 지렁이를 기르기로 했다. 지렁이 박사가 늘 것 같다.

이와 같이 흙속에는 쥐며느리나 지렁이 등 수많은 작은 생물들이 살고 있음을 아는 것이 이 수업의 목표이다.

쥐며느리는 썩은 낙엽이나 벌레의 사체 등을 먹고 배설하며, 그 배설물을 먹고 흙으로 분해하는 작은 생물이 있으며, 그 흙속에서 식물이 잘 자란다는 자연의 순환을 아이들이 피부로 느꼈으면 한다.

싹이 트는 수수께끼

새싹, 뿌리, 흙, 공기, 온도 등등 강낭콩의 발아에 관한 키워드를 하나씩 도화지에 쓰고 그것을 빨간 색연필로 이어 나간다.

"키워드끼리 어떤 관계인지 설명도 덧붙이도록!"

교사의 지시가 이어진다. 아이들은 고개를 외로 꼬면서 "그렇게 되는 까닭"을 써나간다. 이윽고 전체가 빨간 줄로 이어진 마인드맵이 완성되었다.

5학년 1반 '식물의 발아' 단원에서 교사가 중점을 두고 있는 것은 실험과 관찰, 배운 것 가운데서 키워드를 모아 서로 연결하고, 자연현상을 과학적으로 논리를 세워 설명하게 하는 것이다.

수업 첫머리에서 교사는 강낭콩의 사진을 보여주고 과제를 냈다. 씨앗에서 나오는 하얗고 가느다랗게 구부러진 것을 가리켜, "이 연약한 부분은 뿌리일까, 싹일까?" 7개 모둠별로 예상되는 이유를 생각하게 했다.

학급에선 지금까지 발아조건을 알아보는 실험을 해왔다. 물에 적신 탈지면이나 흙을 용기에 넣고 씨앗을 놓은 다음 냉장고나 골판지상자 등 환경을 다양하게 바꾸어 길러보았다. 싹이 트는 데 필요한 조건을 이미 배웠으므로 아이들은 키워드를 활발하게 내놓았다.

다음엔 그 단어를 포스트잇에 써서 마인드맵의 해당 위치에 붙이거나 떼어가면서 용어를 정리한다. 순서대로 설명할 수 있게 하려는 것이 목표다.

각 모둠에선 '적당한 온도→발아'의 빨긴 표시 부분에 "식물은 너무 춥거나 너무 따뜻해도 자라지 않는다"는 설명을 적어 넣었다.

도표 작성하는 모습을 보며 교실을 돌던 교사가 어려움을 겪고 있는 아동에게 말한다.

"뿌리의 역할은 뭐지?"

"물을 빨아들입니다."

"그럼 물도 키워드에 추가해야겠구나."

"뿌리와 싹 중에 어느 것이 먼저 나올까?" 하는 의문이 생긴 모둠도 있다. "물과 영양을 얻은 뒤에 싹이 트지 않을까?" "어디서 받는데?" 시행착오를 겪으며 생각이 깊어지고 마인드맵도 충실해진다.

마지막으로 모둠의 대표가 그림을 바탕으로 발표한다.

한 모둠의 대표가 "씨앗에서 나오는 것은 뿌리라고 생각합니다. 싹을 지탱하기 위해 먼저 뿌리부터 나오기 때문입니다" 하고 의견을 말했다.

"물과 공기는 어떤 관계에 있지?"

"뿌리가 물을 빨아들인다고 생각합니다."

다른 모둠의 대표가 이어받았다. "뿌리는 식물이 성장해 나가기 위해 외부로부터 영양과 물을 받아서 싹에게 줍니다. 그러므로 뿌리부터 먼저 나온다고 생각합니다."

실제로 자라고 있는 강낭콩을 관찰해 보았다. 싹에서 뿌리가 난 지 얼마 되지 않는 것이 몇 개 있었다. 하얀 털뿌리도 나 있다.

"어? 뿌리가 먼저네!"

여기저기서 깨달음의 목소리가 이어졌다.

이번 수업에선 평소 그다지 의식하지 않던 싹과 뿌리에 주목하게 했다. 관찰력을 기르는 것과, 뿌리가 물을 빨아들이고 식물이 성장하는 구조를 이해하는 것이 중요하다.

자연현상의 구조와 실험결과를 다룰 때, 아이들에게 키워드를 의식하게 하면 효과적이다. 6학년에서 기체의 연소에 대해 여러 가지 실험을 했을 때에도 각 실험결과는 설명했지만 결과를 종합하여 "물체를 태우면 이산화탄소가 발생한다"고 설명한 것은 몇 명 되지 않았다.

키워드로 사물의 현상을 서로 연결하면 아이들은 지식과 정보를 정리하여 현상을 논리적으로 발표할 수 있게 된다.

6학년의 지층 수업에선 모래터에 산을 만들고 물을 흘려보내 퇴적물을 관찰하면 '돌' '강' '모래' '지층' 등 키워드를 서로 연결하여 지층의 무늬를 설명할 수 있게 된다. 인체 수업에선 '폐' '심장' '산소' '이산화탄소' 등의 키워드로 도표를 만들어 혈액순환의 구조를 발표하게 하면 효과적이다.

논리적인 설명을 할 수 있게 되면 과학이 한층 즐거워진다.

물고기가 낳는 알의 수는 왜 다를까?

두 덩이의 명태알을 보여주면서 교사가 "몇 개의 알이 있는지 세어보자"고 하자, "네에?" "한 5만 개쯤 되려나?" 등등 5학년 1반 과학수업에서 환호성이 일었다.

물고기는 많은 알을 낳지만 어른물고기까지 자라는 것은 얼마 되지 않는다. 자연계의 역동성을 배우기 위해 직접 세어보고 체감하게 하려는 것이다.

"이것은 명태의 알이다." 교사는 커다란 화면에 물고기 사진을 비추어 보여주면서 "몸길이 80센티쯤 되는 물고기. 알집은 2개이므로 명태알 두 덩이는 한 마리가 낳은 알의 양이다" 하고 이야기했다.

우선 효율 좋게 알의 수를 세는 방법을 생각해 보기로 한다. 아이들은 1그램쯤 되는 알의 수를 세어보고, 2덩이의 무게인 92.4그램을 곱하면 전체 알의 수가 나온다고 미루어 짐작한다.

1그램의 명태알을 더욱 작게 나누어 10개 모둠이 분담했다.

"이렇게 작은 알에서 물고기가 태어난다니!"

아이들은 눈을 의심하면서 바늘로 알을 하나씩 세어 나간다. 집계했더니 1그램에 1495개. 전체의 무게를 곱했더니 1마리의 명태가 낳는 알은 13만 8138개가 된다.

"낳으면 엄청난 수가 돼!"

이어지는 수업에선 물고기에 따라 산란수가 다른 것을 배우고, 왜 다른지 토론을 벌였다. 교사는 여러 가지 물고기의 주로 사는 곳, 몸길이, 평균적인 산란수 등을 설명했다.

개복치(바다) 3~4미터, 약 2억 8천만 개

방어(바다) 1~1.5미터, 약 150만 개

붕어(강, 연못) 20~43센티미터, 약 9만 개

노래미(바다) 30~60센티미터, 약 6천 개

가시고기(작은 개울) 15센티 안팎, 약 100개

"가시고기는 개복치처럼 크지가 않아서 알을 많이 낳지 않나 봐." "가시고기는 알집이 작은 모양이야."

감동이 있는 생생한 수업 장면

몸의 크기에 주목하는 아이들도 있다.

다음에 나온 것은 '천적'이다. 어떤 아동은 "만약 적이 별로 없는데 개복치처럼 3억 개나 알을 낳으면 바닷속이 개복치 천지가 되겠네" 하고 말하여 바다엔 천적이 많아서 살아남기가 어렵다고 추측했다.

낳는 알의 수가 적은 가시고기에 대해서 이러한 시각들이 나왔다. "작은 개울엔 적이 많지 않아서 그런가 봐." "가시로 지키기 때문에 많은 알을 낳지 않아도 되는 게 아닐까?"

의견을 교환한 뒤, 교사는 물고기의 새끼 기르기를 설명했다. 개복치나 방어는 물속에 그냥 알을 낳고, 노래미는 알을 지킨다, 가시고기는 대개 둥지를 만들어 알을 낳고 새끼를 기른다.

아울러 알의 생김새에도 주목했다.

"개복치나 방어의 알은 부낭이 있고, 해면에 떠 있기 때문에 하늘에서 보이는데 그럼 어떨 것 같니?" 교사가 묻자, "새에게 먹힙니다" 학생이 대답했다.

"붕어나 노래미, 가시고기의 알은 끈적끈적하여 해초에 달라붙기 때문에 거기 붙어서 부화할 수 있다" 설명하고, 산란 수의 차이는 환경이나 부모의 양육방식, 알의 생김새 등과 관계가 있음을 확인했다.

한 아동이, "사람도 수많은 정자가 있지만 난자에 도착하는 것은 한 마리뿐"이라고 중얼거렸다.

5학년 1반은 지금까지 '동물의 탄생' 단원에서 전갱이를 해부하고 난소와 정소를 조사하고, 연어의 산란과 수정, 개구리와 말의 교미와 수정에 대해 배웠다.

아동의 혼잣말에 교사는, "여러분은 몇 억 분의 1 확률로 태어났다"는 사실을 설명해 주었다.

개복치처럼 3억 개나 되는 많은 알을 낳아도 바닷속은 개복치 천지가 되지 않는다. 이렇게 많은 알을 낳지 않으면 자손을 남기지 못하는 자연계의 냉혹함과 역동성을 알았으면 한다.

한 조사에 따르면 태어난 알 4287개 가운데 우화한 성충이 된 것은 단 7마리뿐이었다는 자료가 있다. 사망률이 99.84퍼센트이다. 자연계에 살아남기가 얼마나 힘든지 보여준다.

명태 알의 수를 굳이 세게 했던 것은 단지 숫자의 나열보다는 알의 양이 얼마나 많은지 체감할 수 있어서이다. 명태알은 쉽게 건조해지므로 샬레에 담아서 스포이트로 물을 약간 떨어뜨려 축축하게 하면 1알씩 분리하여 쉽게 셀 수 있다.

봄에는 민들레 한 그루에 씨가 몇 개 정도 있는지 조사해 보는 것도 좋다. 한 그루에는 7,8개의 줄기가 난다. 솜털의 뿌리 부분에 씨가 있는데 셀로판테이프로 씨앗을 붙이고 모둠별로 집계했더니 약 1천 개가 나왔다.

민들레와 개복치의 번식방법이 비슷하다는 것을 깨달은 아이도 있어서 수업을 효과적으로 마무리할 수 있었다. 자연계의 연결고리를 앎으로써 전체를 이해할 수 있다.

감동이 있는 생생한 수업 장면

공기를 색깔로 보여준다

질소는 파랑, 산소는 빨강, 이산화탄소는 노랑. 기체의 알갱이에 눈에 띄는 색깔을 입힌 자석이 하얀 판에 그려진 병 그림 속에 들어 있다.

산소의 비율에 따라 연소상태가 다름을 조사하는 6학년 2반의 과학시간. 눈에 보이지 않는 공기를 '보여주기' 위한 교사의 아이디어다. 공기가 수많은 알갱이로 되어 있음을 그림으로 알기 쉽게 나타내었다.

지난 시간엔 양초를 태웠다. 산소가 100퍼센트 들어 있는 병 속에서는 활활 탔지만, 이산화탄소 100퍼센트인 병에선 이내 꺼졌다. 불이 꺼진 것은 산소를 모두 사용했기 때문인지, 이산화탄소에 불을 끄는 작용이 있어서인지 수업시간에 탐구하기로 했다.

모두 이에 앞서서 양초가 타기 전과 꺼진 뒤의 공기를 측정기로 조사하고 있다.

〈산소〉 21퍼센트 → 17.5퍼센트

〈이산화탄소〉 0.08퍼센트 → 3.3퍼센트

교사는 1퍼센트를 '기체 1알갱이'로 간주하고 자석 1개로 바꿔서 연소의 변화를 예상한 그림으로 설명했다. 21개의 산소 알갱이에서 3개를 떼어내고, 대신 이산화탄소 알갱이 3개를 추가했다.

"산소가 줄어든 대신에 이산화탄소가 41배나 증가했다. 불이 왜 꺼졌다고 생각하니?"

"탈 때, 산소를 빨아들이고 이산화탄소를 내놓아요. 사람의 호흡하고 똑같다고 생각합니다." 한 아이의 대답이다. 다른 아이는 "이산화탄소는 단지 3개뿐이지만 양초의 촛불 위에 장애물을 만들어 산소가 들어가지 못하게 하여 불을 끈다"고 이야기했다.

그래서 산소와 이산화탄소가 50퍼센트씩 든 병 속에서 양초가 어떻게 타는지 예상해 보기로 했다.

교사는 빨간 자석과 노란 자석을 50개씩 병에 붙이고 전체의 생각을 들었다.

"잠깐 타다가 불이 꺼진다"고 추측한 여학생은 산소와 이산화탄소의 알갱이를 붙이면서, "이산화탄소가 산소를 잡아먹기 때문에 줄어드는 게 아닐까요?" 하고 설명했다. 다른 아동은 말한다. "지구온난화로 걱정인데 산소가 점점 줄어들면 어떡하지?"

실제로 병 속에서 실험해 봤더니 양초는 공기 중일 때보다 잘 탔다.

"와아~, 진짜 환하다" "금방 꺼지지 않네!"

이어 6개 모둠으로 나누고 비율을 바꿔서 실험했다. 산소 10퍼센트, 이산화탄소 90퍼센트인 모둠은 "순식간에 꺼졌다."

산소 30퍼센트, 이산화탄소 70퍼센트인 모둠은 "공기 중에서 탈 때와 별반 다르지 않았다".

산소 60퍼센트, 이산화탄소 40퍼센트인 모둠은 "밝고, 타는 시간도 길다"는 의견이 나왔다.

마지막으로 실험결과 등을 공책에 정리했다. 몇몇 아동은 "산소가 많을수록 잘 탄다"는 것을 알았다. 어떤 여학생은 "산소 속에서는 매우 밝게 탔고, 이산화탄소 속에선 금세 꺼졌다. 둘을 섞으면 불길이 작아지고 밝기가 약간 어두워져서 탈 것 같다"고 의견을 썼다.

보이지 않는 공기에 대한 관찰이 좀더 심화되는 모습이 아이들의 노트에 나타나 있었다.

겨울의 밤하늘을 올려다보자

수업 시작종이 울림과 동시에 '확인 활동지'가 배부되었다. 다들 말없이 문제를 풀기 시작한다.

"성냥을 쥐는 방법으로 옳은 것을 고르시오."

출제된 3개의 문제는 모두 교사가 만든 것이 아니다. 4학년 아이들이 생각해 낸 것이다.

교사는 복습과 정착을 겸하여 학기 말에 아이들이 직접 문제를 만들게 한다. 거기서 좋은 문제를 뽑아내 몸풀기 문제로 사용한다.

출제자도 반드시 소개하여 의욕을 고취한다.

오늘의 수업주제는 '별의 움직임'이다.

공기가 맑아서 별이 잘 보이는 겨울철은 관측에는 가장 적합한 계절이다. 플라네타륨으로 얻은 지식을 진짜 하늘에서 느낄 수 있도록 관측방법을 가르쳐주는 것이 이번 수업의 목표이다.

숙제였던 오리온자리의 관측도를 지명된 아동이 슬라이드로 비추고 발표를 시작했다.

첫 번째 여학생은 지붕 그림 위에 2개의 오리온자리를 그렸다.

"오후 8시 반에는 정확히 지붕 위에 보였는데 10시에는 기울기가 바뀌어 약간 서쪽에서 보였습니다."

"자기 집 지붕을 그린 것은 참 잘했어. 기준을 정하면 별자리의 움직임을 알기 쉽단다." 교사의 말이다.

다른 남학생은 한 시간마다 세 차례 관측을 했다. 더구나 지평선에서 떠오를 때와 질 때의 '예상도'도 그렸다.

"이것이 보이면 좋았을 텐데 건물이 있어서 어려웠구나. 별자리의 기울기는 바뀌지만 전체의 나열은 바뀌지 않아. 그래서 이렇게 되었구나. 훌륭해" 하고 칭찬했다.

여러 날 똑같은 시간에 관측을 한 아동, 정남쪽에 왔을 때의 시각을 관측한 아동 등 다양했다.

몇 명의 발표 뒤, 교사는 학교에서 촬영한 오리온자리 사진을 보여주었다. 알고 있는 건물을 넣으면 방위를 가늠하기 쉬워진다.

칠판에 '북'이라는 종이를 붙였다.

"여기가 북쪽이면 남쪽은" 하고 교실의 사방에 방위를 붙여 나간다. 오리온자리가 그려진 도화지를 건네고 동에서 서의 순서로 보였던 높이와 각도로 붙이게 한다.

"오리온자리는 하늘의 적도 부근을 지나다니기 때문에 방위와 각도가 확실하고, 정남쪽에서 가장 높아진다. 모양도 알기 쉬우므로 자주 사용한다"고 교사는 설명한다.

그러나 목표는 '오리온자리의 움직임'뿐만이 아니다. 관측한 결론을 간략하게 발표하게 하는 사이, 아이들이 이렇게 말했다.

"오리온자리의 움직임은 달의 움직임과 비슷하네요." "달과 오리온자리 사이는 조금씩 좁아졌다가 다시 넓어집니다."

여기서 교사는 재빨리 8장의 그림을 나눠준다. 오리온자리와 달의 위치관계, 조금씩 모양을 바꿔 나가는 달의 확대그림이 각각 그려져 있다. "그러면 여기 8장의 순서는 어떻게 될까? 다음 시간에 함께 생각해 보자."

지난 시간엔 달의 움직임에 대해 생각했다. 다음은 '오리온자리와 달의 관계'이다.

이와 같이 지식과 동시에 되도록 자연을 사랑하는 마음을 길렀으면 한다. 그러려면 실물을 보여주는 것은 필수다.

별자리조견표를 보여주고, "별은 북극성을 중심으로 시계 반대방향으로 돈다"고 해도 아이들은 이해하지 못한다. 실제로 정해진 점에서 관측할 것을 권한다.

이번 시간엔 거의 정동에서 정서로 움직이는 오리온자리를 살펴보았는데, 같은 시각에 큰곰자리와 북두칠성, 카시오페이아자리를 정점 관측하고 그림으로 그려보기 바란다. 북극성의 위치도 매번 써넣어 나가면 규칙성을 하나씩 발견하게 된다.

그런 활동을 반복하는 사이에 우주공간의 위치관계를 조금씩 파악할 수 있다.

잡학도 살짝 섞어주면 좋다. 예를 들면 이번 수업에서도 오리온자리의 빨간 별 베텔게우스가 폭발로 향하는 징후가 있다는 뉴스를 전했다.

"겨울철의 큰삼각형도 없어지나요?"라는 의문도 나왔지만 별의 색깔 차이와 별의 일생도 거기서 발전시켜 조사할 수 있다.

우선 겨울철의 깨끗한 밤하늘을 부모님과 함께 바라보았으면 한다.

보이지 않는 공기를 본다

"어젯밤 꿈에 말야."

2학년 3반 선생님이 이야기를 시작하자 다들 흥미진진하다는 표정이다.

"호박을 탄 핼러윈 마녀가 나타나서 너희에게 공기 마술을 보여주라고 하더구나."

과학시간에 자연현상의 재미와 신기함을 깨우쳐 주려고 교사는 가까이 있는 사물을 수업에 이용해 왔다. 오늘은 '보이지 않는 공기'의 존재를 아이들에게 보여주기 위해 마술을 했다.

"짠~"

교사가 꺼낸 것은 투명한 플라스틱 컵과 화장지. 컵의 바닥에 찢은 화장지를 붙이고 그 컵의 입구를 바닥으로 향하게 한 다음 수조에 넣었다가 10초 뒤에 꺼낸다.

그랬더니, "어? 왜 그렇지?" "안에 있는 화장지가 젖지 않았어." 다들 일어나서 만져보고 확인하고 놀란다.

이번엔 2인 1조가 되어 똑같은 마술에 도전한다. 짝을 이뤄 실험하면서 꼼꼼하게 관찰했다. "잘되었을 때와 실패했을 때를 잘 보렴." 교사는 말한다.

아이들은 컵을 수조에 풍덩 넣거나, 살며시 누르면서 천천히 넣기도 하는 등 다양한 방법으로 시도해 본다.

교사는 "어떤 방법으로 넣었을 때 실패했니?" 하고 관찰을 촉구한다.

"빨리 넣었더니 화장지가 젖었어요. 천천히 넣으면 물이 컵 속으로 들어가지 않았어요" 하고 발견한 것을 활동지에 정리하는 아동도 있었다.

실험 뒤, 성공했을 때와 실패했을 때에 대해 서로 이야기했다. "컵을 수조에 세로로 놓으면 물이 들어가지 않았다"고 말하는 아동에게 교사는 "옆으로 뉘어서 했을 때는 어땠었지?" 물었다.

"옆으로 했을 때는 물이 들어왔어요." "컵 안에 공기가 있어서 막고 있기 때문에 젖지 않았나 봐요." 여러 의견이 나왔다.

교사는 고개를 끄덕이고 컵 속의 '공기의 정체'를 전체에게 보여주기 위해 다시 한 번 화장지가 젖지 않는 경우와 젖은 경우의 2가지 방법으로 마술을 보였다.

컵을 거꾸로 세워서 똑바로 넣었더니 수조의 수면은 잔잔한 그대로이다. 화장지는 젖지 않았다.

그러나 거꾸로 한 컵을 기울어지게 넣었더니 컵 속으로 물이 들어와 수면에 뽀글뽀글 커다란 물거품을 띄워올렸다.

"물거품이다!"

컵을 꺼냈더니 화장지가 젖어 있다. 교사는 양쪽 화장지를 비교하여 보여주면서, "어떨 때에 실패했니?" 하고 물었다.

"컵을 기울어지게 넣었어요."

"기울어지게 넣으면 어떻게 되는데?"

"공기가 나옵니다!"

교사는 마술을 반복한 목적을, "컵에서 나온 물거품이 공기라는 것을 알게 하기 위해"라고 말한다.

"물속에 넣는 것이 정말 재미있었어요." "물이 진짜로 들어오지 않아서 깜짝 놀랐어요."

활동지에 저마다 쓴 감상에는 아이들의 설레는 마음이 넘치고 있었다.

공기는 눈에 보이지 않고, 냄새도 없으며, 잡을 수도 없다. 아이들에게는 정체 모를 존재지만 필요불가결한 것이다.

봉지에 모으거나, 물속에서 물거품으로 보는 등, 공기를 감각적으로 아는 것이 중요하다.

수업에선 컵 속에 공기가 있다는 것과, 컵을 뒤집어서 똑바로 수조에 넣으면 공기가 빠져나가지 않는 등 다양한 발견과 신기함을 체험했으면 한다.

수조에 거꾸로 넣은 플라스틱 컵의 바닥에 구멍을 뚫으면 공기가 빠져나가기 때문에 컵의 수위가 점점 올라온다.

빨대를 컵에 꽂고 숨을 들이마셔도 수위가 올라오는 것을 볼 수 있다. 왜 올라오는지 생각하게 하는 것도 좋다.

수업에선 공이나 풍선, 타이어 등 가까운 사물에서 공기를 찾게 한다든지, 커다란 비닐봉지에 공기를 채우고 아동을 앉게 한 뒤 들어올리는 놀이도 재미있다. 공기의 부피를 몸으로 느낄 수 있다.

협동을 통해 더 빠르게

가을운동회가 다가왔다. 김 선생님은 예년에 하던 대로 특별수업에서 5, 6학년생 이어달리기 선수 약 30명을 모았다.

"준비 땅! 하고 달리기 시작한 뒤에 몇 미터쯤 가면 가장 빠른 속도가 날까?"

"10미터입니다."

"맞아. 11미터에서 12미터야. 이건 너희도 최고 육상선수와 똑같지. 그러니까 11미터쯤 되는 곳에 미니허들을 놓는 것이 좋아."

하필이면 비가 온다. 넓은 체육관에 미니허들이 놓였다.

첫 번째 줄에는 6미터마다, 두 번째 줄에는 6.5미터마다, 다음은 7미터 간격으로, 그 다음은 7.5미터를 띄워놓았다. 장애물로 보폭을 넓혀서 속도를 단축하려는 것이다.

준비운동을 한 뒤, 교사가 물었다.

"문제를 하나 내겠다. 전속력으로 뛸 때, 보폭의 길이는 어느 정도일까?"

"자기 키보다 짧다"가 11명. "키하고 똑같다"가 20명. "키보다 길다"고 대답한 아동은 단 한 명도 없다.

"그럼 뛰어볼까?"

한 남학생이 허들 없이 전속력으로 뛰었다. 옆에서 진지한 표정으로 관찰하던 아이가 1보의 보폭에 깃발을 꽂아 표시한다.

달리기를 마친 남학생이 깃발 사이에 누워보더니…… "아, 아깝다!" 간발의 차이로 키와 똑같다.

두 번째 아동은 "딱 맞았다!" 모두 박수를 쳤다.

이어 교사의 말에 눈을 반짝인다.

"키보다 짧은 경우는 우선 없단다. 더 잘 달리게 되면 보폭은 키보다 길어진다.”

“에이~”“진짜요?”

김 선생님은 ‘운동방법’을 가르치는 수업에 역점을 두고 있다.

“달리기가 늦고 빠른 것은 선천적인 능력으로 결정된다고 굳게 믿는 아이들이 많다. 그것은 빨리 뛰는 기술을 수업에서 제대로 가르치지 않았기 때문이다. 잘 배우기만 하면 느린 아이도 빨라진다.”

드디어 보폭 조정을 할 때다.

“1, 2, 3, 4~” 하고 허들 간격을 4걸음 만에 달린다. 6미터인지 7미터인지, 어느 열이 맞는지 각자 생각하여 줄을 바꾼다.

조금 지나 5학년생 1명을 불렀다. 잘 뛰는 아이다.

전체가 보는 앞에서 6.5미터의 줄과, 7.5미터의 줄을 전속력으로 뛰게 하고 보폭을 비교했다. 7.5미터일 때가 보폭이 20센티미터쯤 넓다.

“보폭이 늘어난 만큼 기록은 어떻게 될까?”

“빨라져요.”

“하지만 그만큼 다리에 부담도 가지. 어떠냐? 힘드니? 7.5미터가 힘들다면 7미터로 하자.”

그런데 다른 소리를 한다.

“선생님, 허들이 높아요.”

“그래? 그럼 높게 느껴지는 줄은 낮은 바구니(허들 대신에 준비해 놓았다)로 바꿔도 돼.”

아동의 의견에 세심하게 귀를 기울인다.

계속해서 뛰어보고 기록을 측정한다.

모든 허들 옆에 친구들이 서서 끊는 위치가 좋으면 ○, 너무 가까우면 ×, 지나치게 멀면 △로 신호를 보내준다.

"기술을 획득하려면 벽에 부딪칠 수밖에 없다. 그 벽을 극복하려면 노력과 조력자가 필요하다. 기술적인 도움말과, 자신의 과거와 미래의 본보기를 보여주는 조력자 말이다."

좋은 기록이 나왔다. 맨 먼저 소식을 전하러 다들 선생님에게 간다.

"엇? 한국 신기록인데" 하고 웃으며 하이파이브를 한다. 교사도 조력자다.

이번 수업에선 보폭으로 단거리 뛰기의 기록을 단축하는 연습을 했는데 이어달리기에선 바통패스가 기록단축에 매우 중요하다.

그래서 술래잡기 놀이로 그 이론을 가르친다. 제1주자는 도망치고, 제2주자는 뒤쫓는 술래다. 제2주자의 출발지점 5미터 뒤쪽에 라인을 긋고, 제1주자가 그 선까지 왔을 때 제2주자는 달리기 시작한다.

제1주자와 터치한 지점을 기록하고, 제2주자의 출발지점으로부터 10미터쯤 되는 곳에서 터치할 수 있도록 선을 앞뒤로 옮긴다. 실제 경주에서도 제1주자가 이 선쯤까지 왔을 때 뛰기 시작하면 최고속도일 때 바통을 주고받을 수가 있다.

이 밖에 단거리를 뛴 다음 그 사람의 발자취를 전체가 따라 밟아보는 방법도 있다. 달리기가 빠른 아동은 똑바로 뛰고, 느린 아동은 구불구불하다.

자기가 달리기 시작한 뒤에 어느 정도의 거리에서 구불구불 뛰는지를 알고, 그곳을 똑바로 뛰도록 조심하기만 해도 기록은 단축된다. 기술을 배우면 누구나 빨리 달릴 수 있기 때문이다.

한성자(韓成慈)
한국외국어대학교 동양어대학 일어과·교육학과 졸업.
독일 빌레펠트대학 어학과정 수료.
한국방송대학교 유아교육학과 졸업. 보육교사1급자격 획득.
A director of HAPPY CHILDREN HOUSE
행복한 어린이집 원장.
한국칼비테학습연구소 선임연구원.
옮긴책 알프레드 아들러《인생방법 심리학》.

학교가 큰일났다! 선생이 위험하다!
선생님도 수업전략 있어야 성공한다
③ 완성편
한성자 지음

1판 1쇄 발행/2017. 5. 5
발행인 고정일
발행처 동서문화사
창업 1956. 12. 12. 등록 16-3799
서울 중구 다산로 12길 6(신당동)
☎ 546-0331~6 Fax. 545-0331
www.dongsuhbook.com

*

사업자등록번호 211-87-75330
ISBN 978-89-497-1635-0 04370
ISBN 978-89-497-1632-9 (전3권)